사자
死 者
와의
통신

빌 구겐하임의
사후 통신 연구에 대한
비판적 분석

최준식 지음

최준식 교수의 **종교 · 영성** 탐구 IV

사자와의 통신

빌 구겐하임의 사후 통신 연구에 대한 비판적 분석

지은이 최준식
펴낸이 최병식
펴낸날 2018년 5월 15일
펴낸곳 주류성출판사
서울특별시 서초구 강남대로 435 15층
TEL | 02-3481-1024 (대표전화) • FAX | 02-3482-0656
www.juluesung.co.kr | juluesung@daum.net

값 18,000원
잘못된 책은 교환해 드립니다.

ISBN 978-89-6246-349-1   03200

최준식 교수의
종교 · 영성
탐구 IV

사자
死　者
와의
통신

빌 구겐하임의
사후 통신 연구에 대한
비판적 분석

최준식 지음

주류성

목차

저자 서문

●

"최 교수님이시죠? 죽음학회 회장님 말입니다. 다른 게 아니고 이번에 제 친정아버지가 돌아가셔서 장례를 치렀는데 희한한 일을 당해서 한 번 말씀을 나누고 싶네요."

수업을 끝내고 연구실에 돌아와 보니 자동응답기에 이런 내용이 녹음되어 있었다. 이런 때 보통 나는 '콜백(call back)' 같은 건 거의 하지 않기 때문에 전화 걸 생각이 별로 없었다. 딱히 고등학교 때 『정통종합영어』라는 영어 참고서에 나온 소설가 서머셋 모옴의 지문이 생각나 그런 것은 아니었다. 그 지문에서 모옴은 자신은 절대로 콜백을 하지 않는다, 왜냐하면 전화 건 사람이 아쉬우면 또 전화할 터인데 무엇하러 자신이 먼저 전화를 하느냐고 말하고 있었다.

내가 이 신조에 동의해서 전화를 걸지 않은 것은 아니다. 보통 이런 전화를 받고 콜백하면 대부분의 경우 부탁 아니면 지루한 자기 하소연 밖에 하지 않기 때문에 전화를 하지 않는 것뿐이다. 특히 죽음학과 관련해서 전화를 걸어온 사람들은 자신의 이상한 체험을 말하는 경우가 많아 그런 사람들에게 전화할 엄두가 나지 않았다.

그런데 이번 경우는 좀 다른 것 같았다. 우선 전화를 건 이의 목소리에 진정성이 있었다. 공연한 헛소리를 할 목소리는 아니었다. 또 내 안에서 아련한 호기심이 스멀스멀 기어 올라오는 것도 거역할 수 없었다. 이 죽음의 세계와 관련된 이야기들은 무궁무진해서 어떤 사람에게서 어떤 에피소드가 나올지 예감하기 힘들다. 너무도 다양하기 때문이다. 그래서 궁금증을 불러 일으키는 경우가 많았다. 이것은 내가 죽음을 주제로 강연을 할 때 종종 겪는 체험이다. 강연이 끝나면 한두 사람은 반드시 자신의 체험을 이야기하는데 그런 것들이 내게 많은 공부가 되었다.

그런 예상을 갖고 나는 전화기 앞면에 있는 숫자판을 눌렀다. 이윽고 중년의 여성이 나왔는데 신기하게도 내가 전화한 것을 곧 알아차렸다. 그는 일초도 지체하지 않고 자신의 체험을 말해 주었다. 그의 말을 들으면서 나는 나의 예감이 틀리지 않은 것을 알고 자만의 미소를 날렸다. 그의 체험은 대체로 이러했다(오래 전 일이라 기억이 확실하지는 않지만).

그의 부친이 타계해 장례를 마치고 묘에 가서 봉분한 다음 첫 제사를 지냈단다. 그런데 어디선가 까만 나비가 날아와 제사 지내는 동안 계속해서 앉아 있었다고 한다. 그게 몇 십 분은 되었을 텐데 제사가 끝나고 정리한 다음 그곳을 뜨니 나비가 그제야 사라졌다는 것이다. 그 현상을 목도한 가족들은 도대체 이게 무슨 조화냐?, 혹시 아버지가 오신 것은 아닌가? 하면서 나름대로 해석을 시도해 보았지만 이런 현상에 대한 사전 지식이 없으니 결론을 내릴 수 없었다. 그래서 이른바 죽음학회 회장이라는 내게 물어보려고 전화를 한 것이다.

나는 그때 이번 책에서 소개하는 사후통신에 대해서는 아직 모르던 때였다. 빌 구겐하임(이하 빌)의 책을 보기 전이었기 때문이다. 그래서 그냥 그 나비는 선친과 관계될 확률이 높다는 식으로 다소 모호한 말로 대화를 마무리했다. 그런 일이 있은 뒤 얼마가 지났는지 모르겠는데 나는 빌의『Hello from Heaven(천국에서 온 소식)』이라는 책이 있음을 알게 되어 황급히 아마존에 주문해 읽게 되었다. 그 내용에서 많은 것을 배울 수 있었는데 놀라운 것은 이 책의 한 장(章)의 제목이 "나비와 무지개"라고 되어 있었던 것이다. 이에 대해서는 본문에서 자세하게 다루니 그때 확실하게 보면 되겠다.

이 책에 따르면 고인의 영혼은 여러 방법으로 지상에 있는 가족들에게 소식을 전하는데 그 매개 수단 가운데 나비가 있었다. 고인의 영혼이 나비를 보내 자신은 사후 세계에서 잘 있다는 소식을 전한다는 것이다. 이것은 정확히 말하면 고인이 직접 나타나 소식을 전하는 것이 아니고 사인(sign)을 보내는 유형에 속한다. 어떻든 그 장의 내용을 읽어보니 내게 전화를 준 사람이 말한 체험과 비슷한 예가 즐비하게 소개되어 있었다.

이런 상황에서 나비가 나오는 것은 전 인류가 공유하는 체험이라고 할 수 있다. 이것은 참으로 놀라운 일이다. 나중에 자세하게 설명하겠지만 이때 나비는 무엇을 상징하는 것일까? 말할 것도 없이 나비는 여러 전통에서 부활을 상징한다. 이것은 나비가 형성되는 과정을 보면 알 수 있다. 나비는 번데기에서 변형(transformation)되지 않는가? 사람들은 그것을 보고 새로운 생명이 부활했다고 생각한 것이다.

그런 작은 체험이 있어 이번 책에서 빌의 책을 소개하려고 마음먹고 이 원고를 쓰기 시작했다. 이 책에는 참으로 다양한 사후통신 체험의 사례들이 있다. 읽으면서 많은 의문이 생겼지만 나와 관계해서 의문이 생기는 것을 막을 수가 없었다. 그것은 이 책의 사례에 나오는 많은 사람들은 다양한 사후통신 체험을 했다고 하는데 왜 나는 그동안 한 번도 체험을 하지 못했느냐는 것이었다. 이 질문은 나만 하는 것이 아니라 이 책의 뒷부분에 가면 알 수 있지만 많은 사람들이 던지는 질문이었다. 그렇게 생각하니까 이런 사례들을 소개하는 것이 허망해졌다. 나와는 관계없는 것들에 대해서만 소개하는 것 같은 느낌이 들었기 때문이다.

그런데 가만히 생각해 보니 그런 게 아니었다. 나도 사후통신 체험이라고 할 만한 것을 경험한 적이 있었다. 사후통신과 관계해서 내가 지금까지 체험한 것 가운데 기억나는 것은 전부해서 3가지인데 그 중 하나는 분명 사후통신 체험이었던 것 같고 다른 2가지는 가능성만 있는 것들이었다. 이 체험들에 대해서는 이 책의 뒷부분에 자세하게 소개했으니 그때 보면 되겠다. 나는 이 체험을 했을 때 처음에는 이것이 사후통신인 줄 몰랐다. 그럴 수밖에 없는 것이 이때에는 아직 빌의 책을 보기 전이었기 때문이다. 그런데 이 책을 읽어보니 나의 체험은 전형적인 사후통신 체험이었다. 나는 이 체험을 할 당시 참기 어려운 아주 괴로운 일이 있었는데 그 일로 속이 너무 답답해 산에 갔다. 그때 나는 사람이 없는 산속에서 크게 외치면서 그 고통을 밖으로 토로했다. 그러자 수 분 후에 영혼인지 아닌지 확실히 모르지만 외부의 소스로부터 사인이 하나 전달됐다.

자세한 것은 뒤의 설명을 참조하기 바라는데 그 사인으로 나타난 것은 땅에 있는 작은 나뭇가지가 한 바퀴 돈 것이다. 물질계에서는 결코 일어날 수 없는 일이 일어난 것이다. 그래서 나는 이것을 사후통신의 한 예로 생각한다(정확히 말하면 영계의 통신이라고 하는 것이 맞을 게다). 바람이 불었던 것도 아니고 밖으로부터 어떤 힘도 가해지지 않았는데 나뭇가지가 저절로 한 바퀴 돌았으니 영적인 힘이 작용한 것 아닌가 하고 생각하는 것이다. 이때 겪은 것은 말로는 설명이 잘 안 되는데 어떻든 그것은 내가 처음으로 겪은 사후통신이었다.

내가 이 체험을 소개하는 이유는 독자 여러분들도 비슷한 체험이 있을 터이니 한 번 잘 찾아보라고 권유하기 위해서이다. 이 사후통신 체험은 사전 지식이 없으면 자칫 그냥 지나칠 수 있다. 이런 일을 당하면 대개의 경우 사람들은 조금 이해할 수 없는 일이 벌어졌다고 생각하고 곧 잊어버린다. 따라서 독자 여러분들도 자신이 이전에 겪었던 이상한 일 중에 사후통신에 해당될 만한 것이 있는지 잘 살펴보시기 바란다. 이 책을 읽고 잘 반추해보면 분명히 그런 일이 있었음을 알게 될 것이다. 아마도 생각보다 훨씬 많은 독자들이 이 사후통신 체험을 했을 것으로 예견된다.

●●

이 책은 나의 전작인 『인간은 분명 환생한다—이안 스티븐슨의 환생 연구에 대한 비판적 분석』을 이어 같은 맥락에서 쓴 책이다. 이 전작에서 나는 스티븐슨의 주요 저작의 내용을 총체적으로 소개하고 그것을 비판적인 시각에서 조망했다. 내가 이런 책을 출간하는 이유는 사후 세계나 환생 등과 같은 주제에 대해 서구, 특히 미국에서 연구된 것을 소개하려는 데에 있다. 지금 미국을 중심으로 한 서방에는 이 방면에 대한 연구가 많이 되어 있다. 이에 대한 연구가 전무하다시피 한 한국과 비교하면 상상할 수 없을 정도로 풍부한 연구가 있다. 우리의 연구를 진작시키려면 그들의 연구를 소개하는 일이 필요하다. 그래야 우리는 그것을 딛고 그 다음 단계의 연구를 할 수 있기 때문이다.

전작에서처럼 한 것처럼 연구가의 저작을 전체적으로 분석하는 일은 한국의 독자들을 위한 '서비스'라고 할 수 있다. 전작을 읽어본 독자들은 알겠지만 스티븐슨의 저작은 방대하기 짝이 없다. 따라서 그 저작을 다 읽은 사람은 그 책이 출판된 미국에도 몇 되지 않을 것이다. 한국에서는 그나마도 가능하지 않은데 그것은 국내에는 그의 저서가 아예 없기 때문이다. 내가 이화여대 도서관에서 발견한 그의 저서는 수십 년 전에 나온 책 한 권뿐이었다. 그런데 스티븐슨은 그 뒤에도 많은 책을 썼기 때문에 그 책들이 들어오지 않은 국내에서는 책을 가까이 하는 일 자체가 불가능하다.

그런데 그의 저서를 보면 굳이 다 읽을 필요를 느끼지 못한다. 왜냐하면 대부분 사례로 되어 있기 때문이다. 물론 서문이나 결론 부분 등에서는 매우 학술적인 접근을 하고 있지만 책의 대부분은 사례로 채워져 있어 그 분야에 아주 전문가가 아니면 다 읽을 필요가 없다. 내 소견으로는 그의 저작들은 번역될 필요가 없다. 그 사례들 가운데에는 비슷한 것들이 많아 일일이 다 소개할 필요가 없기 때문이다. 전체 사례의 일별이 필요한 전문가들은 원어로 된 책을 보면 된다. 그에 비해 일반 독자들은 스티븐슨이 주장하는 핵심만 보면 된다.

그래서 나는 그 생각에 따라 그가 주장한 것 가운데 가장 기본적인 개념들과 분류 방법을 소개하고 꼭 알아야만 하는 사례들을 골라 소개했다. 내 생각은 독자들이 내 책만 보아도 스티븐슨의 주장을 확실히 알 수 있을 것이라는 것이다. 그래서 굳이 이 저작들을 번역해 국내에 출간할 필요가 없다고 한 것이다(물론 이런 책을 번역한들 출간해 줄 출판사가 없으리라는 것도 잊어서는 안 된다).

이런 생각으로 나는 스티븐슨의 연구를 비판 분석한 책의 출간을 마치고 바로 그 다음 책에 대한 구상에 들어갔다. 다음 책도 같은 원리에 따라 쓸 요량이었다. 즉 같은 주제를 다루고 있는 책 가운데 국내에 소개 혹은 번역되지 않았지만 중요한 책들을 골라 이런 식으로 소개 및 비판적으로 분석하려고 한 것이다. 그 결과 나는 현재 미국에서 이 주제와 관련해 출간된 책 가운데 주목할 만한 책들을 꽤 많이 발견할 수 있었다. 그 가운데 가장 유력한 책이 지금 이 책에서 다루고 있는 빌 구겐하임의 『Hello from Heaven(천국에서 온 소식)』이나 밥 올손의 『Answers about the Afterlife(사후생에 관해 답한다)』, 또 로버트 슈워츠의 『웰컴 투 지구별(Your Soul's Plan)』(샨티, 2008), 앤소니 윌리암의 『Medical Medium(영매 의사)』, 혹은 내가 다른 책에서 제목만 소개한 핀 밤 롬멜의 『Consciousness beyond Life(사후 의식에 관하여)』 같은 책들이다. 이 책들은 모두 미국에서 이 분야의 베스트셀러로 크게 인기를 끌었을 뿐만 아니라 아마존 회사의 홈페이지에도 그 평가가 아주 좋게 나왔다.

　그래서 나는 이 책들을 요약 분석해 책 한 권 안에 다 넣을 요량으로 빌 구겐하임 책부터 작업을 시작했다. 원래는 빌의 책만 보려고 했던 것은 아니고 이 여러 책을 축약해서 책 한 권 안에 넣으려고 했다. 그런 심산으로 빌의 책을 소개 및 비판적 분석에 들어갔다. 내 나름대로는 독자들이 빌의 책을 보지 않고 내 책만 보더라도 그의 주장을 충분히 알 수 있게 세세하게 소개하려고 노력했다. 그러다 보니 더 많은 사례를 소개하고 싶었고 그 결과 분량이 늘어나 책 한 권 분량이 되었다. 분량이 이렇게 늘어난 것은 그가 소개한 일화 가운데에는 경청할 만한 것이 꽤 많았기 때문이다.

　어떻든 나는 가능한 대로 축약해보려고 애썼는데 양이 이렇게 많아진 것이다. 나는 우선 빌이 분류한 범주를 소개하고 그에 속해 있는 예 가운데 대표적인 것만 뽑아 인용했는데도 양이 이렇게 많아졌다. 그 예들도 필요 없는 정보는 빼고 축약해서 소개하려 했다. 만일 그가 든 예들을 다 소개하고 그 예들도 축약하지 않고 있는 그대로 소개했다면 양이 지금보다 적어도 3배는 늘어났을 것이다. 이처럼 빌의 서술을 많이 축약했으니 자세한 내용과 더 많은 예를 알고 싶은 독자들은 원본을 구해 보면 될 것이다.

　사정이 어찌됐든 여기에 소개되어 있는 예는 우리에게 많은 시사점을 준다. 경청할 만한 것이 많다는 것이다. 이 예만 가지고도 우리는 빌이 전하고자 하는 바를 제대로 이해할 수 있다. 그런데 사실 나는 이번에 이 책을 소개하면서 자존심이 약간이지만 상하는 것을 피할 수 없었다. 이유는 간단하다. 이전에 스티븐슨의 저작을 소개할 때에는 그래도 그가 교수이기 때문에 나도 그와 대등한 수준에서 그의 연구를 소개할 수 있었다. 그러나 이번에는 그렇지 않지 않은가? 빌은 교수나 연구자가 아닌 일반인인데 그래도 명색이 교수인 내가 일반인의 책을 이렇게 소소하게 소개할 필요가 있느냐는 생각이 들었기 때문이다.

다시 말해 교수는 전문가의 연구를 상대해야지 일반인이 쓴 에세이 같은 것을 대상으로 소개하거나 분석하면 되겠느냐는 것이다. 이 생각이 틀린 것은 아니지만 이 책을 다 보고 나서 그 생각이 잘못되었다는 것을 두 가지 관점에서 알게 되었다. 우선 말하고 싶은 것은 이 책은 아무리 일반인이 쓴 책이라 하더라도 이 분야에 관한 한 독보적인 책이라는 것이다. 이 책은 사후통신을 주제로 연구한 최초의 책인데 그래서 그런지 아직도 이 책을 능가할 만한 연구나 조사는 보이지 않는다.

그뿐만이 아니라 사후통신이라는 것은 개념부터가 구겐하임 부부가 처음으로 만든 것이다. 그리고 그 개념을 가지고 광범위하게 조사하고 분류한 것도 그들이 처음이었다. 나중에 소개하겠지만 그들이 행한 조사는 어느 학자나 연구 단체가 하는 것에 결코 뒤지지 않았다. 일반인들이 후원도 제대로 되지 않은 상황에서 이렇게 광범위하고 전문적인 조사를 했다는 것이 놀랍기만 하다. 그러니 그 뒤에 이에 필적할 만한 연구가 나오지 않는 것은 당연한 것이다. 이런 점에서 볼 때 그들의 연구는 소개할 만한 가치가 충분히 있었다.

두 번째 이유는 이 책의 수준이 결코 낮지 않다는 것이다. 일반인이 썼다고는 하지만, 또 사례 중심으로 되어 있다고는 하지만 그 조사 방법이나 해석하는 능력, 분류하는 데에서 보여준 세심함 등은 결코 어느 연구서에 비해 뒤지지 않았다. 나는 이런 책을 볼 때 마다 미국의 인문학적 수준이 얼마나 높은지 절감하곤 한다. 그래서 미국을 다시 한 번 평가하게 되는데 이런 일은 한국에서는 아직 일어날 수 없는 일이기 때문이다.

이런 일이 한국에서 일어난다고 상정해보자. 빌은 뉴욕의 월스트리트에서 증권을 다루던 사람이니 한국으로 치면 여의도에서 일하는 증권맨이라 할 수 있다. 그런데 한국에서 어떤 여의도 증권맨이 갑자기 영계와의 통신에 미쳐 수년 동안 매진하더니 아내와 더불어 많은 사람을 조사하고 그것을 분류하고 이론을 만들고 그 결과를 책으로 낼 수 있을까? 한국이라고 이런 일이 일어나지 말라는 법은 없지만 아직은 그런 사례를 본 적이 없지 않은가? 그래서 미국의 학문적인 수준이 대단하다는 것이다. 물론 이런 일이 가능했던 것은 미국 출판사의 수준도 관계된다. 빌의 책이 이렇게 수준 높게 나올 수 있었던 것은 출판사에서 많이 수정해 준 데에 힘입은 바가 클 것이다. 이런 여러 가지 요소들이 다 아우러져 이 책이 나왔기 때문에 이 책의 서술 수준은 결코 낮지 않았다.

이 책을 소개하는 두 번째 이유는 앞에서 잠깐 언급했지만 한국 독자들에 대한 '서비스' 차원이라는 것을 들 수 있겠다. 이 책이 한국 독자들에게 제대로 소개되려면 전문이 번역되는 것이 정도(正道)이다. 이 방법이 가장 이상적이라는 것이다. 그런데 그러려면 많은 수고와 경제적 비용이 따른다. 우선 번역을 시작하기 전에 이런 것을 감수하고 출간할 만한 가치가 있는 책인지 심사숙고해야 한다. 그런데 내가 판단하건대 이 책은 처음부터 끝까지 다 보아야만 하는 그런 책은 아니다. 사례 중심집이기 때문이다. 따라서 이 책은 요약 축약해 그 핵심만 보여주면 된다. 물론 이것에 만족하지 못하는 사람이 있다면 그런 사람들은 원본을 보면 된다. 그러나 일반 독자들은 전혀 그렇게까지 할 필요 없다. 지금 내가 이 책에서 제공하는 것만 보아도 아무 문제없다.

이 책을 통해 독자들은 서양에서 출간된 전문서 한 권을 이해하기 쉽게 축약된 형태로 만나는 것이다. 이것을 음식 먹는 것에 비유하면, 음식을 제공할 때 먹는 사람이 소화하기 편하라고 음식을 발효해서 내는 것과 비슷하다고 할 수 있을 것이다. 독자들은 이 책 한 권만 읽으면 한 사람의 사상을 다 알 수 있으니 얼마나 좋은 일인가? 이 책은 바로 이런 일을 하고 있어 독자들께 서비스를 하고 있다고 한 것이다.

이제 정식으로 이 책에 대해 보기 전에 이 책이 나오게 된 배경부터 살펴야 겠다. 저자가 어떤 경위로 이 책을 쓰게 되었는지 또 사후통신이라는 새로운 개념은 무엇인지에 대해 설명하게 될 것이다. 빌은 자신만의 방법으로 사후통신을 12가지 항목으로 나누었는데 그 분류를 가지고 각각의 통신 형태를 볼 것이다. 마지막에는 사후통신과 관련된 주변 이야기를 보면서 마치고자 한다.

사자死者와의
통신

서론

빌 구겐하임의
사후 통신 연구에 대한
비판적 분석

책의 본론을 보기에 앞서

우리가 지금부터 검토하려고 하는 책은 앞에서 말한 것처럼 부부였던 빌과 주디 구겐하임이 공동 집필한 『Hello From Heaven(천국에서 온 소식)』이라는 책이다. 이 책은 제목에서 짐작할 수 있듯이 죽은 이들이 지상에 있는 친지에게 자신이 건재함을 알리는 사건에 대한 것이다. 빌에 따르면 망자가 그의 가족이나 지인에게 자신이 사후 세계에 존재하고 있다는 것을 알리는 것은 수천 년 전부터 있어온 일이다. 이들은 그런 사실을 발견하고 과거에 이 주제와 관련해서 어떤 연구가 있었는가를 조사해보았는데 뜻밖에도 제대로 된 연구를 찾을 수 없었다.

그래서 고민 끝에 그들은 자신들이 직접 이 주제에 대해 조사하고 연구해서 책을 쓰기로 마음먹는다. 그들은 처녀지나 다름없는 이 연구를 하면서 이 사건을 통칭하는 용어도 새로 만들어야 했다. 그렇게 해서 나온 용어가 "사후통신(After-Death Communication, 줄여서 ADC)"이다. 이 용어는 레이몬드 무디가 근사체험을 연구하면서 만든 용어인 "Near-Death Experience(줄여서 NDE)"를 연상시키기에 충분하다. 근사체험은 새로운 분야이었기 때문에 무디도 이 용어를 자신이 직접 만들어야 했다.

사후통신이란 무엇인가?

　그의 연구를 본격적으로 보기에 앞서 그가 이 사후통신을 어떻게 정의하는지에 대해 보자. 이 개념은 빌의 연구에서 가장 중요한 핵심을 이루기 때문에 이 개념을 정확히 이해하는 일은 대단히 중요한 일이다. 그에 따르면 사후통신이란 "어떤 사람이 사망한 가족이나 친구에 의해 직접적이고(directly) 자발적으로(spontaneously) 접촉되었을 때 생기는 영적인 체험"이다(앞의 책, p.16). 이 번역은 매끄럽지 못한데 그것은 원문의 느낌을 살리기 위해 직역을 했기 때문이다. 직역할 수밖에 없었던 것은 그렇게 해야 원뜻이 살아나기 때문인데 이 문장에서 중요한 것은 '직접적'이란 것과 '자발적'이라는 두 단어이다. 이 두 단어에 이 체험의 핵심이 들어 있다.

　우선 이 체험이 '직접적'이라는 것은 이 체험을 할 때 영능력자나 영매 혹은 최면사 같은 중재자나 제3의 인물이 관여하지 않았다는 뜻이다. 그러니까 죽은 이(정확히 말하면 그의 영혼)가 자신의 가족이나 친구와 일대일로 직접 대면하는 체험이라는 것이다. 두 번째로 '자발적'이라는 것은 망자의 혼이 살아 있는 사람과 접촉할 때 그가 주도권을 가지고 지상에 있는 친지와 언제, 어디서 접촉을 시도하고 어떤 방법으로 소통할지를 정한다는 것이다.

　그러니까 영혼을 부르는 강령회(降靈會)에서처럼 살아 있는 사람이 주도해서 망자의 혼을 부르는 것이 아니라 영혼 쪽에서 자발적으로 소식을 전한다는 것이다. 이 책에 나오는 많은 예를 보면 알 수 있지만 지상에 있는 사람이 원한다고 망자의 혼이 오는 것도 아니고 원하지 않는다고 영혼이 오지 않는 것도 아니다. 어떤 경우에는 산 자가 원해서 망자가 나타나는 경우도 있지만 그렇지 않은 경우도 많다. 내가 보기에는 그렇지 않은 경우가 더 많은 것 같다.

이 책에 나온 사례들을 보면 지상에 있는 사람이 운전하는 중에 망자의 혼이 소통을 시도하는 경우가 꽤 있다. 운전하는 중이니 그는 망자와의 소통을 기대하지 않는다. 운전에 집중하고 있기 때문이다. 그러나 소통이 필요하다고 생각되면 영혼은 그가 먼저 소통을 시도한다. 지상의 친지가 운전을 하던 안 하던 그런 것에 관계없이 말이다. 영의 입장에서 볼 때 소통이 필요하다고 생각되면 그가 먼저 자발적으로 소통을 시도하는 것이다.

빌은 더 나아가서 이 사후통신은 영적인 체험이라고 주장했는데 그것은 당사자가 영을 체험했기 때문만은 아니다. 그보다는 그 사건으로 인해 당사자에게 큰 변화가 일어났기 때문에 그런 이름을 붙인 것이다. 이 상황을 풀어 설명하면, 이 체험을 하기 이전에는 지상에 남은 친지는 망자를 너무도 그리워하고 그 망자의 사망에 대해 죄책감을 느끼는 등 부정적인 감정을 갖고 있었다. 그래서 하염없이 울고 우울증에 빠지곤 한다. 또 지상에 남은 사람들은 자신이 사랑하는 사람이 죽었을 때 특히 그의 행방이나 안위에 대해 많은 걱정을 한다.

일례로 자식이 죽었을 경우 부모는 그 자식이 영혼의 형태로 살아 있는지, 살아 있으면 어떤 상태인지 등등에 대해 많은 걱정을 한다. 이럴 때 망자가 여러 방법으로 나타나 '나는 아주 잘 있다. 따라서 걱정할 필요가 없다'라고 메시지를 주면 그들은 망자에 대한 걱정에서 해방된다. 그들은 더 이상 고통을 느끼지 않을 뿐만 아니라 영적인 세계에 대한 확신을 갖기 때문에 세상을 다른 각도에서 보고 새로운 삶을 살게 된다. 빌은 이것을 두고 영적인 체험이라고 한 것인데 이 역시 이 사후통신 체험의 핵심을 이룬다.

빌 구겐하임이 이 책을 쓰게 된 경위에 대해

우리는 이러한 사후통신의 개념을 염두에 두고 이 책을 볼 것인데 그 전에 살펴야 할 것이 있다. 이 책이 나오게 된 배경이 그것이다. 다시 말해 빌이 어떻게 하다가 이런 분야에 눈을 떴는 지, 그리고 더 나아가 어떻게 연구 조사해서 이 책을 쓰게 됐는 지를 보자는 것이다.

그는 이런 방면에 전혀 관심이 없는 사람이었다. 그럴 수밖에 없는 것이 그는 사후 세계란 존재하지 않는다고 굳게 믿던 유물론자였기 때문이다. 다르게 말하면 회의주의자라고도 할 수 있겠다. 그에게 가장 중요한 것은 물질, 즉 돈이었다. 그의 이런 성향은 그의 이력을 보면 금세 알 수 있다. 그는 월스트리트에 있는 회사에서 일하던 증권 중개인이자 증권 분석가였다. 그래서 그의 주 관심사는 다우존스가 매일 발표하는 주가에만 가 있었다. 쉽게 말해 그에게는 돈이 전부였다는 것이다. 그랬던 그가 어떻게 해서 완전히 반대의 태도를 갖게 되었을까? 이

제 그 과정을 살펴보자.

유물론자에서 영적 전도사로!

어느 날 빌의 아내가 TV 토크쇼에 퀴블로 로스 박사가 나오니 같이 보자고 빌에게 청했다. 로스에 대해서는 설명이 필요 없겠다. 그러나 혹시 그를 모르는 독자를 위해 짧게 소개한다면, 그는 20세기 최고의 죽음학자이면서 임종을 앞둔 환자들을 돌보는 분야에서 세계적인 권위자였다. 빌은 이런 주제에 관심이 있을 리가 없었다. 그런 그였지만 아내가 자꾸 권하니 하는 수 없이 그 쇼를 보게 되었다. 그때 그는 그 작은 사건이 일파만파로 그의 삶을 바꿀 것이라는 것을 전혀 눈치 채지 못하고 있었다.

빌은 그 프로그램을 보면서 로스가 임종환자를 돌보면서 보인 연민과 사랑에 감동을 받았다고 한다. 그래서 그 길로 빌은 로스에게 소량의 돈을 기부했다. 빌은 돈만 아는 수전노는 아니었던 모양이다. 얼마라도 돈을 기부할 줄 알았으니 말이다. 그러자 로스는 몇 주일 후에 자신의 육성이 담긴 녹음테이프와 플로리다에서 5일 동안 열리는 워크숍 초청장(1977년)을 보내왔다. 이런 초청장을 보낸 것을 보니 빌이 기부한 돈의 액수가 소량이 아니었던 모양이다. 빌은 처음에 이 뜻하지 않은 초청에 우쭐했던 것 같다. 세계적인 죽음학자로부터 초청을 받았으니 그럴 만도 하겠다. 그런데 빌은 시간이 갈수록 워크숍에 가는 것이 두려워졌다. 거기에는 그럴 만한 이유가 있었다. 빌은 8살(1947년)이라는 어린 나이에 부친을 잃는 비통한 경험을 했기 때문이다. 그래서 그 이후로 죽음이라는 것은 그에게 혐오스러운 주제이었다.

   그는 이 워크숍에 불참하기로 결정하고 등록 마감 하루 전에 이 초청에 응하지 못하겠다는 의사를 전달하기 위해 로스의 사무실로 전화를 걸었다. 그런데 그날 그 지역에는 폭설이 내려 비서가 출근하지 못했단다. 그런 까닭에 하는 수 없이 그 날은 로스가 직접 전화를 받았던 모양이다. 빌은 곧 그가 로스임을 알아차리고 우선 감사함을 표했다. 그리곤 거짓 이유를 대면서 워크숍에 가지 못하겠다고 로스에게 말했다. 빌의 이야기를 다 들은 로스는 무엇인가를 알아차린 듯 빌에게 그 회합에 오는 게 좋겠다고 말했다. 그러자 빌 역시 무언가가 일어날 것이라는 직감이 생겼던지 바로 그 회합에 가겠다고 자신의 태도를 번복했다.

미리 계획된 일의 진행?

   내가 이런 시시콜콜한 것처럼 보이는 이야기를 다소 장황하게 옮기는 데에는 나름의 이유가 있다(원래 설명은 이보다 훨씬 더 장황하다). 빌이 이 회합에 참여하면서 그의 인생이 완전히 바뀌기 때문이다. 빌이 사후통신이라는 주제를 가지고 평생 동안 궁구(窮究)하게 된 것은 바로 이 회합에 참여하면서 시작된 일이기 때문에 이 회합의 참석이 그에게 가장 중요한 사건이라고 할 수 있다. 그런데 이 사건의 진행 과정을 보면 이상한 점을 많이 발견할 수 있다. 우연이 모여져서 일어난 것 같기 때문이다.

우선 빌이 건 전화를 로스가 직접 받은 것부터 심상치 않다. 만일 그날 폭설이 오지 않았다면 로스의 비서가 전화를 받았을 것이고 그렇게 되면 자연스럽게 빌이 그 모임에 참석하지 않는 것으로 끝날 수 있었다. 그런데 하필이면 로스가 직접 전화를 받아 빌이 회합에 참석하게끔 유도했으니 신기하기 짝이 없는 것이다.

신기한 것은 여기서 끝나지 않는다. 빌의 이야기를 들은 로스가 빌에게 회합에 참석하라고 권유한 것도 보기에 따라서는 신기한 일일 수 있다. 왜냐하면 얼마든지 로스가 사무적으로 전화를 받고 끝낼 수 있기 때문이다. 빌이 모임에 오지 않겠다고 하면 '알았다'하고 끝내면 될 일이다. 그런데 내 추측에 로스는 이때 직감이 발동했던 것 같다. 그녀는 빌이 자기와 같은 부류의 사람인 것을 눈치 채고 그에게 회합의 참여를 권유했으니 말이다. 이때 발휘된 로스의 직관이 아니었다면 빌은 이 회합에 참여하지 않았을 것이다. 로스는 빌이 자신과 같은 부류의 인간이라는 것을 어떻게 알았을까? 이것도 내 추정이지만 이 분야에 있는 사람들은 이른바 '촉'이라는 것이 발달해 있다. 이 부류의 사람들은 서로 만나서 이야기를 나누면 곧 그들이 같은 과에 속한다는 것을 안다. 그래서 로스와 빌 사이에도 이런 일이 벌어졌을 것이다.

이런 이야기를 하는 것은, 사실은 이런 사건은 우리가 태어나기 전에 다 결정되었거나 이미 계획되어 있다는 것을 밝히려 함이다. 이에 대해서는 나중에 다른 책에서 자세하게 다루려고 하는데 이런 주장을 가장 강하게 한 사람은 로버트 슈워츠라는 사람이다. 이 사람의 책에 대해서는 앞에서 이미 잠깐 거론했다. 그에 따르면 우리는 이 지상에 태어나기 전 영계에서 머물 때 다른 높은 영혼들과 함께 이번 생에 겪을 여러 사건들을 모두 계획하고 온다고 한다. 예를 들어 다음 생에 누구를 부모로 해서 태어날지 또 형제자매나 친척, 친구들은 어떻게 결정할지 등과 같은 매우 중요한 관계를 모두 정해놓고 태어난다는 것이다. 또 어떤 사건을 어떤 식으로 겪을지에 대해서도 결정하고 태어난다고 한다.

이렇게 태어나기 전에 다음 생에서 겪어야 하는 일을 대부분 결정하는 이유는 무엇일까? 이 사건들은 모두 당사자의 카르마에 따라 그 생의 영적 진보를 이루기 위해 계획된 것이다. 그 생에서 당사자가 영적 진보를 이루려고 할 때 가장 이상적인 관계와 사건들을 미리 정하는 것이다. 이 이야기를 처음 듣는 사람들은 이런 발상이 생경해 다소 어리둥절하겠지만 이쪽 분야를 어느 정도 알고 있는 사람들에게는 그다지 새로운 이야기가 아니다. 그렇게 생각할 수 있는 것은 우리가 이 생에서 겪는 모든 일은 카르마의 법칙에 따라 한 치도 틀리지 않게 진행되기 때문이다.

이 입장에서 보면 앞에서 본 빌의 사건을 충분히 이해할 수 있다. 사실 굳이 이 주장에 의지할 필요도 없지만 빌은 이번 생에 사후 세계를 탐구하는 것을 목적으로 태어났을 것이다. 그런데 무슨 이유인지 모르지만 생의 전반부는 그런 것과는 아무 관계 없는, 아니 영혼을 부정하는 유물론자의 삶을 살았다. 그리고 부친의 죽음을 어린 나이에 겪어 죽음이나 죽은 뒤의 세계에 대해서는 관심을 두지 않았다. 아니 두지 않았다기보다 인간의 죽음을 부정하고 피하고 싶었을 것이다.

그러다 빌은 처음으로 인간의 죽음이라는 주제에 노출됐다. 로스가 나온 TV 프로그램을 본 것이 그것이다. 그때 빌은 자신이 이번 생에 갖고 태어난 소명 의식이 꿈틀거리는 것을 느꼈을 것이다. 그런데 그 다음 과정의 진행이 절묘하다. 그에게 일어났던 일이 흡사 우연처럼 보이지만 사실은 그가 태어나기 전에 계획한 대로 움직였기 때문이다. 앞에서 본 대로 로스의 사무실에 전화했을 때 로스가 직접 받은 것이 그것이고 그의 성향을 로스가 알아차린 것이 그것이다. 내 개인적인 추측으로 앞서 말한 대로 로스가 빌의 전화를 받았을 때 그녀는 빌의 목소리를 듣고 빌은 이 세계로 들어올 사람이라는 것을 직감적으로 느꼈을 것이다. 이것을 조금 더 부연 설명하면, 로스 정도의 수준이면 빌의 카르마를 알 수 있는 능력이 있었을 것이다. 죽음을 오랫동안 연구하고 임종환자들을 많이 돌본 로스 같은 사람이 이런 능력을 갖고 있는 것은 그다지 이상한 일이 아니다.

워크 솥에서 깨어난 빌 구겐하임

그 다음부터 펼쳐지는 사건의 진행은 그다지 이상할 것이 없다. 일이 순차적으로 자연스럽게 풀려나갔기 때문이다. 그는 이 회합에 참석했고 여러 강의를 들은 그는 곧 자신이 죽음에 대해 가지고 있던 공포가 전혀 근거가 없다는 것을 깨닫게 된다. 그리고 그 회합에서 나누었던 이야기들이 죽음이나 죽어감에 대한 것이 아니라 삶에 대한 것이라는 것을 발견했다. 죽음을 심도 있게 이야기하다보니 결국은 삶으로 회귀했던 것이다. 이 회합에 참석했던 70여 명의 참가자들도 모두 화기

애애한 관계로 발전했다. 그러나 빌은 이 회합에 참가하는 동안 자신의 내면에서 서서히 이 책을 쓰기 위한 단초가 만들어지는 것을 알지 못했다.

빌은 이 회합에서 자동차 사고로 15살 난 딸을 잃은 매기라는 여자의 체험담을 듣고 이 주제에 더 많은 관심을 갖게 된다. 매기는 딸이 죽고 13개월 뒤에 꿈에서 딸을 만나는 체험을 했다. 그런데 그 꿈은 여느 꿈 같지 않고 아주 생생해 딸을 직접 만난 것 같다고 매기는 전했다. 매기는 꿈에서 서로 껴안고 딸의 머리를 가슴에 묻기도 하는 등 아주 생생한 조우의 체험을 했다고 한다. 그때 매기의 딸은 그녀에게 자신과 엄마는 떨어져 있는 게 아니니 슬퍼할 필요가 전혀 없다고 말해주었다고 한다. 잠에서 깨어나서 매기는 마음의 안정을 찾았고 딸 잃은 슬픔을 극복할 수 있었다. 이런 이야기는 전형적인 사후통신 체험인데 뒤의 본문을 보면 이런 예가 부지기수로 나온다. 사실 매기가 한 정도의 체험은 그다지 신기한 것이 아니다. 가장 흔한 사후통신 체험이기 때문이다.

어떻든 매기의 이러한 간증(?)을 들은 사람들은 모두들 기뻐했고 빌도 매기가 슬픔에서 벗어난 것을 같이 기뻐해주었다. 그러나 그때까지도 빌은 자신이 이러한 사후통신 체험을 있는 그대로 믿지 않았다고 실토했다. 아직도 빌에게 꿈이란 잠재의식의 소산일 뿐 그 이상의 의미를 갖기는 힘들었기 때문이었다. 빌은 매기가 꿈에 죽은 딸을 만난 것을 단지 매기의 소망충족의 산물로 여겼다. 그런데 이때 매기는 또 믿을 수 없는 이야기를 전했다. 자신이 이 체험을 하기 몇 달 전에 딸의 오빠, 즉 매기의 아들인 조이가 자신의 여동생(의 영혼)을 만나는 체험을 했기 때문이다. 조이 역시 그의 엄마와 같이 여동생을 잃고 아주 힘든 시간을 보내고 있었다. 그런데 어느 날 책을 읽던 중 여동생의 영혼이 벽장 앞에 나타난 것을 본 것이다. 깜짝 놀란 조이는 소리를 지르면서 매기에게 달려와 이 사건을 전했다. 이런 종류의 체험들 역시 뒤의 본 문에 많이 나온다. 이 체험에 대해서 빌이 뒤에서 각기 다른 형태로 분 류하여 아주 자세하게 다루고 있으니 자세한 설명은 그때를 기약하면 좋겠다. 그러나 이번에도 빌은 조이의 체험을 받아들이지 않았다. 조 이의 체험도 단지 소망에 따라 나타난 상상에 불과한 것이라고 생각한 것이다.

이런 빌에게 결정적인 간증이 남아 있었다. 마지막 충격이 다가온 것 이다. 빌은 이 충격을 로스가 직접 겪은 체험을 접하고 받은 것 같다. 로스의 이 체험은 내가 기회 있을 때 마다 인용한 것이어서 여기서는 아주 축약해서 전해야겠다. 이 이야기는 내가 번역한 그녀의 책 『사후 생』에 나온다(그런데 주인공의 이름이 다르다). 임종 환자들을 돌보느라 힘들 어진 로스는 병원을 떠나려고 마음을 먹는다. 사실 죽어가는 사람들을 돌보는 일이 어디 쉬웠겠는가?

그런 생각을 갖고 있던 그녀가 어느 날 병원에서 자신의 방으로 가려 는데 몇 달 전에 죽은 환자가 영혼의 형태로 나타났다. 환자가 나타난 이유는 로스에게 생전의 자기를 돌보아준 데에 대해 감사함을 표시하 고 병원을 떠나지 말라고 부탁하러 온 것이다. 로스가 임종환자들에게 베푼 돌봄(care)은 최고이니 환자들을 계속해서 돌보아달라는 것이었 다. 대낮에, 그것도 병원이라는 사람 많은 곳에서 영혼(혹은 귀신, 유령)을 만난 로스는 처음에는 엄청 당황해 했다. 그는 그 현실을 믿을 수 없어 반투명한 영혼의 피부도 만져보고 사인을 부탁해 받기도 했다. 수 분 동안 할 말을 다한 영혼은 한 순간에 사라져버렸다.

　로스의 이러한 체험을 들은 참석자들은 모두 할 말을 잃었다고 한다. 세계적인 죽음학자이자 정신의학자로부터 이런 '귀신 출몰'의 이야기를 들었기 때문이다. 빌도 큰 충격을 받은 모양이었다. 그 충격의 여파로 빌은 자신이 그동안 갖고 있었던 유물론적인 생사관을 총체적으로 재점검해야겠다는 욕구를 강하게 느끼게 된다. 그의 이러한 변화를 더 가속화 했던 것은 레이몬드 무디 박사의 강연이었다. 무디에 대해서는 더 이상의 설명이 필요 없을 것이다. 근사체험이라는 용어를 처음으로 만들어 세상에 소개한 사람이기 때문이다.

　이런 강연들을 듣고 강력한 도전을 받은 그는 자신이 지난 38년 동안 지니고 살았던 유물론적인 세계관이 갑자기 얄팍하고 천박하다는 느낌을 갖게 되었다고 한다. 동시에 그는 영적인 차원을 향한 내면적인 눈이 열리는 것을 느끼게 되었고 그 안으로 진입하고 싶은 엄청난 욕구를 갖게 되었다. 여기서 내가 빌의 이 같은 변모에 대해 자세하게 설명하는 이유는 돈만 알던 물질만능주의자였던 사람이 영혼과 사후 세계에 대해 눈뜨는 과정을 잘 보여주고 있기 때문이다. 사실 사람이 이런 식으로 변모하는 것은 잘 일어나는 일이 아니다. 그런데 빌이 이렇게 변모할 수 있었던 것은 그의 내면 아주 깊숙한 곳에 영적인 갈구가 있었기 때문일 것이다. 이런 갈구조차 갖지 않은 사람들은 아무리 밖에서 영적인 자극을 주어도 결코 바뀌지 않는다.

사후 통신 개념의 확립과 그 역사적 사례들

이 워크숍을 마치고 집에 돌아온 그는 아내와 함께 이 주제를 다룬 책들을 찾아 닥치는 대로 읽기 시작했다. 빌은 특히 앞에서 든 매기와 로스의 예, 즉 영혼과 교통하는 사례에 관심이 많았다. 그가 이 주제와 관계된 책들을 두루 살펴보니 이 사후통신을 주제로 한 단행본이 한 권도 없는 것을 발견했다. 사정이 이러하니 영혼과 교통하는 현상을 지칭하는 용어도 있을 리 없었다. 그래서 빌은 처와 함께 '사후통신(ADC)'이라는 용어를 처음으로 만들어내게 된다. 용어는 이렇게 새롭게 만들어졌지만 그들은 이 현상이 서양에 적어도 2천여 년 전부터 있었다는 사실을 발견하게 된다. 이에 대해 빌이 든 예 가운데 우리에게 익숙한 예를 살펴보자. 우선 햄릿의 경우는 가장 전형적인 사후통신의 예라 할 수 있다.

햄릿 줄거리는 우리에게 아주 잘 알려져 있으니 다시 볼 필요 없을 것이다. 그 가운데 사후통신과 관계된 부분만 보면, 뱀에게 물려 죽은 것으로 알려진 아버지가 햄릿 앞에 전신이 드러난 영혼의 형태로 나타난다. 그는 햄릿에게 자신은 뱀에 물려 죽은 게 아니라 왕위를 노린 동생(햄릿의 숙부)이 귀에다가 독을 넣어 죽였다고 알려주고 복수를 부탁했다. 여기서 중요한 것은 줄거리가 아니라 햄릿의 아버지가 전신 영혼의 모습으로 나타났다는 것이다. 뒤에 다시 상세하게 보겠지만 이것은 빌이 사후통신을 여러 종류를 나눈 것 가운데 하나의 예에 속한다.

비슷한 예로 빌은 또 다른 명작인 "크리스마스 캐롤"을 들고 있다. 이 작품의 줄거리도 아주 잘 알려져 있다. 마을에서 가장 구두쇠이고 돈밖에 모르던 스크루지가 사랑의 화신으로 변한 것이 그것이다. 그가 이렇게 변할 수 있었던 것은 스크루지보다 먼저 죽은 동업자 말리가 영혼의 형태로 나타나 그에게 수전노로 계속 살면 큰 재앙이 올 것이라고 경고했기 때문이다. 그 재앙의 모습을 생생하게 보여 주었기에 스크루지가 180도 변한 것이다. 어떻든 여기서 중요한 것은 동업자인 말리의 영혼이 전신의 형태로 나타나 스크루지를 안내했다는 것이다. 빌의 분류에 따르면 이것은 영혼이 전체 모습으로 나타나는 사례이다. 영혼이 시각적으로 나타날 때 부분이 아니라 전체로 나타났다는 것이다. 이에 대한 사례는 뒤에서 자세하게 다룰 것이다.

빌에 따르면 사후통신은 이렇게 문학작품에만 나오는 것이 아니다. 종교에서도 많이 발견되는데 대표적인 예는 말할 것도 없이 예수가 육체적인 죽음을 당한 뒤 영의 형태로 제자들에게 나타난 것이다. 이 점에 대해서는 내가 다른 책(이를 테면 『죽음의 미래』 혹은 『종교, 그 지독한 오해와 편견에 대해』 등)에서 많이 이야기했으니 더 거론할 필요 없겠다. 이때 나타난 예수에 대해 기존 교회의 입장은 예수가 육체로 부활했다는 것인데 그것은 우견(愚見)에 불과해 토론할 가치가 없다. 만일 육체로 부활했다면 설명되지 않는 것이 너무 많다. 예수가 제자들 사이에 갑자기 나타났다는 것이 그 대표적인 예이다. 육체는 그렇게 갑자기 나타났다가 갑자기 사라질 수 없다. 예수가 이처럼 나타났다가 사라지는 것은 전형적인 영혼의 출몰로 보면 가장 설명이 잘 된다. 이와 비슷한 것은 앞에서 로스가 말한 부인(이전 환자)의 예에서 발견된다. 그 환자도 갑자기 나타났다 갑자기 사라졌으니 말이다. 이런 여러 이유 때문에 육체 부활설은 일고의 가치도 없다는 것이다.

빌은 그 뒤 존 오데트라는 사람과 가까워지는데 오데트는 바로 국제 근사연구학회(IANDS)를 창립한 인물 중 한 사람이다. 학회가 창설된 이래 지금까지 회원으로 참여하고 있는 빌은 그 단체에서 활동하면서 근사 체험과 사후통신을 직접 체험한 사람들을 많이 만나게 된다. 이 학회에는 이 같은 체험을 한 사람이 많이 있었던 모양인데 빌이 조사해보니 자신이 사후통신을 했다고 믿는 사람은 그 학회에만 있는 것이 아니었다. 마침 이에 대한 통계 자료가 있으니 이것을 살펴보자. "미국인의 건강(American Health)"이라는 잡지(1987년 1, 2월 호)에 실린 내용을 보면 미국의 성인 가운데 42%가 망자와 접촉한 적이 있다고 믿고 있다고 한다. 그런데 배우자를 잃은 사람의 경우에는 그 수가 훨씬 높게 나온다. 67%가 그렇게 믿고 있다고 하니 말이다(앞의 책, p.12). 미국은 부부 중심 사회라 배우자를 잃었을 때 상실감이 커 더욱 더 고인과의 소통을 원하는 모양이다.

사회에서는 이렇게 많은 사람들이 사후통신을 했다고 주장하고 있었는데 학계에서는 이 주제에 대해 별 관심을 두지 않았다. 이유는 간단하다. 앞에서 말한 대로 이런 영적인 현상은 환상에 불과하다고 여겼기 때문이었다. 이것을 조금 더 전문적으로 말하면, '사별의 슬픔이 만들어낸 환상(grief-induced hallucination)'에 불과하다는 것이었다. 그러니 빌이 이 현상을 연구하려 해도 그때까지 제대로 된 연구가 없었던 것이다.

내면 의 소리를 따라서

이런 그에게 결정적인 변화가 일어난다. 로스의 회합에 갔다 오고 11년 뒤인 1988년에 그는 신이한 체험을 한다. 그의 내면에서 들리는 목소리가 다음과 같이 말했기 때문이다. "이 주제에 대해 당신 자신이 조사하고 책을 쓰라. 이것이 당신이 해야 할 영적인 일이다"라고 말이다. 이 소리를 듣고 빌은 당황했을 것이다. 그가 당황했다는 말은 책에는 나오지 않는다. 나는 유튜브에서 그가 대담하는 모습을 시청한 적이 있는데 그 대담에서 그가 그렇게 말하고 있었다.

내가 본 영상은 사후생만 다루는 인터넷 방송(afterlifetv.com)에서 만든 것을 유튜브에 올려놓은 것이다. 이 방송국은 앞에서 잠시 언급한 밥 올슨이라는 전직 사립 탐정이 만든 방송이다. 그와 그의 연구에 대해서는 나중에 다른 단행본에서 다룰 예정이다. 그는 사후 세계와 영혼에 대해서 탐정처럼 탐구해서 이 주제에 관해 일가견을 가진 사람이다. 올슨은 이 분야에서 괄목할 만한 성과를 낸 사람들을 불러 인터넷으로 면담을 했는데 여기에 빌이 나온 것이다.

빌은 그 대담 자리에서 자신은 의사도 아니고 박사도 아닌 일반인인데 그런 자기에게 내면의 목소리가 책을 쓰라고 해 굉장히 놀랐다고 하면서 당시의 심정을 전했다. 이러한 반응은 당연한 것이다. 평생을 돈만 다루는 주식 전문가로 살던 사람이 인간의 죽음과 관계된, 그것도 사후 세계와 영혼의 존재를 밝히는 책을 쓴다는 것은 어떻게 보면 어불성설이기 때문이다.

그런데 그에게 이 같은 내면의 소리가 들려온 것이 그때가 처음이 아니었다. 이 일이 있기 8년 전쯤에도 같은 일이 있었다. 당시 빌은 거실에 있었는데 느닷없이 그의 내면에서 '밖으로 나가서 수영장을 살펴보라'라는 소리가 들려왔단다. 이 뜬금없는 소리에 반신반의하면서 뒷마당에 있는 수영장으로 가보았더니 2살이 조금 안 된 아들아이가 물에 빠져 있었다. 집 수영장이지만 2살 아이에게는 깊은 물이라 그가 빠져 죽을 지경에 이른 것이다. 물론 빌은 곧 아들을 꺼냈고 다행히 아들의 의식이 돌아와 그를 살릴 수 있었다. 그러나 만일 빌이 수영장에 가보지 않았다면 아들은 집에 있는 수영장에 빠져 죽는 어이없는 일을 당했을 것이다. 이런 일을 겪었기에 그는 이 내면의 소리에 대해 큰 신뢰를 갖고 있었다. 그런 소리가 이번에는 책을 쓰라고 하니 따르지 않을 수 없었을 것이다.

그런데 이 내면의 소리라는 게 무엇일까? 이 소리에 대해서는 여러 가지 해석이 가능할 게다. 우선 슈워츠 같은 영계 연구가들의 견해를 들어보면 이 소리는 그 사람의 수호령으로부터 온다고 한다. 이쪽 분야에서 정설처럼 되어 있는 것은, 우리 인간에게는 누구나 한 명 이상의 수호령이 있고 이 영은 평생 동안 이 사람을 보호하는 역할을 한다는 것이다. 그러면 이 영은 당사자와 어떻게 교통할까? 이때 영이 쓰는 가장 흔한 방법은 그의 메시지를 당사자의 내면에서 들려오는 소리처럼 전달하는 것이라고 한다. 그러니까 이 소리가 외부로부터 오는 게 아니라 자신의 소리처럼 내면에서 울려 나오게 한다는 것이다.

예를 들면 이런 것이다. 어떤 사람이 비행기를 타야 하는데 갑자기 내면에서 '이번 비행기를 안 타는 게 좋다'라는 소리가 들렸다. 그래서 꺼림칙한 느낌이 들어 그 비행기를 타지 않았다. 그랬더니 나중에 그 비행기가 추락했다는 소식이 들려왔다. 이 일은 대체로 이렇게 진행되는데 물론 이것은 조금 극적인 예이긴 하지만 누구나 이와 비슷한 경험을 갖고 있을 것이다. 사람들은 이런 경우 자신의 무의식에서 위험을 느끼고 스스로 알려준 것이라고 생각하는 경향이 있다. 그런 경우가 없는 것은 아니지만 이런 일에는 수호령이 개입한 것으로 보아야 한다는 것이 영통한 사람들의 견해이다.

드디어 시작되는 빌의 연구 조사

사정이 어찌 됐든 이 소리를 들은 빌은 1988년부터 전(ex) 아내인 주디와 조사를 시작하게 된다. 이때 그는 이혼한 지 4년이 되었다고 하는데 왜 이혼했는지는 밝히지 않았다. 이때 그들은 광범위한 조사를 위해 질문지와 명함을 만들었고 전화와 은행 계좌도 새로 개설했다. 그들은 갈 수 있는 모든 곳을 다니면서 면담을 했다. 예를 들면, 사별자 가족 모임이나 호스피스 시설, 교회, 영적 성장을 가르치는 세미나, 사회 기관, 영성 관련 서적만 파는 책방 등이 그런 곳이라 할 수 있다. 이렇게 다녀서 첫 한 해 동안 500명 이상을 면담했는데 그들이 생각하는 것보다 반응이 훨씬 좋았다고 한다.

빌과 주디가 이런 프로젝트를 집행하고 있다는 것이 소문나자 여러 단체와 언론(TV와 신문)에서 그들을 부르기 시작했다. 그 단체 가운데 대표적인 것은 자식과 사별한 가족들이 모인 단체 중 가장 크다고 할 "자애로운 친구들(Compassionate Friends)"같은 것이다. 빌과 주디는 이 단체가 개최하는 워크숍 등에 가서 자신들이 하는 일을 적극적으로 알렸다. 그러면 그 회원 가운데에는 항상 사후통신을 경험한 사람이 있었기 때문에 빌은 더 용이하게 자료를 모을 수 있었다. 또 지역 신문에도 소개되고 TV나 라디오에는 16번이나 출연하여 자신들이 하는 일을 알렸다. 그랬더니 미국이나 캐나다는 말할 것도 없고 호주, 우크라이나, 일본 등과 같은 외국에서도 사후통신을 체험한 사람들의 편지가 도달했다고 한다.

이렇게 조사를 한지 7년 뒤에 계산을 해보니 다음과 같은 결과가 나왔다. 대상의 분포도를 보면, 미국의 50개 주와 캐나다의 10개 주에 사는 사람을 대상으로 했고 그 가운데 2천 명을 면담해 3천 3백 개에 달하는 사후통신 사례를 모았다. 이것을 분석한 결과 미국 인구의 20%에 해당하는 5천만 명이 사후통신을 해본 경험이 있는 것으로 나타났다.

이 백분율은 사별자들에게로 가면 훨씬 더 높아진다. 그러니까 사별자들은 사후통신을 할 확률이 훨씬 더 높아진다는 것이다. 실제로 이 책의 본문을 보면 빌이 거의 사별자들에게서 사례를 모은 것을 알 수 있다. 이것은 충분히 이해할 수 있는 것이 사별자들일수록 타계한 고인들을 애타게 찾을 것이고 그것에 화답해 고인들로부터 사후통신이 왔을 것이기 때문이다. 그런데 사별자라고는 하지만 고인을 사별하고 수년이 지난 뒤에도 사후통신이 이루어지니 반드시 사별자라고 할 수는 없을 것이다.

사후통신 경험자들의 백분율을 근사체험자들의 그것과 비교해 보면 이 체험이 훨씬 더 흔한 것임을 알 수 있다. 미국인 가운데 근사체험을 한 사람은 전 인구의 4%, 즉 1천만 명에 불과(?)하기 때문이다. 빌은 이러한 통계 자료를 어디에서 가져온 것인지 모르지만 미국의 통계 측정 전문 회사인 갤럽에서 1990년대에 조사한 것을 보면 1,500만 명이 근사체험을 경험했다고 나온다. 사정이 어찌됐든 사후통신 체험은 근사체험보다 3.5배 내지 5배나 흔한 것이 된다.

이제 이 사후통신에 대해서 하나하나 볼 것인데 이 부분의 설명을 마치면서 드는 생각은 어떻게 이런 일이 가능했을까 하는 것이다. 학문과 아무 관련 없는 사람들이 이런 전문적인 조사를 했다는 것에 대해서는 앞에서 이미 언급했다. 그들이 행한 연구를 보면 매우 객관적인 학문적인 방법론을 썼다는 것을 알 수 있는데 이것을 증권 전문가가 했다는 것이 놀랍기 짝이 없다. 그 다음으로 경이로운 것은 그런 조사 및 연구를 시작했을 때 사람들이 보인 반응이다. 사람들은 설문지에 답했을 뿐만 아니라 서신으로 자신의 체험을 알려주었고 전화 면담에도 기꺼이 응하는 등 빌의 조사에 매우 협력적이었다. 또 지역 언론에서 보인 관심도 대단한 것이었다. 그들이 이런 독보적인 연구를 할 수 있었던 것은 주위에서 보인 이러한 관심 때문이었을 것이다.

이처럼 진행된 빌 일행의 연구는 사회적으로 인정을 받았을 뿐만 아니라 학술적으로도 인정받았다. 이것은 그의 책 맨 앞에 실린 각계각층의 다양한 사람들이 남긴 찬사를 보면 알 수 있다. 여기에는 약 20명의 사회 저명인사가 보낸 글이 실려 있는데 우리에게 친숙한 사람도 적지 않다. 예를 들어 레이몬드 무디부터 시작해서 『나는 환생을 믿지 않았다』라는 책으로 국내에도 유명한 정신과 의사 브라이언 와이스, 정신과 의사면서 국제근사연구학회의 창립 멤버인 브루스 그레이슨 등이 그들이다. 의사이면서 전문학자인 그들이 이 책을 인정했다는 것을 통해 이 책의 학술적 가치를 알 수 있지 않을까 싶다(물론 이 책은 전문적인 학술서는 아니다).

같은 일이 한국에서도 가능할까?

나는 빌의 이야기를 읽으면서 한국이라면 이런 일이 가능할까 하는 생각이 내내 들었다. 나는 앞에서 같은 이야기를 하면서 이런 예를 들었다. 만일 여의도 증권가의 잘 나가는 어떤 증권맨이 어느 날 회심을 해서 사후 세계에 대한 책을 쓸 수 있을까 하는 것 말이다. 수필 정도라면 그런 일이 가능하겠지만 빌과 주디처럼 수천 명의 사람을 조사해서 그것을 분류 및 분석하는 과정을 거쳐 연구 결과서를 내는 일은 결단코 쉽지 않을 것이다. 게다가 주제가 '증권 투자로 돈 버는 법' 같은 것이 아니라 사후통신처럼 아주 특수하고 특이한 것에 대해 책을 낸다는 것은 있을 수 없는 일일 것이다.

이런 면에서 나는 앞에서 언급한 것처럼 미국의 인문학적 수준을 높게 평가했는데 그 외에 한국에는 미국과 또 다른 상황이 연출될 것 같다. 만일 한국에서 어떤 사람이 이런 주제를 가지고 설문조사를 하고 전화를 하면 과연 몇 사람이나 호응할까 하는 것이 그것이다. 섣부른

판단일지 모르지만 이런 일을 당하면 한국인들은 대부분 '먹고 살기도 바쁜데 죽음은 무엇이고 사후통신은 또 뭐냐'라고 하면서 퉁명스러운 반응을 보일 것 같다. 그래서 이런 연구를 외면하지 않고 북돋아 주는 미국의 풍토가 부러워지는 것은 어쩔 수 없었다.

빌이 이 연구를 하게 된 배경 설명은 이 정도면 된 것 같다. 다음은 본론에 대한 소개와 분석으로 들어갈 차례이다. 본론에서 우리는 먼저 빌이 사후통신을 나눈 12범주에 대해 볼 것이다. 그것이 끝나면 각 범주를 설명하고 그 사례를 소개할 것이다.

사자死者와의
통신

본론

빌 구겐하임의
사후 통신 연구에 대한
비판적 분석

다양한 사후통신 체험들에 대해

앞에서 빌이 어떤 과정을 거쳐 이 책을 쓰게 됐는가를 보았으니 이제 부터는 본론으로 들어가 우리의 주제인 사후통신에 대해 살펴보기로 하자. 빌은 사후통신을 12가지의 범주로 묶어 정리했다. 빌도 처음에 는 사후 통신이 이렇게 종류가 다양할 것이라고 생각하지 않았다고 한 다. 그런데 조사가 확대되면서 생각하지 못한 것들이 나와 그 종류가 12가지나 된 것이다. 그 목록을 보면 다음과 같다.

사후 통신의 분류	
	1. (영혼의) 임재함을 느끼기: 지각적인(sentient) 사후통신
	2. 목소리 듣기: 청각적인 사후통신
	3. 접촉을 느끼기: 촉각적인 사후통신
	4. 향기 맡기: 후각적인 사후통신
	5. 부분으로 나타나기: 시각적인 사후통신
	6. 전체로 나타나기: 시각적인 사후통신
	7. 저 너머 세계 잠깐 보기: 사후통신 환영(vision)
	8. (뇌파가) 알파파 상태에서의 조우: 중간(twilight) 지대의 사후통신
	9. 꿈 이상의 체험: 수면 상태의 사후통신
	10. 귀향하는(homeward bound) 체험: 체외이탈 중 겪는 사후통신
	11. 개인 대 개인(person-to-person)의 체험: 전화로 하는 사후통신
	12. 물질로 체험하는 사후통신: 물질적 현상의 사후통신

일단 이렇게 12가지로 나누고 난 다음 빌은 가외(加外)로 '상징적인 사후통신'이라는 제목 아래 '나비와 무지개'라는 특정 상징을 다루고 있다. 이 장에 있는 내용은 한 범주로 분류하기에는 조금 부족한 면이 있어 아마 가외로 다루었던 것 같다. 그 뒤의 장에 나오는 내용들은 부가적인 설명이라 필요할 때만 인용하고 따로 떼어서 설명하지는 않겠다.

앞으로 설명하는 방법에 대해 말해보면, 이 책은 수많은 사례로 구성되어 있어 그것을 다 소개할 필요를 느끼지 못한다. 이 책 전체를 번역할 필요가 없는 것은 그런 이유에서라고 앞에서 이미 밝혔다. 이에 따라 나는 각 장에서 중요한 사례를 몇 개 정도만 들어 설명할 것이다. 그 정도만 보아도 독자들은 다양한 사후통신에 대해서 충분한 정보를 얻을 수 있을 것이다. 이 가운데에는 독자들도 경험한 유형이 있을 수 있으니 자신의 체험을 반추하면서 읽어보면 더 재미있을 것으로 생각된다.

1 (영혼의) 임재함을 느끼기: 지각적인 사후통신

첫 번째로 소개할 것은 가족이나 지인이 죽은 후에 그 영혼이 자신의 옆에 나타난 것을 느끼는 체험에 대한 것이다. 이것은 영혼을 직접 보았다거나 접촉했다는 것은 아니고 단지 그 영혼이 옆에 있는 것처럼 느끼는 것을 말한다. 이 체험은 전체 사후통신 체험 중에 가장 흔한 경우이다. 이런 체험을 한 사람들에 따르면 그들은 망자(의 영혼)이 자신이 있는 방이나 그 장소에 같이 있다는 것을 직관적으로 알아차린다고 한다. 그러니까 이것은 일종의 내면적인 체험이라고 할 수 있다. 아무것도 보이지 않지만 직감적으로 고인이 왔다는 것을 알아차리는 것이다.

어떻게 이런 일이 가능할까? 아무것도 보이지 않는데 어떻게 고인이 왔다는 것을 감지할 수 있을까? 이것은 우리 인간들이 모두 다른 지문을 갖고 있는 것에 비유할 수 있다. 인간이 모두 다른 지문을 갖고 있는 것처럼 우리들은 모두 자신만의 에너지 패턴, 즉 영혼의 고유한 진동을 갖고 있다고 한다. 그 때문에 어떤 영혼이 내 옆이나 앞에 나타나면 즉시 그가 누구인지 알 수 있게 된다고 한다. 제3자의 입장에서는 그 직감이 혹시 틀릴 수도 있지 않겠느냐고 반문할 수 있을 것이다. 그러나 이런 경험이 있는 사람의 입장은 확고하다. 이 경험은 너무도 확실해서 나타난 영혼을 다른 사람으로 오인하는 경우는 있을 수 없다고 한다.

이때 사람들은 영혼의 임재함만을 느끼는 것이 아니다. 이런 체험을 한 사람들은 그때 나타난 영혼이 어떤 감정을 품고 있고 어떤 분위기를 풍기는지를 확실하게 느낄 수 있다고 한다. 그런데 재미있는 것은 체험자가 망자의 영혼을 본 것도 아니고 그 목소리를 들은 것도 아닌데 이 체험이 언제 시작하고 언제 끝났는지를 정확히 안다는 것이다. 그러니까 망자의 영혼이 언제 도착하고 언제 떠났는지를 명확하게 안다는 것이다. 이것은 충분히 가능한 이야기이다. 당사자가 그 영혼이 갖고 있는 고유의 진동을 느낄 수 있기 때문이다. 다시 말해 그 진동이 갑자기 나타났다면 그것은 영혼이 나타난 것이고 반대로 진동이 사라졌다면 그 영혼이 사라진 것을 의미하는 것이다. 이 같이 영혼의 진동을 느끼고 지각하는 일은 어려운 일로 생각되지 않는다. 이런 생각을 염두에 두고 이제 그 예를 살펴보자.

캘리포니아에 살고 있는 36살의 제프리는 할머니가 울혈성 심부전증으로 죽고 몇 시간 뒤에 할머니의 영혼과 접촉하게 된다.

> (할머니가 죽은 지 몇 시간 안 되어서) 나는 거실에 앉아서 할머니가 좋아했던 그림을 보고 있었다. 그 그림은 예수가 양을 들고 있는 '선한 목자'라는 그림이었다. 그때 나는 갑자기 설명할 수 없는 아주 평화롭고 부드러운 느낌을 강하게 받았다. 할머니의 영혼이 내게로 왔다는 것을 느낀 것이다. 그것은 매우 자연스럽고 따뜻한 느낌이었다.

> 할머니는 나에게 자신은 행복하고 평화 속에 있다는 확신을 주었다. 그렇게 내 옆에 있던 할머니는 떠나기 전에 작별인사를 했는데 이 만남은 약 30분 동안 이어졌다. 그 시간이 지나자 내가 느끼고 있던 평화로움이 부드럽게 사라졌다. 이 체험을 통해 나는 할머니가 건재하다는 확신을 갖게 되었다(p.25).

빌에 따르면 수많은 사람들이 이 같은 사후통신 체험을 하면서 깊은 위안과 전부를 아우르는 평화로움을 느낀다고 한다. 이때 느끼는 평화로움은 사람의 지혜로는 헤아릴 수 없다고 한다. 이런 영적인 체험은 인간의 언어로는 표현이 잘 안 되는 모양이다. 또 하나의 예를 들어보면,

에디스는 플로리다 주에 사는 호스피스 상담가이다. 그녀는 루게릭병을 앓던 환자인 하워드(65세)가 죽은 직후 특별한 순간을 맞이했다.

　　호스피스 병동의 간호사가 하워드가 위독하다고 전해왔을 때 나는 집에 있었다. 하워드는 단시간에 죽은 것이 아니라 몇 시간 동안 서서히 죽어갔던 모양이다. 그래서 그를 옆에서 간호하던 그의 아내는 아주 힘든 시간을 보내고 있었다. 혼자 있기에 힘들었던지 그녀는 내게 전화를 해 자기에게 와달라고 부탁했다.

　　나는 가겠다고 전한 다음 옷을 갈아입으려고 옷장 방으로 들어갔다. 그때 나는 갑자기 하워드가 내 오른쪽에 있다는 것을 알아차렸다. 하워드가 보였던 것은 아니지만 내 오른쪽에는 즐겁고 자유로운 상태에 있는 어떤 존재가 빛을 발하고 있었다. 그는 나에게 작별인사를 하는 것 같았고 자신과 함께 해준 데에 대해 감사를 표하는 것 같았다. 하워드는 그곳에 그리 오래 있지 않았다. 머문 시간은 약 30초 정도였다.

　　옷장 방을 나오면서 시계를 보니 4시 23분이었다. 옷을 다 입고 하워드 집으로 향했다. 내가 걸어 들어가자 그들은 내게 하워드가 4시 23분에 죽었다고 알려주었다(p.27).

이런 이야기 역시 드문 이야기가 아니다. 이런 이야기는 보통 이렇게 진행된다. 어떤 사람이 죽었는데 그의 영혼이 지인에게 나타났다. 그런데 이 지인은 그가 죽었는지 어떤지 그의 현 상태에 대해 아는 바가 전혀 없다. 그러다 얼마 후에 그가 죽었다는 소식을 듣는다. 그런데 그 지인은 그가 죽은 시각이 자신에게 나타난 시각과 같다는 것을 곧 알게 된다. 그래서 고인이 죽었던 때에 자신에게 와서 작별 인사를 했다고 생각하게 된다. 이런 이야기는 주위에서 심심치 않게 듣는다. 이 사례가 진실이라면 이 망자는 자신이 작별인사를 하고 싶은 사람에게 나타나 인사를 하고 감사함을 표시하는 것이라 할 수 있을 것이다.

나는 이와 비슷한 이야기를 서울대 의대에 있는 동료 교수에게서 들은 적이 있다. 그는 연구년을 맞아 미국에 있었다. 어느 날 새벽 1시 경 문 밖에 누가 찾아 와 나가보니 놀랍게도 자신이 서울대 병원에서 치료하던 환자였다. 어떻게 서울에서 치료하던 환자가 미국에 왔을까 하는 의아감이 들었지만 우선 집 안으로 들어오라고 했다. 그랬더니 그는 누구와 같이 왔기 때문에 들어갈 수는 없고 그동안 치료해준 것에 대해 감사하다는 말을 전하려고 왔다고 했다. 그리곤 그는 곧 떠났다.

몇 개월이 지난 다음 서울에 돌아온 그는 그 환자의 치료 내력을 살펴보았다. 그랬더니 놀랍게도 자신이 그를 만난 날 바로 그 시각에 그가 세상을 떠났다는 것을 발견했다. 그가 왜 자신에게 나타났을까 하고 생각해보았는데 아마 이 환자가 세상을 하직하면서 작별 인사를 하러 왔을 것이라는 추측만 할 수 있을 뿐이었다. 그 환자가 온 것을 사진 같은 것으로 남기지 않았으니 그의 왕림을 증명할 수 있는 방법은 없었다. 그러나 그 환자는 분명 그에게 나타났다. 사실 이 경우는 우리가 지금 보고 있는 예보다는 한참 앞에서 본 로스가 체험한 것에 더 가깝다. 당사자가 영혼을 직접 만났으니 말이다. 이 같은 예는 뒤에 또 나오니 그때 다시 보기로 하자.

다음의 예는 망자의 혼이 한 번만 나오는 것이 아니라 몇 번에 걸쳐 나오는 예이다. 이에 대해서는 여러 가지 사례가 소개되고 있지만 여기서는 한 가지 예만 들어보자.

미장원 체인점을 갖고 있는 탐(48세)은 아주 힘들었던 시기에 고인인 모친으로부터 지속적인 지원을 받았다.

아내 머릴린은 암으로 죽어가고 있었다. 그녀가 투병하고 있을 때 나의 모친(의 영혼)은 내 가까이에 있으면서 몇 번이고 나에게 이해심과 위안을 주었다. 그때마다 나는 모친의 현존을 즉각 느꼈는데 그와 동시에 모친의 사랑을 느꼈고 내가 혼자가 아니라는 것도 알았다.

처가 죽은 날 나는 충격을 받고 멍한 상태였다. 쓰러져 16시간이 지나서야 깨어났는데 이때에도 나는 모친이 나와 같이 있다는 것을 알았다. 그녀는 아주 강건한 기운을 갖고 있었고 나와 같이 슬퍼했다. 그뿐만이 아니다. 그녀는 머릴린을 환영한다고 말했다(p.31).

이 예에서 주목할 만한 것은 마지막 문장이다. 영혼 상태로 있는 엄마가 막 타계한 처 머릴린을 환영한다고 한 것 말이다. 탐의 처는 몸을 빠져나오자마자 바로 탐의 어머니를 만났을 것이다. 영혼 끼리는 거리나 시간에 관계없이 바로 만날 수 있기 때문이다. 이런 예를 통해 우리는 타계한 고인들은 지상에 사는 사람들에게 무관심한 것이 아니라 지속적으로 관심을 갖고 있다는 것을 알 수 있다. 우리는 부모들이 타계한 후 그 분들이 여전히 우리를 지켜보고 있을까 하는 궁금증을 갖는데 이 예를 통해 보면 고인들은 항상 우리들을 주시하고 있는 것을 알 수 있다. 그러니 언제든 어디서든 그들과 마음으로 대화를 나눌 수 있을 것이다. 그러면 많은 경우 부모들은 우리들의 꿈에 나타나 답을 준다. 독자들도 이런 체험이 있을 것으로 믿는다. 이 주제에 대해서는 뒤에서 더 자세하게 다루니 그때 보기로 하자.

그 다음 예는 영혼이 다수로 오는 경우이다. 다수라고 하지만 지금 드는 예는 2명의 영혼이 온 경우이다.

낸시는 알라바마 주에 사는 간호사이다. 그의 아들(9살)이 2년 전에 백혈병으로 죽었는데 이번에는 그의 조카가 죽었다.

나는 언니로부터 그녀의 아들인 브랜던(8살)이 차사고로 죽었다는 전화 연락을 받았다. 그래서 그 다음 날 조카 브랜던의 장례식에 참석하려고 노스캐롤라이나를 향해 떠났는데 이때 나는 내 아들인 제이슨이 죽었을 때 사람들로부터 받은 시를 가져갔다. 이 시는 당시 아들을 잃어 암흑 같은 시기에 처해 있었던 내게 많은 도움을 주었다. 내 가족들은 이 시를 브랜던의 묘 앞에서 읽어주기를 바랬지만 나는 과연 이것이 통할지 몰라 불안했다. 그래서 나는 간절히 기도했고 그 기도를 통해 지혜와 힘이 오기를 기원했다.

내가 브랜던의 묘 앞에서 이 시를 읽기 시작하자마자 나는 내 옆에 내 아들의 영혼과 조카의 영혼이 임재한 것을 느낄 수 있었다. 제이슨은 내 왼쪽에, 브랜던은 내 오른쪽에 와 있었던 것이다. 나는 그들이 온 것을 곧 알아차렸다. 그때 나는 이들로부터 엄청난 사랑과 배려를 받고 있다는 느낌을 받았다. 그 뿐만 아니라 마음도 지극히 고요해지고 차분해졌다. 나는 직관적으로 내 아들과 조카가 지금 내가 처한 이 어려운 시간을 잘 견뎌내라고 도와주고 있다는 것을 알 수 있었다(p.32).

이렇게 당사자가 여러 영혼들을 만나는 것은 근사체험자들에게서도 자주 듣는 이야기이다. 이것은 그다지 이상한 이야기가 아니다. 가족처럼 가까운 사이는 영혼이 되어서도 만나기 때문이다. 이 영혼들은 서로 만날 뿐만 아니라 이렇게 같이 나타나 지상에 있는 사람에게 힘을 주기도 하는 모양이다.

다음 예는 이 장에 나오는 마지막 예인데 상당히 극적이라 소개하고 싶다. 이 예를 통해 빌은 망자의 영혼이 지상의 가족들에게 보이는 사랑이나 동정은 장소나 시간 등에 구애받지 않는다는 것을 보여주고 있다.

샌디(49세)는 워싱턴 주에 사는 간호사이다. 그의 삶은 그의 아버지가 죽고 5년 뒤에 완전히 바뀌게 된다. 이 변화는 그가 월남전에서 다음과 같은 일을 겪은 뒤에 일어났다.

나는 월남(의 야전 병원)의 수술실에서 일하는 간호사였다. 지금 말하려고 하는 사건은 내가 1968년에 월남에 도착하고 2~3주 뒤에 일어났다.

그때 내가 자려고 침대에 들어가자 갑자기 병원 전체가 폭탄 세례를 받았다. 땅이 흔들렸고 소음은 귀 고막을 찢었다.

나는 침대 밑으로 들어가 콘크리트 바닥을 기었는데 바닥이 아주 차서 불편했다. 그 때문에 나는 큰 공포에 질려 있었다. 그때 나는 갑자기 아버지가 나와 같이 있다는 것을 알아차렸고, 그로부터 정서적인 따뜻함을 느꼈다. 그리고 아버지의 돌봄과 사랑의 마음이 나를 감쌌다.

나는 그가 준 활력으로 안정을 되찾았고 곧 평화로움이 나를 압도했다. 그렇게 위급한 상황이었지만 나는 평화로웠다. 아버지는 내게 아무 일도 생기지 않을 것이라는 확신을 주었다. 그는 몇 분가량 나와 함께 있다가 조용하게 떠났다.

이 체험은 나의 영성을 강화해주었을 뿐만 아니라 죽음에 대한 공포를 없애주었다. 월남에 있는 내내 나는 심하게 다쳤거나 죽음에 이른 젊은 군인들을 많이 치료해주었다. 전쟁은 끝나지 않고 사상자들은 계속 몰려왔다.

나는 항상 죽어가는 병사들 옆에 있었다. 왜냐하면 그들이 외국에서 혼자 죽게 내버려두어서는 안 된다고 생각했기 때문이다. 내가 이렇게 할 수 있는 것은 내가 아버지와 겪은 체험 덕이었다(p.33).

이 경우에 당사자가 겪은 사후통신 체험은 거의 종교적인 수준에 다다랐다고 할 수 있다. 왜냐하면 샌디는 생사 갈림길에서 아버지의 영혼을 만났고 그 사건을 통해 죽음을 두려워하지 않는 영적인 존재로 거듭 났기 때문이다. 그래서 전장에서 죽어가는 군인들의 옆을 지키면서 그 들에게 큰 위안을 주었다. 사실 심하게 다친 군인들 옆에 있는 것은 결 코 쉬운 일이 아니다. 상처 난 부위의 끔찍한 모습이라든가 고통 때문 에 신음하는 모습을 지켜보는 것은 보통 사람에게는 버거운 일이다. 그 저 버거운 일이 아니라 보통 사람들은 그런 일을 하지 못한다.

그러나 샌디는 아버지의 영혼을 만나면서 일종의 종교적인 경험을 했기에 그런 일을 할 수 있었던 것이다. 샌디가 한없는 자비의 존재로 탈바꿈한 것이다. 종교적인 경험에 버금가는 사후통신 체험을 통해 샌 디는 성스러운 존재가 된 것이리라. 이 예를 통해 빌이 알리고 싶은 것 은 영혼들은 그들이 필요하다고 느낄 때 어디서든 어느 때든 지상의 친 지들에게 내려온다는 것인데 그러면 이것을 읽는 독자들은 이런 궁금 증을 가질 것이다. 만일 빌이 말한 것이 사실이라면 왜 내게는 이런 일 이 일어나지 않느냐고 말이다. 이 질문은 뒤에서 정식으로 다룰 예정이 니 그때에 보았으면 좋겠다.

2 목소리 듣기: 청각적인 사후통신

사람들이 타계한 가족이나 친구의 목소리를 들음으로써 구 두의 메시지를 전달 받는 것은 매우 일반적인 사후통신이다. 이 체험을 할 때 어떤 사람은 진짜 목소리를 듣는다고 한다. 우리 앞에 있는 사람 의 목소리를 직접 듣는 것처럼 말이다. 그러나 대부분의 경우는 그렇지 않고 고인의 목소리가 당사자의 머리나 마음 안에서 들린다고 한다. 그렇다고는 하지만 이 목소리가 자신의 내면을 대변하는 소리가 아니고 그 기원이 바깥이라는 것을 확실히 안다고 한다. 비교해 보자면 이것은 텔레파시가 운용되는 모습과 똑같다고 하겠다. 텔레파시로 다른 존재와 교류할 때 우리는 그 존재의 소리를 내면에서 듣지만 그 기원은 밖에 있는 다른 사람이라는 것을 잘 알고 있다.

그런데 이렇게 받은 메시지는 아주 간결해서 요점만 담고 있다고 한다. 빌은 이 메시지의 간결함을 전보에 비유했다. 전보는 간단한 단어로 구성된 한두 문장으로 되어 있지 않은가? 그런데 고인의 영혼들은 왜 이렇게 간결하게만 메시지를 보내는 것일까? 이 점에 대해서는 뒤에서도 다룰 것인데 일단 답을 한다면, 사후 세계와 지상은 서로 통하기가 쉽지 않다는 점을 들 수 있겠다. 양 세계가 차원이 다르기 때문에 상호 교통이 어려워 영혼들은 간단하게만 소식을 전하는 것이리라. 이제 이 사례들을 볼 터인데 첫 번째로 볼 예는 체험자가 귀로 직접 듣는 경우이다. 내면의 소리가 아니라 바깥에서 오는 소리처럼 듣는다는 것이다.

워싱턴 주에 사는 쉐리(31살)는 기업의 채용 담당자로 일하고 있었다. 그녀의 남편인 스코트는 37살의 나이에 뇌 동맥류(動脈瘤, 뇌동맥의 일부가 혹처럼 불룩해지는 병)로 죽었다. 다음은 그 후에 겪은 일이다.

남편이 죽고 3주 정도 지난 뒤 나는 친구의 집에서 자고 있었는데 새벽

3, 4시 경 어떤 목소리가 나를 깨웠다. 그 목소리의 주인공은 스코트였다. 그가 말하는 습관이 그대로 담겨 있어 나는 곧 그 임을 알아차렸다. 그 목소리는 분명 나의 외부에서 들려오는 소리였다.

그는 "결코 두려워하지 마시오. 당신 주위에는 항상 당신이 필요로 하는 사람들이 있을 거요"라고 말했다. 나는 그가 내 주위에서 일어나는 일을 나보다 더 잘, 그리고 많이 알고 있다는 확신감이 들었다. 스코트의 이 말을 듣고 나는 비록 그가 내 옆에 없지만 모든 것이 잘 될 것이라는 확신이 생겼다. 실제로 이 체험은 내 주위의 일들을 변화시켰고 나는 그 뒤에 나를 옥죄던 큰 짐에서 벗어날 수 있었다(p.37).

이 사례를 보면 남편인 스코트의 목소리가 매우 단호하고 생생해서 쉐리가 잠에서 깰 정도였다. 뿐만 아니라 그의 목소리는 권위가 있어 쉐리는 남편과의 사후통신을 통해 자신의 삶을 개척할 수 있는 정서적인 안정감을 얻을 수 있었다.

사람들이 이런 영적인 체험을 하면 강한 자신감을 얻는 것 같다. 이처럼 영적인 세계에서 누군가가 우리를 지켜보고 돌보아주고 있다고 믿는다면 우리가 세상살이를 할 때 큰 도움이 될 것이다. 무엇이든 할 수 있다는 자신감이 생길 터이니 하는 일이 잘 되지 않을 수 없을 것이다.

다음 사례는 목소리가 당사자의 마음 안에서 들리는 경우이다. 당사자에게 갑자기 죽은 가족의 목소리가 들리는데 그 소리가 밖에서 들려오는 게 아니고 머리 안에서 그 소리를 감지하는 경우이다. 다음은 그 전형적인 예이다.

칼라는 노스캐롤라이나 주에 사는 교사인데 5살 먹은 딸 에이미가 뇌종양으로 죽고 18개월 뒤에 딸의 목소리를 텔레파시처럼 들었다.

나는 딸의 무덤에 갈 때 보통 차를 타고 간다. 그날은 밸런타인데이였는데 공교롭게 깜빡 잊고 딸의 무덤 앞에 놓을 것을 집에 놓고 나와 기분이 좋지 않았다. 그래서 그날은 묘지에 들리지 않고 그냥 집으로 향했다.

그런데 묘지를 막 지나는데 내 안으로부터 아주 강한 목소리가 들렸다. 그것은 에이미의 목소리였다. 그녀는 "엄마, 걱정하지 마. 나는 무덤에 있지 않아. 지금 나는 돌아가신 할아버지와 나보다 먼저 세상을 떠난 분들하고 같이 잘 있어"라고 말했다.

이 이야기를 듣고 보니 에이미는 내가 무덤에 꽃을 갖다 놓지 않는 것 같은 사소한 일로 죄의식을 느끼지 않았으면 하고 바라는 것 같았다. 그리고 그녀는 자신에 대해서도 걱정할 게 전혀 없다고 알려 주었다. 이 체험 덕에 나는 큰 평화를 얻었다(pp.39~40).

이 사례를 놓고 빌은 두 가지 재미있는 해석을 제시하고 있다. 하나는 운전과 관계된 것이다. 그에 따르면 체험자들은 많은 경우 운전 중에 사후통신 체험을 하는데 그 이유에 대해 재미있는 설을 내놓고 있다.

우리는 운전 중에 긴장이 풀리는데 특히 차가 별로 없고 혼자 운전할 때가 그렇다. 이럴 때에는 익숙한 동작을 연속적으로 하기 때문에 자동 장치로 운전하는 것처럼 된다. 거기다 크루즈 같은 것을 사용하면 발도 가속기를 밟을 필요가 없어 심신이 아주 자유로워진다. 운전대만 잡고 있으면 되기 때문이다. 이런 상황에서 우리는 졸릴 수도 있지만 동시에 반(牛) 명상 상태로 들어가는 경우도 있다.

빌에 따르면 바로 이럴 때 우리들은 사후통신이 일어날 수 있는 수용적이고 개방적인 상태에 들어가게 된다고 한다. 이런 상태가 되면 뇌파가 잠자는 상태와 비슷하게 되어 영혼과 소통하는 일이 쉽다는 것이다. 이것은 분명 일리 있는 해석으로 생각된다. 나중에도 나오지만 체험자들은 선잠 상태에서 꿈꿀 때 사후통신 체험을 많이 하는데 운전 중에 갖는 체험도 이것과 비슷한 경우라고 할 수 있다. 뇌파가 느려질수록 영혼과 통하는 일이 용이해지는 것이다.

그 다음으로 빌이 말하고 싶은 것은, 칼라는 밸런타인데이에 딸에게 아무 것도 주지 못한 것을 애석해 했다. 무덤 앞에 가져다 놓을 것을 깜빡 잊었기 때문이다. 그러나 그녀는 외려 딸에게서 귀중한 선물을 받았다. 이런 경우에 사후통신으로 받는 메시지는 대체로 이렇다. 이것은 같은 경우를 겪은 대부분의 체험자들이 공감하는 바이다. 그 내용을 보면, '자신들은 지상과는 다른 차원에서 영적인 몸을 갖고 새로운 삶을 살고 있다. 따라서 무덤에 있는 것은 폐기된 육체에 불과하니 신경 쓸 필요가 없다'는 것이 그것이다. 이것은 무덤 앞에 무엇을 가져다 놓는 것은 아무 의미가 없다는 뜻이다.

이 말은 내가 다른 책에서 언급했던 노래 가사를 연상케 한다. '천의 바람이 되어'라는 노래인데 이 노래의 첫 부분에도 같은 말이 나온다. 즉 '내 무덤에 와서 울지 말아라. 나는 거기에 있지 않다'는 것이 그것이다. 이것을 한국에서는 '무덤'이라는 단어가 혐오스럽다고 해서 '사진'으로 바꾸었는데 이렇게 하면 노래의 원뜻이 살아나지 않는다. 어떻든 고인의 영혼들은 한 결 같이 땅에 묻힌 시신은 별 의미가 없다고 주장하는 데에 주목해야 한다.

이 사례에서 주인공인 칼라는 에이미가 자신보다 먼저 죽은 영혼들과 같이 있다고 하는 데에서도 큰 위안을 얻었다. 이것은 당연한 것이, 지상에 있는 칼라는 딸이 어디에서 어떤 상태로 있을까에 대해 많이 걱정하고 많은 궁금증을 갖고 있었을 것이다. 그런데 그 딸이 친척이나 지인들과 같이 있다고 하니 마음이 놓이지 않을 수 없었을 것이다. 이런 예는 다른 사례에서도 어렵지 않게 발견할 수 있다. 다음 예도 비슷한 경우인데 재미있어 한 번 소개해본다.

페기(50세)는 알칸사스 주에 사는 신문기자인데 죽은 할머니로부터 자신의 말을 그녀의 모친(할머니의 딸)에게 전달해달라는 부탁을 받았다.

할머니는 90대인 여동생과 같이 살고 있었는데 이들이 연로해 더 이상 자신을 돌보지 못하게 되자 어머니가 그들을 집으로 모셔 왔다. 모친은 지극정성으로 그들을 돌보아주었다. 그러나 그런 것에 아랑곳하지 않고 이 할머니들은 노상 불평만 해댔다. 음식이든 옷이든 그 어떤 것도 그녀들의 비위에 맞는 것이 없었다. 모친은 기진맥진해져 더 이상 그들을 돌보지 못하고 요양원으로 보냈다. 그 뒤 한 달이 지나서 할머니는 타계했다.

할머니가 죽은 바로 다음 날 거실에 앉아 있는데 할머니가 나타나 내게 소식을 전했다. 그때 나는 갑자기 할머니의 현존함을 느꼈는데 그와 동시에 내 주위에는 아주 아름다운 사랑의 분홍빛 구름 같은 것이 생겨났다.

할머니는 텔레파시로 내게 이렇게 말했다. "나는 네가 엄마에게 가서 이렇게 말해주었으면 한다. 엄마가 해준 모든 것에 감사하다고 말이다. 비록 당시에는 표현하지 못했지만 내가 네 엄마에게 얼마나 감사해 하고 있는지 알려달라"는 것이었다.

그때 나타난 할머니는 너무나도 사랑스러웠다. 할머니의 이 모습은 내가 알던 이전의 모습, 즉 어떤 것에도 만족하지 못하고 고통 속에 있던 늙은 여자의 모습이 아니었다. 나는 이 소식을 엄마에게 전달했는데 내 이야기를 듣자 엄마는 눈물을 글썽였다(pp.42~43).

내가 이 예를 포함시킨 이유는, 주인공이 살아 있을 때 다 하지 못한 일을 완성하기 위해 사후통신을 한 예이기 때문이다. 사후통신은 여러 가지 목적 하에 이루어지는데 지상에 있을 때 미처 하지 못한 일을 완수하기 위해 통신하는 경우가 꽤 있다. 이번 사례의 경우는 당사자가 지상에 있을 때 감사의 인사를 하지 못하고 왔기 때문에 뒤늦게 사후통신으로 그 일을 한 것이다.

이 사례에 대해 드는 작은 의문은 이 할머니는 왜 메시지를 자기 딸에게 직접 전하지 않고 손녀에게 전했냐는 것이다. 감사 인사를 하고 싶으면 본인에게 하는 것이 가장 좋을 텐데 왜 제3자에게 했느냐는 것이다. 군이 추측을 해본다면 손녀와의 사이가 각별해서 그랬던 것 아닌가 하고 생각해볼 수 있지만 더 이상의 것은 알 수 없다.

다음은 쌍방 통신의 예이다. 앞의 예에서는 고인이 일방적으로 소식을 전했지만 이번 경우에는 망자의 혼이 지상에 있는 지인들의 마음을 읽고 그에 답한 사례이다. 그래서 빌이 쌍방이라는 이름을 붙인 것이다. 다음이 그 예이다.

마르타는 내과 의사이다. 그녀는 남편이자 안과 의사였던 알랜이 암으로 죽은 다음 중요한 정보를 사후통신으로 얻을 수 있었다.

알랜이 죽고 2년쯤 지났을 때 나는 거의 매일 아주 심한 두통에 시달렸다. 몸은 아프지 않은데 머리만 아파 이상하다고 생각했다.

하루는 앉아서 책을 읽고 있는데 아주 생생하게 다음과 같은 알랜의 목소리가 들려 왔다. "당신이 머리가 아픈 것은 당연한 것이오. 당신 안경이 비뚤어져 그런 것이니 댄 킹에게 가서 펴달라고 해요."

댄 킹은 친구이면서 아주 유능한 안경사였다. 다음 날 킹에게 가서 내 두통에 대해 말했다. 그는 나를 보더니 안경테가 구부러져 있어 렌즈 하나가 다른 렌즈보다 위로 가 있다는 진단을 내렸다. 그가 안경테를 고치자 두통은 말끔히 사라졌다(p.48).

이 예는 참으로 특이하다. 고인이 지상에 있는 사람의 건강 문제를 해결해 주었으니 말이다. 고인이 지상에 있는 가족의 문제를 정확히 진단하고 적절한 치유법을 처방했다는 점에서 아주 특이한 예라는 것이다. 이 일이 가능할 수 있었던 것은 아마도 고인이 의사였기 때문일 것이다. 의사였기 때문에 의학적인 문제를 정확히 짚어내고 답을 준 것이리라.

이런 사례를 보면 사람이 죽었다는 것이 별 의미가 없는 것처럼 느껴진다. 남편이 죽은지 2년이 지났는데도 이런 작은(?) 일에 남편(의 영혼)이 아내의 삶에 관여하고 있으니 말이다. 이 두 사람은 거의 같이 살고 있는 것처럼 보인다. 고인의 영혼이 이렇게 쉽게 지상에 있는 아내의 삶에 관여하고 있으니 그런 생각이 드는 것이다. 그저 한 사람은 지상에서 살고 있고 다른 사람은 영계에 살고 있는 것만이 다를 뿐이지 이별이란 존재하지 않는 것 같다.

따라서 이 관점을 지지한다면 서양인들이 교회에서 결혼할 때 목사가 신랑신부에게 전하는 '죽음이 그대들을 갈라놓을 때까지 함께 하겠다고 맹세하라'와 같은 말은 수정되어야 하겠다. 이런 사례에서 볼 수 있는 것처럼 부부 중 한 사람이 죽었다고 그들이 갈라서는 게 아니기 때문이다. 그저 존재하는 차원이 달라졌을 뿐 같이 있는 것은 변하지 않았으니 말이다.

3 접촉을 느끼기: 촉각적인 사후통신

이번 장에서는 지상에 있는 사람들이 망자와 육체적인 접촉 (touch)을 한 것처럼 느끼는 사례들을 다루고 있다. 빌은 이 예를 촉각적인 사후통신이라 이름하였는데 여러 가지 사후통신 가운데에 흔한 유형은 아니다. 이에 대해 빌은 더 이상의 설명을 하고 있지 않아 이 유형이 왜 흔하지 않은지 그 이유는 잘 모른다. 추측컨대 에너지의 형태로 있는 고인의 영혼이 물질적인 질감을 갖고 지상의 지인들과 접촉하는 일이 쉽지 않아 그렇게 된 것 아닐까 한다.

이 체험은 다음과 같은 여러 방법으로 나타난다. 우선 가볍게 치기 (tap)를 비롯해서, 부드러운 만짐, 다정하게 어루만지기, 다정한 키스, 어깨 감싸기, 크게 안기 등의 표현법이 그것이다. 영혼들마다 그 사랑을 표시하는 방법이 다르기 때문에 여러 가지 방법이 생긴 것이다. 그런데 어떤 방법을 쓰던지 당사자들은 그 접촉이 자신들이 사랑했던 고인들에게서 온 것임을 쉽게 알 수 있다고 한다. 이유는 간단하다. 고인의 영혼이 접촉하는 방식이 그가 생전에 하던 것과 일치하기 때문이다.

다음의 예들은 아주 전형적인 촉각적인 사후통신이다.

도트(57세)는 워싱턴 주에 살았는데 암으로 죽은 아버지가 타계한지 5년 뒤에 예기치 않게 그를 찾아왔다.

나는 사무실 책상에 앉아서 평소처럼 일에 몰두하고 있었다. 그런데 갑자기 '이게 뭐지?'하는 느낌이 들었는데 나는 곧 아버지가 온 것임을 알아차렸다. 왜냐하면 아버지의 뺨이 내 뺨을 누르고 있는 것 같은 느낌을 받았기 때문이다. 아버지는 생전에 우리에게 키스할 때 항상 이런 식으로 했다. 그 때문에 나는 의심의 여지없이 아버지가 왔다는 것을 직감할 수 있었다.

그래서 나는 크게 웃으면서 '아빠! 아빠가 오신 게 분명하군요.'라고 말했다. 그 체험은 아주 기분 좋고 부드럽고 달콤한 체험이었다(p.53).

이 사례를 통해 빌이 전하고 싶은 것은, 고인들이 지상에 있는 가족들에게 감정을 표시하는 수단을 고를 때 심사숙고한다는 것이다. 이유는 간단하다. 자신이 임재했다는 것을 가족들이 바로 알아차릴 수 있게 해야 하기 때문이다. 그래서 고인들은 자신들이 생전에 즐겨하던 방법을 사용한다. 도트의 아버지도 지상에 있을 때 그가 반복적으로 하던 방법을 사용한 것이다. 그랬기 때문에 도트는 아버지가 타계한 지 5년이 지났음에도 불구하고 그를 바로 알아차린 것이다.

다음의 예는 두 가지 체험이 혼합된 예이다. 두 가지란 촉각적인 것과 지각적인 것을 말한다. 이 사례에서 당사자는 고인이 왕림했다는 것을 느끼는 동시에 고인의 손길을 느끼게 된다.

에벌린은 전직 유치원 교사로 플로리다 주에 살았는데 남편이 35세에 심장병으로 죽은 뒤 아주 힘든 삶을 보내고 있었다.

남편이 죽고 1년이 지난 뒤 나는 남편의 묘에 갔다. 그때 너무 속상해서서 마구 울었다. 나는 아주 고독했고 세 아이를 키울 생각에 희망을 완전히 잃은 사람처럼 되었다.

그런데 그때 갑자기 남편이 내 왼쪽에 서 있다는 것을 느낄 수 있었다. 게다가 더 놀라운 것은 그가 팔로 내 등을 감싸면서 오른쪽 어깨를 잡은 것이었다. 나는 직감적으로 그가 나를 위로하고 있다는 것을 알아차렸다.

이렇게 내가 남편을 만난 것은 길어봐야 5초 정도밖에 되지 않았다. 그러나 이 체험으로 나는 많은 위로를 받고 집으로 돌아갈 수 있었다(p.55).

남편을 잃은 부인들은 강한 외로움을 느끼고 비탄에 빠지는가 하면 심지어는 화를 내는 경우도 있다. 특히 양육해야 할 어린 자식들이 있으면 더 그런 감정을 갖게 된다. 화를 내는 것은 '아이들을 내가 혼자 어떻게 키우라고 나만 남겨두고 떠났느냐' 하는 데에서 나오는 것이다. 남편이 있을 때에는 돈에 대해서 걱정하지 않고 살림만 했는데 이제부터는 돈도 벌어야 하고 살림도 해야 하니 막막하기 그지없는 것이다.

위의 사례에 나오는 에벌린은 상황이 더 안 좋다. 키울 아이가 셋이나 되었으니 말이다. 남편의 묘에 1년 만에 간 것도 그동안 어려운 시간을 겪고 어찌할 바를 몰라 그랬을 것이다. 그런 아내의 모습을 보고 남편이 위로의 메시지를 보냈다. 이 에벌린의 사후통신은 수초에 불과했지만 에벌린은 큰 힘을 얻었을 것이다. 그 다음에 그녀가 어떻게 삶을 헤쳐 나아갔는지에 대해서는 더 이상의 언급이 없다. 그러나 추측컨데 남편이 항상 자신과 함께 있다는 자신감이 생겨 그녀는 나름대로 잘 처신했을 것이다. 사후통신 체험은 이처럼 사람들에게 큰 변화를 가져다준다.

다음은 촉각적인 것과 청각적인 것이 혼합된 사후통신이다. 고인의 손길과 목소리를 같이 느끼는 체험이라고 할 수 있다.

재니스(38살)는 플로리다 주에 사는 영적 상담가이다. 그는 10년 전에 심장병으로 죽은 할아버지로부터 두 가지 체험이 혼합된 사후통신 체험을 했다.

나는 한밤중에 일어나 거실로 갔다. 새벽 3시경이었는데 앞날이 불투명해 소파에 앉아 울기 시작했다. 내가 무엇을 하고 있는지, 사는 목적이 무엇인지 등에 대해서 아는 것이 하나도 없었다. 나는 회의에 빠져버렸고 매우 혼란스러웠다.

이렇게 내가 울고 있는데 갑자기 누가 내 왼쪽 뺨을 꼬집는 것 같은 느낌을 받았다. 그것은 작은 사랑의 손길 같은 것이었는데 할아버지의 손길을 연상하기에 충분했다. 내가 어렸을 때 할아버지는 자주 내게 와서 내 뺨을 그렇게 꼬집었기 때문이다. 그것은 분명 할아버지의 사랑스러운 손길이었다.

그와 동시에 그는 내게 "모든 것은 잘 될 터이니 아무 걱정 말고 침대로 돌아가라"고 말했다. 이 일은 아주 생생했는데 나는 이런 일을 원했던 적이 없었다. 이 일은 아무 예고 없이 그냥 그렇게 일어났다. 그러나 그 순간 나는 내 삶에 확신이 생겼고 위안도 많이 받았다. 강한 자신감을 갖고 나는 곧 침대로 돌아가 편하게 잤다(p.58).

빌에 따르면 재니스에게 이런 손길을 줄 수 있는 사람은 그의 인생에서 단 한 사람, 즉 그의 할아버지뿐이었다. 그래서 재니스는 이 손길을 느꼈을 때 금세 이 손길의 주인공이 할아버지라는 것을 알아차렸을 것이다. 이 예에서 또 알 수 있는 것은 이미 타계한 가족들이 지속적으로 지상에 남겨둔 자식들을 살피고 있다는 것이다. 그의 할아버지가 타계한 것이 10년 전의 일인데도 그가 깊은 고뇌에 빠지자 지체 없이 와서 그를 감싸준 것이다. 이것이 사실이라면 고인의 영혼은 늘 자손들을 보살피고 있는 것이 된다.

그런데 한 가지 의문이 남는다. 소식을 준 사람이 다른 친지가 아니고 왜 할아버지일까? 이것은 재니스에게 개인적으로 묻지 않으면 알 수 없는 일이다. 아마도 그와 할아버지 사이에는 특수한 관계가 있었을 것이다. 빌이 조사한 자료에는 이 두 사람의 관계에 대한 정보가 있을지 모르는데 만일 그렇다면 이런 사례를 소개할 때 그런 정보를 알려주었으면 하는 바람을 가져본다.

다음 사례는 체험이 더 복합적으로 나타난 경우이다. 촉각, 지각, 청각적인 통신이 한꺼번에 이루어졌으니 말이다.

엘렌은 오클라호마 주에 사는 주부인데 남편인 해리가 60세에 심장병으로 죽었다.

해리가 죽고 일주일이 지난 어느 날 자려고 누었는데 옆에 무엇이 있는 것 같은 촉감이 있었다. 나는 그때 기르던 개가 침대 위로 올라온 줄로만 알았다. 그래서 개를 밀어내려고 손을 뻗는 순간 갑자기 나는 이게 개가 아니라는 것을 알았고 즉시 '해리?'하고 물었다. 해리의 기운을 강하게 느꼈기 때문이다.

놀랍게도 나는 해리가 내 옆에 누워서 팔로 나를 감싸고 있는 것을 느낄 수 있었다. 그런 다음 그는 자신의 머리를 내 어깨 위에 놓았다. 그때 나는 일찍이 겪어보지 못했던 형용할 수 없는 평화감에 휩싸였다.

그때 그는 나의 생각을 읽었고 나도 그의 생각을 읽을 수 있었다. 그는 나에게 확신감을 심어주면서 "나는 잘 있어요. 나는 내가 알고 느꼈던 것을 다 기억하고 있어요. 그리고 나는 여기서 자신감을 갖고 배우면서 내 삶을 강건하게 만들 거요. 뿐만 아니라 나는 여기서 당신이 오기를 기다리고 있어요"라고 말했다.

이 체험은 대단했다. 나는 이런 것을 전혀 기대하지 않았다. 물론 해리가 어디서 어떻게 지내고 무엇을 하는지에 대해서는 궁금했지만 말이다. 이와 같은 체험을 한 나는 해리가 어디선가 잘 있을 것이라는 생각에 평화롭게 잠들 수 있었다(p.59).

이 예가 조금 독특한 것은 당사자가 사후통신을 통해 사후생이 있다는 것을 확실하게 알게 되었고 남편과 다시 만날 것이라는 기대를 갖게 됐다는 것이다. 그런데 내 입장에서는 의아스러운 점이 있다. 고인의 영혼이 어떻게 육신을 가진 것처럼 침대 옆에 눕고 또 육신을 가진 사람은 그것을 느낄 수 있느냐는 것이다. 굳이 이해를 해본다면 남편을 물질로 느낀 것이 아니라 에너지로 느낀 것 아닐까 하는 생각이다. 그런데 이 뒷장에는 이보다 더 이해하기 힘든 사례가 많이 나온다. 그런 예에 비하면 이 정도는 약과에 불과하다고 할 수 있다.

4 향기 맡기: 후각적인 사후통신

이 통신은 어느 특정한 망자와 관련된 향기를 맡는 체험을 말하는데 이 같은 사례들은 여러 가지의 사후통신 가운데 상대적으로 흔한 축에 속한다고 한다. 이 향에는 퍼퓸(가장 강한 향수)이나 콜론(가장 약한 향수), 애프터쉐이브 로션, 꽃, 특정한 음식이나 음료수, 담배 등에서 나오는 다양한 냄새들이 포함된다.

여기서 주목해야 하는 것은 이 냄새들이 주위 환경과는 아무 관계없이 난다는 것이다. 이 체험을 할 때 보면 그 향기를 맡은 사람들이 있는 방이나 장소가 특정한 향으로 가득 차게 되는데 당시 그곳에는 그런 향기가 나올 수 있는 여건이 되어 있지 않다. 다시 말해 그곳에는 그 냄새가 나올 수 있는 원천이 없다는 것이다. 재미있는 것은 가끔씩 당사자 말고도 그곳에 있던 사람들 가운데 이 냄새를 맡는 사람이 있다는 것이다. 아울러 후각만 느끼는 것이 아니라 다른 감각적인 체험도 같이 하는 경우도 종종 있다.

이 같은 사후통신 체험 가운데 먼저 가장 일반적인 예를 들어보자.

캐스린은 버지니아 주에 사는 주부인데 75세에 암으로 죽은 엄마로부터 다음과 같은 체험을 했다.

엄마가 가고 2주 정도 흐른 날 오후에 나는 침대에 누워서 엄마를 생각하며 흐느끼고 있었다. 그런데 갑자기 풋사과 향이 내 방을 가득 채웠다. 나는 울기를 그치고 침대에 앉아 사냥개처럼 코를 킁킁거렸다. 내 방은 이 향이 가득했는데 이 향은 1분 혹은 그 이상 동안 방에 남아 있었다.

생전에 엄마는 풋사과 향이 나는 공기청정원을 썼는데 나는 이 향을 다른 곳에서는 맡아본 적이 없다. 따라서 이 향은 엄마를 알아볼 수 있는 유일한 향이라 할 수 있을 것이다. 나는 이 사건이 내 마음을 다잡으라는 엄마의 신호라는 것을 알았기에 큰 도움을 받을 수 있었다(p.63).

빌은 향기는 이처럼 우리의 감정에 강한 영향을 미치고 우리의 마음에 괄목할 만한 변화를 가져온다고 주장했다. 이러한 빌의 말을 빌리지 않더라도 향의 위력은 대단하다. 우리의 오감 중에 가장 강력한 영향력을 갖는 것은 후각 아닐까 한다. 과거의 사건을 떠올릴 때 다른 어떤 것보다 그 사건과 연루된 냄새를 맡으면 가장 생생하게 그 사건이 떠오르기 때문이다. 여담이지만 어떤 냄새가 강할 때 보통 '(특정한 냄새가) 코를 찌른다'라는 표현을 쓰는 것도 이와 관계된 것일 수 있다. '찌른다'는 것은 상당히 강한 표현인데 후각에만 이 표현을 쓰는 것은 후각의 체험이 다른 오감의 체험보다 강렬하기 때문 아닐까?

다음 사례는 당사자가 냄새만 느끼는 것이 아니라 그와 함께 그 냄새의 주인공인 영혼이 그곳에 현존하는 것을 같이 느끼는 경우이다.

워싱턴 주에 사는 케니스는 은퇴한 은행원이다. 그는 69세에 암으로 죽은 아내 로버타로부터 몇 번에 걸친 방문을 받고 매우 고무되었다.

로버타가 타계하고 한 달 정도 지난 어느 날 밤 잘 준비를 하고 침대로 갔다. 그때 갑자기 나는 그녀가 지금 여기 있다는 것을 느꼈다. 그와 동시에 나는 그녀가 샤워 후에 뿌리던 '진 나테'라는 로션의 냄새를 맡았다. 이 로션은 그녀가 생전에 항상 쓰던 것인데 그 냄새는 7분 내지 10분 정도 지속됐다.

지난 1년 반 동안 나는 똑같은 체험을 3번 했다. 로버타가 타계한 뒤 딸이 이 로션을 모두 가져갔기 때문에 집에는 이 로션이 하나도 남아 있지 않았다. 따라서 이 냄새는 그녀에게서 오는 것이 분명했다. 이 체험 덕에 나는 그녀를 잃은 슬픔을 많이 눅일 수 있었다. 그리고 이렇게 소식을 전함으로써 그녀는 내게 자신은 잘 있을 뿐만 아니라 나를 기다리고 있다는 것을 알려주는 것 같았다(p.69).

우리가 케니스의 이 같은 체험을 통해 알 수 있는 것은 사후통신을 하게 되면 사랑하는 이를 잃은 슬픔을 경감시키고 그 애도하는 기간도 줄일 수 있다는 것이다. 이것은 당연한 것이다. 사후통신을 한 번 체험하면 고인이 비록 다른 차원이지만 항상 옆에 있다는 것을 알게 되기 때문이다. 따라서 사별에서 생긴 고통에서 많이 벗어날 수 있다.

이와 더불어 또 알 수 있는 것은 앞에서도 나온 말이지만 영혼이 된 고인은 우리가 자신들 때문에 아파하고 슬퍼하는 것을 원하지 않는다는 것이다. 이것도 당연한 것 아닐까 한다. 영혼의 입장에서 보면 자신은 지상에서 있을 때보다 훨씬 더 좋은 상태에 있는데 자신들 때문에 슬퍼하는 지상 사람들을 생각하면 안타까울 것이기 때문이다. 영혼들은 외려 지상에서 육신을 갖고 고생하며 사는 우리들의 처지가 더 안되었다고 생각할 수 있다. 어떻든 우리가 이런 상황을 잘 숙지한다면 부모님이나 배우자를 잃었을 때 슬퍼할 필요가 없을지도 모른다. 물론 우리 입장에서는 고인의 부재가 슬플 수 있다. 고인과 잠정적으로 이별하기 때문이다. 그러나 곧 다시 만나게 되니 과도하게 슬퍼해 할 필요는 없을 것이다.

다음 사례는 이 후각적인 체험을 혼자만 하는 것이 아니라 다른 사람과 같이 하는 경우이다. 만일 같은 장소에서 여러 사람이 동시에 같은 냄새를 맡는다면 그것은 객관적인 체험으로 인정받을 수 있을 것이다. 다시 말해 체험자가 환상에 빠져 주관적으로 경험한 것이 아니라는 것이다. 이렇게 되면 이 체험의 객관성이 더 돋보일 것이다. 이에 대한 사례 중에 가장 일반적인 것을 골라보았다.

에모리(36세)는 뉴욕에서 법률비서로 일하고 있었는데 그의 양아버지가 암으로 죽은 뒤 다음과 같은 후각적인 체험을 다른 사람과 같이 했다.

유대교에는 고인의 기일에 친족들이 '카디시'라는 기도를 외우는 전통이 있다. 나의 양아버지는 친자식을 낳지 않았기 때문에 매년 돌아오는 그의 기일에는 내가 카디시를 음송해주었다. 나는 유대인이 아니지만 아버지의 기일에는 유대교 회당에 가서 기도를 해주었다. 이번에는 처와 친구 한 사람과 같이 갔다.

기도를 마치고 돌아오는 길에 승강기를 탔는데 갑자기 그 안에서 파이프 담배의 냄새가 났다. 그것은 흡사 애플파이 냄새 같았다. 우리들은 갑자기 왜 이 냄새가 나는지 알 수 없었다. 나중에 나는 혹시나 해서 양어머니에게 물어보았다. 나는 양아버지가 담배를 끊은 것은 알고 있었지만 그가 파이프 담배를 했는지는 모르고 있었다. 그랬더니 양어머니는 양아버지가 애플파이 냄새가 나는 파이프 담배를 핀 적이 있다고 알려주었다. 그때 나는 그 이야기를 듣고 너무 놀라서 입을 다물 수 없었다(pp.73~74).

이처럼 여러 사람, 이 경우에는 3사람이 같은 형태의 후각 체험을 했다는 것은 이 사건이 사실이라는 것을 더 잘 증명하고 있다. 그렇지 않겠는가? 세 사람이 동일한 공간에서 동시에 같은 냄새를 맡았으니 이것은 객관적 사실이 아닐 수 없는 것이다. 게다가 에모리를 포함해 그 승강기 안에 있었던 세 사람은 에모리의 양아버지가 애플파이 냄새 나는 파이프 담배를 피웠다는 사실을 모르고 있었다. 그런데 이 냄새가 났으니 이 체험은 사실이 아닐 수 없는 것이다.

그러나 이 사례에도 작은 의문이 남는다. 진짜 에모리의 양아버지의 영혼이 나타났다면 왜 그는 에모리도 모르는 파이프 담배의 애플파이 냄새를 풍겼을까? 만일 에모리가 이 냄새를 대수롭지 않게 생각해 양어머니에게 아무런 질문도 하지 않았다면 이 사건은 그냥 지나갈 수 있었다. 그런데도 왜 그의 양아버지는 에모리에게 이런 체험을 선사했는지 알 수 없다. 이왕이면 에모리도 알아차릴 수 있는 것으로 자신의 현존을 알릴 수 있었을 텐데 그렇게 하지 않은 이유를 알 수 없다. 아마 그의 양아버지는 에모리가 기도문을 읽어준 데에 대해 감사함을 표시하고 싶었던 모양이다. 그래서 그의 곁에 나타났는데 그가 의도했든 의도하지 않았든 간에 특정한 냄새를 풍기면서 나타났다. 그것을 에모리가 느꼈고 나중에 양어머니에게 물어 사건의 진상을 알게 된 것으로만 이해하자.

후각으로 하는 사후통신에 관한 것은 이 정도의 예이면 충분할 것으로 생각된다. 각 사례들을 보면 등장하는 사람만 다를 뿐 체험의 내용은 거의 비슷하기 때문에 사례를 더 볼 필요가 없다는 생각이 든다. 다음은 시각적인 체험에 관한 사례들이다. 영혼들이 지상에 있는 사람들의 눈에 보이도록 나타나는 것이다. 영혼이 사람의 눈에 보이게끔 나타난다는 것이 믿기지 않지만 이런 예가 숱하게 나온다.

5 부분으로 나타나기: 시각적인 사후통신

지금부터 검토하는 사례는 망자의 모습(영혼)을 실제로 보는 경우이다. 그래서 이 체험을 시각적인 사후통신이라 이름한 것이다. 망자의 영혼을 실제로 보는 것이니 매우 극적인 체험이라 할 수 있다. 그런데 빌에 따르면 이 체험이 매우 극적이긴 하지만 사후통신 가운데 상당히 보편적인 예에 속한다고 한다. 이런 사례가 많다는 것이다. 이 책에서는 이 사후통신 체험을 둘로 구분하여 설명하고 있다. 즉 영혼이 부분으로 나타나는 경우와 전체로 나타나는 경우가 그것이다.

이 두 종류의 체험 가운데 이 장에서는 영혼이 부분으로만 나타나는 사례를 볼 것이다. 이때 나타나는 모습에는 여러 가지 형태가 있다. 먼저 영혼이 몸의 형태를 띠지 않고 단지 밝은 빛으로 나타나는 경우가 있다. 그리고 얼굴만 나타나는 경우도 있는데 보통 그 얼굴은 아주 밝게 빛난다. 그 다음으로는 상반신만 보이는 경우도 있는데 이때에는 그 상반신이 지니고 있는 견고함의 정도가 각기 다르게 나타난다. 예를 들어 어떤 영혼은 투명한 안개처럼 나타나서 그 영혼을 뚫고 뒤를 볼 수 있는 경우가 있다. 반투명이기 때문에 뒤쪽이 보이는 것이다. 그런가 하면 영혼이 다소 견고하게 나타나 불투명하게 보이는 경우도 있다. 그래서 그 영혼의 뒷쪽은 보이지 않는다. 그런데 그 영혼이 딱딱하게 보인다 해서 물질처럼 단단한 것은 아니다.

그런가 하면 이 체험은 다른 체험, 즉 청각이나 촉각의 체험과 같이 일어나는 경우도 있다. 즉 영혼은 부분적인 모습으로 나타나고 때에 따라서 그 영혼이 어떤 말을 하거나 우리를 만지기도 하는 그런 경우 말이다. 아니면 이 세 경우가 한 번에 나오는 사례도 있다.

가장 먼저 보게 될 사례는 망자가 빛으로 나타나는 경우이다. 그 빛 안에는 얼굴 같은 고인의 부분적인 모습이 나온다. 이 빛이 아주 밝기는 하지만 우리의 눈을 상하게 하지는 않는다고 한다. 이런 빛은 근사체험자들의 증언에도 나온다. 이들은 체외이탈을 한 뒤 아주 밝은 빛을 본다. 그 빛은 태양보다도 훨씬 밝다고 하는데 그 빛이 아무리 밝다고 해도 눈을 못 뜨게 하는 그럼 밝음은 아니라고 한다. 그래서 종종 사람들은 이 빛을 두고 TV 화면이나 영화 스크린에 나오는 빛에 비유하곤 했다. 이런 곳에 나오는 빛은 아무리 밝게 보이더라도 눈을 못 뜨게 하는 그런 밝음은 아니기 때문이다. 이제 사례를 들어보자.

팸은 플로리다에서 비서 일을 하는데 아들인 브래드(20살)를 오토바이 사고로 잃었다. 다음은 그 후에 팸이 겪은 사건이다.

아들이 저 세상으로 가고 10일이 지났는데 갑자기 아주 환한 빛이 내 침실에 가득 찼다. 그 빛 가운데에 브래드의 얼굴이 보였는데 그는 웃고 있었다. 나는 그에게 가고 싶었다. 그리고 손으로 만지고 싶었다.

그러자 브래드는 "엄마 나는 지금 모든 것이 좋아요"라고 말했는데 그가 말한 것은 내 머리 안에서 직접 울려왔다. 내가 "얘야, 나는 너와 같이 있고 싶단다"라고 응답하자 그는 머리를 흔들면서 "아니, 아직은 엄마가 올 때가 아니예요"라고 답했다. 그리곤 그는 사라졌는데 그 모습이 매우 평화롭고 행복했다. 그가 떠난 다음에 나는 곧 잠이 들었는데 그의 사후에 잠을 가장 잘 잤다(p.79).

이 체험은 자연스럽게 두 가지 통신이 섞인 사례이다. 고인의 얼굴이 나타났으니 시각적인 체험이지만 동시에 그의 목소리를 들었으니 청각적인 체험도 한 것이다. 청각적인 체험이라고는 하지만 직접 목소리를 들은 것은 아니고 텔레파시 형식으로 내면에서 소리를 들은 것이 그 특징이라 하겠다.

이 장에 나온 많은 사례 중에 이 사례를 소개한 것은 다른 의미도 있었다. 브래드가 모친과 나눈 대화 중에 그녀에게 아직 올 때가 아니라는 말을 했다는 데에 주목하고자 한다. 이에 대해서는 여러 종류의 해석이 있을 수 있겠지만 가장 유력한 해석은 사람은 이 세상을 하직하는 날이 정해져 있다는 것이다. 그러니까 우리들은 어떤 이유에서인지 몰라도 살아야 할 햇수가 정해져 있다는 것이다. 그래서 그 전에는 아무리 세상을 떠나려 해도 성공하지 못한다. 반대로 세상을 떠나야 할 시간이 오면 아무리 죽지 않으려고 애를 써도 그것 역시 성공하지 못한다.

왜 이런 일이 발생하는 것일까? 이에 대한 해답의 단초는 근사체험자들의 증언에서 발견할 수 있다. 이들은 체외이탈을 한 다음 영혼의 상태로 있을 때 몸으로 돌아가는 것을 거부하고 계속해서 그곳에 머무르기를 원하는 경우가 있다. 이유는 간단하다. 영혼의 세계에 있는 것이 좋기 때문이다. 그러나 그들은 지상으로 돌아가기를 권유받는다. 그 이유는 이번 생에 해야 할 일을 마치지 못했기 때문이다. 그 일을 이루지 못하고 중간에 사고로 죽음을 당했으니 돌아가서 그 과업을 이루고 오라는 것이다. 그 일을 마치면 자연스럽게 이 영의 세계로 돌아올 수 있으니 돌아가라는 권유를 받는다.

이 이야기에 따르면 우리는 모두 자신만의 과업을 가지고 이 세상에 태어났다고 할 수 있다. 그래서 이 과업을 마치기 전까지는 죽지 않는다고 하니 그 과업의 완성이 이 세상에 태어난 목적이 되겠다. 그런데 만일 자살 등으로 과업을 마치지 못하고 이번 생을 접은 사람은 다시 와서 그 과업을 끝마쳐야 한다. 그 과업은 없어지지 않기 때문이다. 이것은 우리가 자살을 하지 않아야 할 이유 가운데 하나가 된다.

이번에는 상반신이 나온 경우를 보자. 지금 볼 사례는 다른 종류의 체험과 섞이지 않고 이 체험만 나온 경우라 이 유형에서 전형적인 사례라 하겠다.

신디는 플로리다 주에서 요양원의 매니저로 일하고 있었는데 82세에 심장병으로 죽은 외할머니로부터 2년이 지난 다음에 아주 따뜻한 방문을 받았다.

나는 침대에 들어가서 잘 준비를 하고 있었다. 그때 내 침대의 오른 편에 구름 같은 것이 나타났다. 그 구름은 빛나고 있었던 반면 다른 쪽은 칠흑 같이 어두웠다.

그때 할머니의 모습이 이 구름 안에서 보였는데 전체가 나타난 것은 아니고 허리부터 머리까지만 보였다. 그녀의 모습은 매우 또렷해서 그 모습을 세세하게 볼 수 있었다. 그녀는 아주 아름다웠고 찬란한 빛이 났는데 그가 그렇게 아름답게 보인 적은 일찍이 없었다.

그 모습을 보고 내가 "할머니"하고 불렀는데 그녀는 아무 말 안하고 웃기만 했다. 그에게서는 사랑과 화평의 기운이 발하고 있었다. 아마도 그는 자신은 잘 있고 모든 여건이 좋다고 말하려고 온 것 같았다. 그녀는 내가 오래 전에 크리스마스 선물로 준 분홍색 실크 블라우스를 입고 있었는데 나는 그녀가 그 블라우스를 입은 것을 본 적이 없었다. 어떻든 나는 할머니의 뜻밖의 현존을 보고 깜짝 놀랐는데 할머니는 곧 사라졌고 그 뒤 나는 잠이 들었다.

다음 날 아침 뉴욕에 사는 엄마에게 전화를 걸어 할머니가 어제 나타났다는 이야기를 해주었다. 그러자 엄마는 충격을 받은 것 같았다. 그러나 동시에 자신의 모친이 잘 있다는 소식에 많은 위안을 받은 것 같았다 (pp.82~83).

이 사례 역시 전형적인 사후통신 사례이다. 왜냐하면 주인공의 할머니가 전혀 예상치 못한 옷(블라우스)을 입고 나왔기 때문이다. 손녀가 사주었지만 한 번도 입어보지 않은 옷을 입고 나온 것은 고인이 손녀를 배려한 것이라고 생각할 수 있다. 그래야 고인을 빨리 알아볼 수 있으니 그런 생각 끝에 고인이 그렇게 행동한 것 아닐까 하는 생각이다.

이 사례에도 의문이 생긴다. 먼저 드는 궁금증은 할머니가 왜 나타났느냐는 것이다. 다른 사례를 보면 이렇게 고인이 나타나는 데에는 화급한 이유가 있는 경우가 많다. 그런데 이 사례에서는 그러한 화급성이나 필요성이 보이지 않는다. 당사자는 아무 생각 없이 그냥 자려고 했는데 할머니의 혼이 나타난 것이다. 그 다음 의문 역시 앞의 것과 연결되는데 왜 할머니의 혼은 자신의 딸에게는 나타나지 않고 손녀에게 나타났을까 하는 것이다. 그녀의 혼이 딸을 건너뛰고 손녀에게 나타난 것은 나름대로 이유가 있을 터인데 그것을 알 방법이 없다.

다음의 예는 우리에게 생각할 거리를 주어 포함시켜 보았다. 체험 자체는 그다지 독특할 것이 없지만 확실한 메시지가 있어 소개해보는 것이다. 이 사례에서는 고인이 전신으로 나타난다. 그런데 뚜렷하게 나타나지 않았기 때문에 빌이 이 군에 포함시킨 것 같다.

리타는 플로리다 주에 사는 교사인데 시아버지가 심장마비로 죽었다. 그런데 임신 상태라 비행기를 탈 수 없어 시아버지의 장례식에는 가지 못했다. 이에 대해 리타는 유감으로 생각했던 모양이다. 그런 리타에게 시아버지가 나타나 위로와 감사의 말을 전했다.

시아버지가 새벽 4시에 돌아가셨다는 전화를 받았다. 시아버지는 아들인 남편보다 나와 더 가까웠다. 나는 남편과 같이 시아버지 장례식에 가려고 했는데 내가 임신 상태라 비행기를 탈 수 없었다. 의사가 안된다고 했기 때문에 나도 어쩔 수 없었다.

그래서 집에 돌아왔는데 그날 이상하게 많이 피곤해 쉬려고 침대에 누웠다. 그런데 놀랍게도 옷장 오른 쪽에 시아버지가 나타난 것이 보였다. 그의 몸 전체의 선이 보였고 주위에는 빛이 났다. 그는 옷을 입고 있었지만 투명해서 뒤쪽 모습이 다 보였다. 그러면서 그는 "나는 지금 다 좋다.

그리고 너는 내 장례식에 오지 못한 것에 대해 미안해하지 말아라"라고 말했다. 그는 나에게 자신이 아주 행복하고 생생하게 잘 있다는 것을 알아주기 바라는 것 같았다. 그런 그에게서 나는 엄청난 사랑의 기운을 느꼈다(p.84).

부모나 배우자가 임종할 때 그 자리에 있지 못하게 되면 우리는 많은 죄책감을 갖는다. 고인의 마지막 가는 길을 지켜보았어야 하는데 그렇지 못한 것에 대해 미안한 마음을 갖는 것이다. 마찬가지로 장례식에 못 간 것에 대해서도 죄책감을 가지는 경우가 많다. 그 중요한 순간에 가지 못한 것이 미안하기 때문이다. 그러나 이 예를 통해 보면 고인의 영혼은 그런 것에 개의치 않는다는 것을 알 수 있다.

이와 같은 이야기는 영혼에 관한 문제들을 다루는 사람들이 공통적으로 하는 말이다. 지상에 사는 우리들은 장례식 같은 것을 매우 중요하게 생각하지만 영혼이 된 사람들은 지상에 대한 미련이나 집착이 현저히 줄어들기 때문에 그런 의례에는 관심을 두지 않는다고 한다. 위의 사례는 바로 그런 경우를 보여주는 것이라 포함시켜 보았다.

다음의 예는 고인의 영혼이 좀 더 짙게 나타나는 경우라 포함시켜 보았다. 그렇다고는 해도 육체처럼 딱딱한 것은 아니다. 영혼들이 나타날 때 그 밀도의 정도가 다 다른 모양인데 이번 경우는 앞의 사례보다 밀도가 더 촘촘한 경우이다.

아니타는 플로리다 주에 사는 간호사인데 심부전증으로 87세에 죽은 할아버지로부터 뜻밖의 소식을 전해 받았다.

할아버지 장례식이 있던 날 나는 저녁 때 누워 있었는데 뜻밖에 할아버지의 임재를 느꼈다. 눈을 떠보니 할아버지가 서 있었다. 불투명하게 보였지만 육신을 가진 사람처럼 보이지는 않았다. 그는 아주 건강하게 보였는데 그의 몸에서는 금색의 빛이 발하고 있었다.

그는 나를 향해 몸을 구부려서 비밀을 말하는 것 같은 자세를 하고 이렇게 말했다. "나는 내년 봄에 증조할아버지가 된단다. 증손이 태어날 것이거든"라고 말이다.

나는 그의 임재에서 큰 위안과 따뜻함을 얻었다. 그는 곧 떠났고 나는 일어나서 거실에 있는 남편에게 지금 일어난 일을 모두 말해주었다. 그 다음 날 임신 검사를 해보았더니 임신했다는 결과가 나왔다. 그 다음 해의 봄에 진짜로 아들을 낳았으니 할아버지의 말이 맞은 것이다(pp.89~90).

이 사례에서 고인의 영혼은 앞의 경우와 달리 조금 더 짙게 나타났다. 할아버지의 영혼이 불투명하게 나왔다고 하니 말이다. 저 정도로 불투명하면 그 영혼의 뒤는 보이지 않을 것이다. 어떻든 이 사례에서 이 할아버지의 영혼은 작별인사를 하러 손녀에게 나타난 것이다. 그런데 '잘 있거라' 혹은 '지금 나는 아주 좋은 곳에 있다'라는 식이 아니라 독특한 인사를 하고 떠나 이채롭다. 그래서 포함시킨 것이다.

즉 손녀가 임신했다는 것을 알려주고 자신이 곧 증조할아버지가 될 것이라고 말한 것이 특이하다. 이번 사례는 해당 영혼이 당사자에게 그가 모르는 일까지 알려주었다는 점에서 특기할 만한 예라고 하겠다. 이 예에서 알 수 있는 것처럼 영혼들은 육신을 가진 우리들과는 달리 미래를 예측하는 등과 같은 일정한 초능력을 가지고 있는 것처럼 보인다. 이 책에 인용된 사례를 보면 그런 경우가 많이 있다.

이것은 영혼이 육체의 제약에서 벗어났기 때문에 가능한 일일 것이다. 영혼이 자유로운 상태에 있기 때문에 이런 초능력이 생긴 것인데 그럼에도 불구하고 이 사례에는 의문이 남는다. 이 할아버지 영혼은 어떻게 손녀가 임신한 사실을 알 수 있었던 것일까 하는 의문이 그것이다. 아무리 영혼이라도 손녀가 임신한 사실을 아는 것은 힘든 일일 터인데 이런 일이 생겨나 이해가 잘 안 된다는 것이다.

그러나 이 일을 설명할 수 있는 방법이 전혀 없는 것은 아니다. 만일 이 할아버지가 영계에서 태어날 아기의 영혼과 만나 일차적인 정보를 교환했다면 이 일은 가능할 수 있다. 이런 시각에서 본다면 이 할아버지가 죽었을 때 이 아기의 영혼은 아직 영계에 있었던 것으로 추정해 볼 수 있다. 그래서 갓 영계에 들어온 할아버지를 만날 수 있었고 그때 이 아기의 영혼은 자신이 곧 할아버지의 손녀가 임신한 몸에 들어갈 것이라고 말했을지 모른다. 그리고 할아버지는 이승을 하직하는 작별 인사를 하면서 그 소식을 손녀에게 알린 것이다.

빌은 이 이외에도 많은 예를 들고 있지만 다 비슷한 것들이라 더 이상 소개할 필요를 느끼지 못한다. 다음은 영혼이 전체적인 모습으로 나타나는 사례들이다. 이것은 영혼이 머리부터 발끝까지 나오는 사례를 말한다.

6 전체로 나타나기: 시각적인 사후통신

이번에는 영혼이 머리부터 발끝까지 전체가 나타나는 사례를 다룬다. 그런데 다른 경우도 그렇지만 이렇게 나타날 때 고인의 영혼은 그들의 나이와 관계없이 가장 좋을 때의 모습으로 나타난다. 그리고 만일 생전에 병이 있었다면 이때에는 그와는 달리 완전히 치유가 되어 온전한 모습으로 나타난다고 한다. 예를 들어 어떤 사람이 만일 이번 생에 시각장애자로 살다가 타계했다면 영혼이 되어 나타날 때에는 두 눈으로 볼 수 있는 온전한 영혼으로 나타나는 것이 그것이다. 또 만일 다리가 불편했다면 영혼의 상태에서는 두 다리가 건재한 상태로 나타난다고 한다.

뿐만 아니라 이렇게 나타난 많은 영혼들이 지상에서는 좀처럼 보기 힘든 영적인 평온함을 발산한다. 그래서 이렇게 전체적인 모습으로 나타나는 영혼은 치유의 효과를 갖는다고 한다. 이들이 보여주는 영적인 기운은 지상에서는 좀처럼 느낄 수 없는 것이라 이 기운에 노출된 사람들은 자연적으로 치유가 되는 모양이다. 빌은 이 장에서 상당히 많은 예를 들고 있는데 그 중에 가장 전형적인 것을 골라 소개해본다.

뉴멕시코 주에서 건축가로 일하는 골던은 93세의 나이로 죽은 옛 친구인 틴슬리 부인으로부터 뜻하지 않은 방문을 받았다. 그녀가 죽은 직후에 골던은 다음과 같은 사후통신 체험을 했다.

나는 틴슬리 부인에게 마지막 경의를 표하기 위해 장의사에 있는 그녀의 관이 있는 방으로 갔다. 그때 그곳에는 나 혼자서 그녀의 시신을 바라보고 있었는데 갑자기 "골던, 울어도 괜찮아요"라는 소리가 들렸다. 나는 이 소리가 그녀의 목소리인 것을 직감하고 방안을 둘러보니까 놀랍게도 그녀가 방 한 쪽에 서 있었다. 그녀의 전신이 다 보였는데 그녀는 손을 가볍게 흔들고 있었다. 그런데 그녀가 그때 입고 있던 드레스는 시신이 입고 있는 것과는 달랐다.

그때 나는 갑자기 울음이 폭발했는데 아주 비통한 심정이었다. 나는 내가 왜 그렇게 격하게 울었는지 알 수 없었다. 그렇게 한참을 울고 난 다음에 다시 보니 그녀는 사라지고 없었다. 생각해보니 그녀가 내게 울라고 하지 않았다면 울지 못했을 것 같은 느낌이 들었다. 나는 그녀가 타계한 뒤 그녀를 매우 그리워했는데 그 사별의 감정을 안에 쌓아놓기만 하고 표출할 생각을 하지 않았다. 그때 이후로 나는 울 기회가 있으면 참지 않고 울었는데 그럴 수 있었던 것은 당시 틴슬리 부인이 그렇게 해도 된다고 말했기 때문일 것이다(pp.99~100).

이 사례에 대해 빌은 나름대로 해석을 내리고 있다. 즉 틴슬리 부인은 골던에게 아주 중요한 가르침을 주었는데 그것은 성인 남자들도 울어도 된다는 것이라는 것이다. 아마도 울음을 참으면 나중에 그것이 파

괴적으로 나타날 수 있기 때문에 충고를 준 것이리라. 이 해석을 이해할 수는 있지만 그래도 조금 마음에 걸리는 점이 있다. 남자도 울 수 있다는 가르침을 주기 위해 굳이 영혼이 나타날 필요가 있느냐는 것이 그것이다. 남자 어른도 울어도 된다는 것은 그다지 화급한 메시지는 아니지 않은가? 그런데도 고인의 영혼이 나타나 그런 소식을 전하는 게 이상하다. 이 예는 이처럼 내용이 조금 특이해 실어보았다.

다음의 예는 접촉의 체험과 같이 일어난 경우인데 고인의 영혼이 전신으로 나타났을 뿐만 아니라 지상에 있는 친지의 몸을 만져주기도 했다.

소니아는 워싱턴 주에 사는 가정 간병사이다. 9살 먹은 그의 딸 발레리가 뇌출혈로 죽은 6주 후에 그녀와 사후통신을 했다. 그때 그녀는 자신이 갖고 있던 중요한 의문을 풀었다고 주장했다. 무슨 의문일까? 그것은 신과 인간과의 관계에 대한 의문인데 그녀는 딸의 영혼과 만나는 체험을 한 뒤 이 의문을 풀었다고 한다.

발레리가 갑자기 죽었는데 그의 죽음은 내게 매우 충격적인 체험이었다. 나는 거의 실성한 사람처럼 되어 "신 혹은 천당이 있는지 없는지 어떻게 알 수 있는가? 발레리는 지금 어디에 있는가?"와 같은 질문을 나에게 마구 해댔다.

나는 이렇게 사느라고 기진맥진했기 때문에 그 날도 자려고 일찍 침대

쪽으로 갔다. 그런데 그때 내 오른쪽에서 누군가가 내 어깨를 만지고 있다는 것을 직감했다. 돌아보니 놀랍게도 발레리가 거기에 서있었다. 그는 실제처럼 아주 생생하게 보였고 건강도 좋아 보였다. 그리고 밝게 빛나고 있었는데 반짝거리는 가운을 입고 있었다.

그는 "엄마 사랑해요. 머리 아픈 건 다 사라졌어요. 나는 여기서 겪는 모든 것이 좋으니 엄마가 나 때문에 걱정하지 않길 바래요"라고 말했는데 아주 차분했고 행복했으며 아름답게 보였다. 그렇게 말하곤 그녀는 곧 사라졌다.

개인적인 생각에 우리가 무엇인가가 필요하다고 신에게 청하면 신은 그에 맞추어 사람을 보내 메시지를 전달하는 것 같다. 그런데 놀랍게도 그런 일이 나에게도 일어났다. 신은 발레리를 내게 보내 나를 덥고 있던 검은 구름을 걷어냈고 내 어깨를 짓누르고 있던 끔찍한 암석을 제거해주었다(p.104).

이 사례는 앞서 언급한 것처럼 영혼이 전신으로 나타났고 또 그의 가족을 직접 만졌으니 두 체험이 혼합되어 나타난 것이다. 이 체험도 다른 체험처럼 진행되었다. 병으로 고생하다 타계한 사람들이 영혼의 세계로 가면 어떤 병도 없이 건강한 모습으로 살게 된다는 것 말이다.

이 사례에서 조금 문제 삼고 싶은 점이 있다면 주인공의 생각이다. 당사자인 소니아는 신은 사람이 시련에 빠지면 누군가를 보내 그를 도와준다고 주장하고 있다. 이것은 자신의 체험에서 유추한 것일 것이다.

9살밖에 안 된 딸이 죽어 자신은 거의 미친 사람처럼 살고 있었는데 딸이 죽고 6주가 지난 다음에 그 딸의 영혼이 나타났다. 그때 딸은 엄마를 부드럽게 만졌을 뿐만 아니라 아주 건강하고 사랑스러운 모습으로 나타났다. 그녀를 본 소니아는 자신을 괴롭히고 있던 암울한 모든 것을 없앨 수 있었다.

이 체험을 가지고 소니아는 신이 사람의 고통을 제거하기 위해 그에 적합한 사람을 보낸다고 주장하는 것 같다. 그런데 이것은 자신의 체험을 지나치게 확대해석한 것 같다. 일반화의 오류라고나 할까? 이렇게 생각할 수 있는 것은 소니아처럼 아주 괴로운 상황에 있지만 이런 체험을 하지 못하는 사람이 훨씬 더 많기 때문이다. 만일 신이 괴로워 하는 모든 사람들을 위로하기 위해 어떤 조치를 취한다면 이 세상에 그런 조치를 받지 못한 사람들이 훨씬 더 많은 것을 어떻게 설명할 수 있을까? 이런 유의 종교체험을 한 사람들은 자신의 체험을 보편화시키는 우를 범해서는 안 될 것이다.

빌이 제시하는 그 다음 예들은 그가 사후통신 체험으로 예시한 것 가운데 가장 온전한 것이라 할 수 있다. 왜냐하면 이 사례에서는 고인의 영혼이 전체적인 모습으로 나타나 당사자가 그와 대화를 나누었을 뿐만 아니라 그를 만지고 그에게서 나는 향기를 맡았기 때문이다. 그러니까 할 수 있는 체험은 다 한 것이다. 그래서 온전한 체험이라고 한 것이다. 빌은 여기에서도 많은 예를 들고 있지만 대개가 비슷한 내용이기 때문에 하나의 예만 들어도 충분하겠다는 생각이다.

데보라는 켄터키 주에서 의학을 공부하는 학생이었는데 암으로 죽은 조셉 (44살) 오빠의 영혼이 나타나 감동을 받았다.

나는 이 체험이 있기까지는 이런 영적 현상을 완전히 부인하는 열혈의 회의주의자였다. 그런 내 꿈에 조셉 오빠가 나타났는데 그것은 그냥 꿈이 아니었다. 조셉 오빠가 죽고 3개월이 지난 뒤 나는 남편 옆에서 자고 있던 중 누군가가 내 발을 잡고 흔드는 것 같은 느낌을 받았다. 살펴보니 조셉이 손으로 내 다리를 잡고 침대 가에 앉아 있었다. 그의 모습은 생생해서 실제로 사람이 있는 것 같았다. 그의 몸 주위에서는 노랗고 하얀 따뜻한 빛이 오라처럼 발산되고 있었다. 그는 나를 껴안았는데 그 느낌은 아주 따뜻했고 사랑으로 가득 차 있어 너무나 좋았다. 뿐만 아니라 나는 그의 향수 냄새도 맡을 수 있었다.

조셉이 "나는 지금 다 좋아. 나 때문에 걱정할 것 없어. 내가 있는 이곳은 아름다워"라고 말해 나는 생각으로 그를 사랑한다고 전했다. 그리곤 그는 천천히 사라졌다. 나는 그 이후로 더 이상 오빠에 대해 걱정하지 않고 안도감을 갖고 살았다(p.107).

이 사례는 앞에서 언급한 것처럼 고인이 전신으로 나타나 접촉을 했고 말을 나누었으며 냄새까지 맡는 총체적인 체험의 사례라 하겠다. 빌에 따르면 데보라의 경우처럼 영적인 체험에 회의적이었던 사람들이 이 같은 체험을 하고 영혼을 인정하는 쪽으로 바뀌는 경우가 많다고 한다. 빌이 이 이야기를 하는 이유는 사후통신을 비난하는 사람들의 주장을 의식했기 때문이다. 이들은 영적인 현상을 믿는 사람에게만 사후통신이 일어난다고 하면서 그 체험의 실제성을 부인한다. 그러니까 사후통신이란 이런 사람들이 헛되이 갖는 소망충족 현상에 불과하다는 것이다.

그러나 이번 사례를 통해 보면 회의주의자에게도 이런 체험이 일어나니 이 체험은 소망 충족 차원에서 일어나는 것이 아니라는 것을 알 수 있다. 빌이 하고 싶은 말은 당사자가 이전에 영적인 체험을 하든 안 하든 그것은 이 사후통신 체험을 하는 것과 아무 관계가 없다는 것이다. 다르게 생각하면, 이 주장은 순진한 회의주의자들에 대한 비난이 될 수도 있다. 보통의 회의주의자들은 제대로 조사해보지도 않고 영적인 것을 비토하기 때문이다.

그런데 나는 이 사례에서 조금 미진한 느낌을 받는다. 주인공의 오빠인 조셉이 왜 나타났을까에 대한 설명이 없기 때문이다. 조셉 영혼이 이렇게 나타난 데에는 이유가 있을 터인데 그에 대한 설명이 없다는 것이다. 그러나 추정해본다면, 데보라는 오빠를 잃은 뒤 크게 슬퍼하고 있었던 모양이다. 그런데 그녀는 유물론에 입각해 세상을 바라보는 의학도라 영적인 현상에 대해 지극히 회의적이었다. 그래서 더 슬펐을 지도 모른다.

왜 더 슬퍼했을 것이라는 것일까? 그녀는 오빠가 죽은 뒤에 완전히 소멸됐다고 믿었을 것이기 때문이다. 이런 회의주의자들은 사후생을 믿지 않기 때문에 사람이 죽으면 무로 돌아간다고 생각해 다시는 만날 수 없다고 믿는다. 그래서 데보라는 더 슬펐을지 모른다. 그런 그녀를 보다 못한 조셉이 그녀의 꿈에 나타나 그녀를 위로한 것 아닐까 하는 추론을 해보는데 정확한 것은 본인을 면담해야 알 수 있을 것이다.

빌에 따르면, 지금까지 본 시각적인 사후통신은 대단히 위력적이라고 한다. 왜냐하면 이 체험은 사랑한 사람이 죽은 뒤에 그가 다른 차원에서 생생하게 살아 있다는 것을 확실하게 알 수 있게 해주기 때문이다. 고인들(의 영혼)이 나타날 때 그들은 자신들이 언제 죽었던, 어떻게 죽었던 지에 상관없이 완전하게 치유되고 온전한 형태로 나타나 아주 생생하고 지속적인 이미지를 보여준다. 고인들이 완전한 모습으로 나타날 뿐만 아니라 가장 아름다운 모습으로 생생하게 나타나니 지상에 사는 사람들에게 엄청난 영향을 끼칠 것이라는 것은 능히 있음직한 일이다.

다음 장에서 보게 될 것은 고인의 영혼이 사진 혹은 그림처럼 나타나는 사례이다. 이번 장에서는 고인의 영혼이 진짜 모습처럼 나타났지만 다음 장에 인용되어 있는 사례에서는 고인이 영화나 사진에서 보이는 것처럼 나타나는 경우를 다루고 있다.

7 저 너머 세계 잠깐 보기: 사후통신 환영(vision)

이번 사례는 5, 6번의 사례와 같은 점도 있고 다른 점도 있다. 고인의 모습이 나타난다는 점에서는 5, 6번의 사례와 같다. 그러나 이번 사례에서는 5, 6번처럼 고인이 직접 나타나는 것이 아니라 그의 영혼이 사진이나 동영상 같은 것 안에 나타난다는 점에서 다르다. 다시 말해 이것은 일정한 이미지로 나타난다는 것인데 이 이미지는 당사자의 외부에 영상처럼 펼쳐질 수도 있고 의식의 내면에서 심상(心象)으로 보일 수도 있다. 이 사례는 조금 특이해서 다른 사례에 비해 상대적으로 적게 나타난다고 한다.

재미있는 것은 이 이미지가 밖에 나타날 때에는 35mm 슬라이드나 영화가 공중에 상영되는 것처럼 보인다는 것이다. 반면에 내면에 나타날 때에는 눈을 감던 뜨던 마음속에서 이미지로 나타난다. 이 이미지들은 뒤에서 빛이 비쳐지고 있는 스테인드글라스와 흡사하게 나타난다고 한다. 어떤 면에서 흡사하다는 것일까? 이 이미지가 자체적으로 발산하는 밝은 빛으로 구성되어 있다는 점이 그렇다는 것이다. 자체 발광이라고나 할까?

빌에 따르면 이 체험을 할 때에 당사자는 이 지상 세계를 넘어선 다른 차원, 즉 영적인 차원을 보는 것 같은 느낌을 갖는다고 한다. 이 이미지가 나타날 때 앞의 두 사례처럼 고인의 얼굴이 나타나는 경우도 있고 부분적인 몸 혹은 몸 전체가 나타나는 경우도 있단다. 이 점에서는 앞의 사례들과 같다고 할 수 있다. 그러면 순서에 따라 이 이미지가 외부에 나타나는 경우부터 보자.

클라라는 캐나다의 앨버타 주에서 시각장애인을 위한 기관에서 일하고 있었다. 그녀는 오빠인 글렌(38세)이 사고로 죽은 지 3개월쯤 지나서 그를 이미지로 보게 된다.

나는 사무실에 앉아 벽을 보고 있었는데 갑자기 글렌이 어린 아이처럼 이리저리 뛰어다니는 영상이 보였다. 그것은 다른 차원을 보는 것 같았다. 나는 내가 그 차원에 속하는 존재가 아니라는 것을 알았지만 그 영상을 보는 데에는 아무 문제가 없었다. 글렌은 원래 다발성 경화증 때문에 다리를 절룩거렸는데 영상에 나타난 그는 그런 모습이 전혀 보이지 않았다. 그의 몸에서는 빛이 났고 뛰어다니는 데에도 전혀 문제가 없었다. 불구는 없어지고 정상의 몸이 된 것이다.

글렌은 나를 보고 웃으면서 "나는 이제 이전에는 할 수 없었던 것들을 다 할 수 있어"라고 말했다. 그는 흡사 '클라라, 나 좀 봐. 나는 내가 이전에 그렇게 하고 싶던 것을 할 수 있어. 그래서 정말 행복해'라고 말하는 것 같았다. 그러곤 그는 천천히 사라졌다. 나는 그때 글렌을 보게 되어 얼마나 좋았는지 모른다. 이 일 덕분에 나는 내면에서 영적인 고양이 일어나는 것을 느낄 수 있었다(pp.114~115).

이 사례에서 우리가 알 수 있는 것은 이 영상이 다른 차원에 있는 것처럼 보인다는 것이다. 이것은 설명하기 힘든 현상인데 아마도 매우 종교적인 사람들이 천국 같은 것의 영상을 보는 것과 비슷할 것 같다. 영성이 높은 사람들은 가끔 공중에서 매우 장엄하고 아름다운 세계를 보는 경우가 있다. 소위 천국 같은 세계인데 이것은 그들의 눈에만 보인다. 그 이유는 이 세계가 지상보다 훨씬 높은 차원에 속해 있기 때문일 것이다. 따라서 그 차원에 속하지 않은 사람은 그 이미지를 볼 수 없다.

만일 우리가 이런 영상을 본다면 우리의 영혼이 고양될 것이 틀림없다. 이유는 간단하다. 방금 전에 본 것처럼 이 차원은 우리의 지상계보다 훨씬 높은 차원에 속하기 때문이다. 이런 차원은 지상계의 그것과는 비교도 안 될 정도로 영적으로 강한 에너지를 발산한다. 그 때문에 우리가 그런 차원을 접하면 자연적으로 영적으로 한층 더 업그레이드되는 것이다.

이 사례와 연관해서 또 하나 설명할 것이 있다면, 우리가 영혼 상태가 되면 지상에서 갖고 살았던 장애가 없어진다는 것이다. 이 점은 앞에서도 누누이 살폈다. 이 사례의 주인공인 글렌은 정상으로 돌아온 자신의 몸을 보면서 아주 좋아했다. 그리고 그런 오빠를 본 클라라 역시 영적으로 많이 고무되었다. 그런데 글렌은 왜 갑자기 클라라에게 나타났을까? 정확한 것은 알 수 없지만 글렌이 클라라를 영적으로 버전업시키려고 온전하고 행복한 모습으로 나타난 것 아닌가 하는 생각이 든다. 이런 영적인 체험은 한 사람의 인생을 완전히 바꾸어 놓을 수 있기 때문이다.

다음 경우도 기본적으로는 방금 전에 본 것과 유사한 예이지만 조금 다른 점이 있어 소개해본다.

알렌은 워싱턴 주에 사는 마사지 치유사이다. 그는 53세에 폐암으로 죽은 모친을 생생한 영상으로 보았다. 그때 모친은 76세에 심장마비로 죽은 친할아버지와 같이 나왔다.

새벽 3시 경 나는 병원으로부터 모친이 타계했다는 전화를 받았다. 나는 거실로 가서 유리창 너머로 산을 보았다. 그때 구멍 하나가 열리는 것을 보았는데 그 안에 다른 차원의 세계가 있었다.

나는 그곳에서 나의 모친이 10년 전쯤에 죽은 할아버지와 함께 있는 것을 보았다. 그런데 흡사 나는 유리창 이쪽에 있고 그들은 저 너머에 있는 것처럼 보였다. 그들의 모습은 아주 단단했고 생생했다.

할아버지는 회춘한 것처럼 젊고 건강하게 보였고 힘이 넘쳤다. 그는 모친 옆에서 웃고 있었다. 모친은 결혼할 때 입은 드레스를 입고 있었는데 그녀도 건강하고 힘이 넘쳐 보였다. 또 자신은 더 이상 아프지 않고 잘 있다고 했는데 실제로 그녀는 멋있는 모습이었다.

그때 나는 감격해서 머리를 돌리고 울기 시작했다. 조금 뒤에 다시 돌아보니 그들은 가고 없었다. 나는 내가 뒤를 돌아보았기 때문에 그들이 간 것 같아 돌아본 것에 대해 뼈저린 후회를 했다(pp.115~116).

이 예도 재미있는 점이 있어 소개해보았다. 이 사례에서 본 대로 알렌은 그의 모친이 죽은 직후에 그녀를 목격했는데 그게 가능했던 것은 어떤 구멍 하나가 열렸기 때문이라는 점이 관심을 끈다. 이것은 흡사 근사체험자들이 영계로 갈 때 터널을 거쳐 가는 것과 비슷하다. 그러니까 이 구멍은 다른 차원으로 가는 통로 역할을 한 것이다.

그런가 하면 그의 모친이 혼자 나타난 것이 아니라 조부와 같이 나타난 것도 이채롭다. 이들은 어쩌다 둘이 같이 나왔을까? 이것을 추정해 보면, 그의 모친이 죽자 먼저 그곳에 와있던 할아버지가 마중 나온 모양이다. 시아버지를 만난 그녀는 그에게 아들에게 들렸다 가겠다고 하니까 조부 역시 따라온 것이 아닌가 하는 생각이다. 어떻든 엘렌은 모친 덕에 조부까지 보게 되었고 그들이 잘 있는 것을 보고 큰 위안을 얻었을 것이다.

다음 예는 당사자의 마음에 나타나는 영상에 관한 것이다. 이때 그가 눈을 뜨고 있든 감고 있든 그것은 별 관계가 없다. 눈의 상태와는 관계 없이 마음속으로 영상을 보게 되는 사례이다.

개리는 워싱턴 대학에서 일하는 직원이다. 그에게는 유아돌연사 증후 때문에 태어난 지 3개월 만에 죽은 로렌이라는 딸이 있었다. 그는 로렌이 40대 초에 심장마비로 죽은 자신의 아버지와 함께 나타나 영상으로 그들을 만나는 체험을 했다 그로 인해 그는 많은 힘을 얻었다.

로렌이 죽고 5일이 지난 뒤 갑자기 내 마음속에 로렌에 대한 영상이 펼쳐졌다. 나는 그때 운전을 하고 있었기 때문에 길에만 집중하고 있었다. 그런데 갑자기 작고한 아버지의 무릎에 앉아 있는 로렌의 영상이 내 마음속에서 펼쳐졌다. 아버지는 팔 하나로 로렌을 감싸고 있었고 로렌은 분홍색의 점퍼드레스를 입고 있었는데 웃고 있는 모습이 행복해 보였다.

이들 말고 다른 친척들도 보였다. 할아버지는 그 옆에 서 있었고 삼촌은 아버지 뒤에 있었다. 더 뒤에는 이미 타계한 친척들이 서 있었다. 분위기는 아주 조용했고 모두가 행복해 보였다. 나는 아버지의 표정에서 그가 정말로 로렌을 자랑스럽게 여긴다는 것을 알았다. 아버지가 "로렌은 괜찮다"라고 말했을 때 나는 아버지를 향해 가볍게 미소를 지었는데 그때 영상이 점차 사라졌다. 이 체험 뒤에 나는 짐을 벗은 것 같아 마음이 정말로 가벼워졌다. 로렌이 내 가족들과 잘 있는 것을 알았으니 걱정할 일이 없었다(p.123).

이 사례는 대단히 재미있는 예인데 그것은 우리가 지금까지 본 사례들과 달리 가족이나 친척들이 많이 나왔기 때문이다. 당사자의 딸을 비롯해 아버지, 할아버지, 삼촌뿐만 아니라 다른 친족들도 모두 나왔으니 말이다. 다른 친척까지 나온 것은 매우 이례적이다. 빌에 따르면 아이들이 죽으면 곧 타계한 가족들과 만나서 그들에게서 따뜻한 보살핌을 받는다고 한다. 동시에 이 아이들은 그 세계에 있으면서 계속해서 정서적으로, 심리적으로 그리고 영적으로 성장한다고 한다. 빌이 이렇게 주장할 수 있는 것은 이런 사례를 통해서 일 것이다.

다음의 사례는 눈을 감고 사후통신의 영상을 보는 경우이다. 앞의 예에서는 눈을 뜬 채로 영상을 보았다면 이번 예는 눈을 감고 보는 것이다. 위의 예와 크게 다를 것은 없지만 이번에는 영상으로 나타난 사람이 가족이 아니라 당사자가 돌보던 환자이기 때문에 색다르게 보인다.

페이스는 플로리다 주에 사는데 말기 질환에 걸린 아이들을 돌보는 심리상담가이다. 그녀는 백혈병으로 죽은 그의 환자인 수지(13세)로부터 중요한 숙제를 부탁받았다.

그때 나는 명상을 하고 있었는데 갑자기 수지가 영상으로 나타나 이렇게 말했다. "엄마한테 전화해서 내 누비이불(quilt)에 대해 걱정하지 말라고 전해주세요"라고 말이다. 그녀는 아주 행복하게 보였고 얼굴과 머리 주변에서 빛이 났다.

나는 실제로 수지 엄마에게 전화를 하면 대화가 길어질 것 같아 망설이고 있었다. 그리고 느닷없이 누비이불은 무엇인가? 이런 것들에 대해 아무것도 모르는 내가 어떻게 설명할 수 있겠는가? 이런 생각 때문에 전화를 걸지 않고 있었는데 수지가 다시 나타나 같은 부탁을 했다.

하는 수 없이 다음 날 수지 엄마에게 전화를 했다. 그녀는 어제 자신은 최악의 날을 맞이했는데 전화를 해주어서 고맙다고 말했다. 어제는 기분이 너무 안 좋아서 수지의 누비이불을 갖고 나무 밑에서 계속해서 울었다고 실토했다.

나는 수지가 내게 나타나서 누비이불에 대해 말했다고 전하면서 이게 무슨 뜻인지 아느냐고 수지의 엄마에게 물었다. 그러자 그녀는 울음을 터트리면서 다음과 같이 말했다. "당신은 믿을 수 없겠지만 나는 어제 수지의 누비이불을 들고 한참 울었는데 마음이 아주 속상했다. 왜냐하면 이 누비이불은 수지가 어릴 때부터 항상 갖고 다니는 것이라 이것을 수지를 묻을 때 관에 넣었어야 하는데 그렇게 하지 못했기 때문이다. 나는 이 수지의 분신과 같은 이불과 차마 헤어질 수 없었다. 그래서 항상 죄의식을 갖고 있었는데 당신이 수지의 소식을 전해주니 기쁘기 짝이 없다(pp.125~126)."

이 사례를 통해 빌이 우리에게 전하고 싶은 이야기는 이런 것이다. 우리가 사후통신으로 받은 메시지를 전달할 때 자신이 혹시 바보처럼 보이고 거부당할까 두려워 이 일을 하는 것을 주저해서는 안 된다는 것이다. 주저하지 말고 전달해야 하는 주된 이유는 이 메시지는 당사자(전달자)에게는 별 의미가 없을 수 있지만 소식을 받는 사람에게는 아주 중요한 것일 수 있기 때문이다.

이번에 본 페이스의 사례가 꼭 그렇다. 페이스는 수지가 영상으로 그의 앞에 나타난 것도 받아들이기 힘든데 느닷없이 이불에 대해서 말을 하니 황당했을 것이다. 그러나 이럴 때 자신의 입장을 생각하지 말고 영혼의 요구에 응해야 한다는 것이 빌의 생각이다. 그 이유를 우리는 이 사례에서 찾아볼 수 있다. 페이스가 자신은 전혀 알 수 없는 이 메시지를 전하니 수지의 엄마가 그때까지 갖고 있었던 죄의식에서 벗어날 수 있었기 때문이다.

그런데 이 사례에서도 의문점이 있다. 수지는 왜 자기 엄마에게 나타나지 않고 상담가인 페이스에게 나타났을까? 엄마에게 나타나 직접 이야기했으면 문제가 훨씬 더 쉬웠을 텐데 왜 제3자에게 나타났느냐는 것이다. 확실한 것은 알 수 없지만 추측해보면, 페이스가 명상을 하고 있던 중이라 나타나기 쉬웠던 것 아니었을까 하는 생각이 든다. 명상이라는 것은 의식의 집중 상태를 의미하는데 이때에는 영과 소통하기가 수월해지는 것으로 알려져 있다.

이 같은 명상 상태는 잠자는 것도 아니고 깨어 있는 것도 아닌 상태, 즉 선잠의 상태와 흡사한데 이때에 사후통신이 많이 이루어진다. 특히 선잠의 상태는 영혼이 그 사람의 뇌파와 진동수를 맞추고 생각을 전달할 수 있는 아주 좋은 상태로 알려져 있다. 빌은 다음 장에서 이때 생긴 사례에 대해 집중적으로 다루고 있으니 그것을 보도록 하자.

8 (뇌파가) 알파파 상태에서의 조우: 중간(twilight) 지대의 사후통신

이 장은 당사자가 선잠 상태에서 사후통신 체험을 한다는 것 외에 앞에서 본 체험들과 다를 바가 없다. 그래서 그다지 새롭게 소개할 것은 없다. 사후 통신 체험 중에 가장 많은 사례가 바로 이 상태에서 체험하는 것일 것이다. 예를 들어 새벽녘쯤에 잠이 깬 것도 아니고 깨지 않은 것도 아닌 상태에 있을 때 선몽을 꾸는 게 바로 그것이다. 이런 체험은 누구나 하지 않는가? 그때 돌아가신 누가 꿈에 나타나 어떤 말을 전하는 체험을 많은 사람들이 하고 있을 것이다. 이때 생기는 뇌파를 보통 알파파라고 하는데 긴장이 풀려 안정되고 집중 상태가 됐을 때 나오는 뇌파가 이것이다. 우리의 뇌가 이런 상태가 됐을 때 영혼과 만나는 일이 훨씬 용이해진다.

이 체험은 앞에서 본 다른 체험과 섞여서 나타날 수 있다. 그러니까 선잠상태에서 고인의 임재함도 느낄 수 있고 그의 손길이나 냄새도 체험할 수 있다는 것이다. 아니면 실제로 고인의 모습이 보일 수도 있다. 빌은 이런 경우를 하나씩 들어 설명하고 있는데 기본적인 내용은 앞의 예와 다를 바 없으니 여기서는 재미있는 예 두 개만 간단하게 소개해 보자.

산드라는 오하이오 주에 사는 주부이다. 그의 아버지가 56세때 심장마비로 죽었을 때 그녀는 21살에 불과했다.

아빠가 죽은 지 7, 8개월이 지났지만 나는 여전히 슬픔을 주체하지 못했고 삶에 적응하지 못했다. 아빠가 죽은 것을 받아들이기가 너무 힘들어 나는 고통 속에 빠져 살았다.

내가 선 잠 상태에서 아빠를 다시 만났을 때 당시 나는 뇌파가 알파파 상태이었던 것 같다. 그때 아빠는 이렇게 말했다. "애야, 그렇게 너무 슬퍼하지 말아라. 나는 너와 네 엄마를 사랑한다. 이제는 네 삶을 살아라. 나는 이곳에서 아주 행복하다. 너에게 부탁이 있는데 나보고 자꾸 지상으로 돌아오라고 하지 말아다오. 나는 이곳에서 할 일이 있단다. 그러니 이제 나 좀 가게 내버려 두었으면 해."

그때 나는 완전히 깨어 있었고 아빠가 방구석에 서 있는 것을 확실하게 보았다. 그는 머리부터 허리까지 보였다. 그는 만족스러워 하는 모습이었고 자신은 문제가 전혀 없다고 말하는 것 같았다. 나는 그런 그에게서 큰 사랑을 느꼈는데 그러는 순간 그는 사라졌다.

이 사건은 나를 순식간에 바꾸었다. 나는 활기가 넘쳐 작약(雀躍)하는 듯한 느낌이 들었고 그 덕에 아빠의 죽음을 선선하게 받아들일 수 있었다. 그 이후 나는 더 이상 슬픔과 고통의 나락에 빠지지 않고 내 인생을 헤쳐 나갈 수 있었다(pp.133~134).

빌이 이 사례를 포함시킨 것은 이 예가 조금 특이했기 때문일 것이다. 여느 사례들과는 달리 이 사례에서는 고인의 영혼이 당사자를 질책하면서 거친 사랑을 표현하고 있다. 고인은 왜 이런 태도를 취했을까? 그 이유를 살펴보면, 이것은 지상에 남은 자식이나 배우자가 사별의 슬픔을 이기지 못하고 지나친 애도에 빠져 자신의 생활을 제대로 하지 못했기 때문일 것이다. 이럴 때 고인의 영혼이 나타나 엄한 가르침을 주는 동시에 희망을 주어 그들이 정상적인 생활을 할 수 있게 도운 것이다.

빌은 자신이 조사한 사후통신의 예 가운데 이런 사례가 많았다고 증언하고 있다. 이런 사례를 보면 고인들은 지상에 남은 자식이나 배우자에게 '나를 놓아달라(let me go)'고 부탁한다. 그들은 왜 이런 부탁을 하는 것일까? 그것은 지상의 자식이나 배우자가 너무 슬퍼해 자신들이 갈 길을 가로 막고 있다고 생각하기 때문일 것이다. 그래서 놓아 달라는 것이다. 빌에 따르면 이럴 때 고인의 영혼은 새로운 세계에서 삶을 진행할 수 없다고 한다. 왜냐하면 그들에게는 지상에서 슬픔에 빠져 있는 사랑하는 가족들을 보살필 책임도 있기 때문이다.

　이 상황을 설명하기 위해 빌이 아주 재미있는 비유를 소개하고 있어 그것을 한 번 보자. 어떤 대학생이 전액 장학금을 받고 해외에 있는 명문 대학으로 유학가기로 되었다고 하자. 그런데 가족이나 친구들이 그에게 매일 전화를 걸거나 편지를 보내 울면서 '우리는 널 보낼 수 없다. 너 없이는 못 산다. 하루 빨리 집으로 돌아오기 바란다'라고 한다면 이 학생은 어떻게 해야겠느냐는 것이다. 자신은 하루 빨리 그 명문 대학에 가서 새로운 삶을 살고 싶은데 가족들이 돌아오라고 보채니 그 학교로 갈 수도 없고 안 갈 수도 없는 난감한 처지에 빠지지 않겠는가?

　위의 사례에 나온 주인공이 바로 이런 꼴이라는 것이다. 고인이 된 영혼은 영혼의 세계라는 멋진 곳에서 새로운 삶을 시작하려고 하는데 지상에 있는 가족들이 슬픔에서 벗어나지 못하고 있으니 고인이 그런 가족을 두고 마음 편하게 갈 수는 없는 일이다. 이런 상황을 재구성해 보면, 우리가 심하게 슬퍼하게 되면 강한 에너지(염력)가 발생될 것이다. 그러면 그 에너지는 고인의 영혼에 전달되게 되는데 그 에너지에 사로 잡힌 고인은 그 힘 때문에 자유로운 생활을 하기 힘들어지는 것이다. 아마 고인이 지상에 나타난 이유는 이러한 현실을 타개하고자 자식들에게 자신을 놓아달라고 했던 것 아닐까?

　다음의 예는 내용이 매우 뜻밖이라 소개해본다. 남편의 전처의 영혼이 나타난 사례이기 때문이다. 우리는 이런 질문을 가끔씩 던진다. 남자가 상처한 뒤에 재혼했다면 사후 세계에 있는 전처는 과연 이 상황에 대해 어떤 태도를 가질까 하는 것 말이다. 이 세상의 논리로 하면 전처는 남편에게 생긴 새로운 여자에게 질투를 느끼고 심지어는 해코지할 수도 있을 것이다. 과연 이렇게 될 것인가 아닌가는 다음의 사례를 보면 그 답을 어느 정도 알 수 있을 것이다.

마지는 플로리다 주에서 부동산 중개업을 하면서 살았는데 어느 날 놀랍게도 남편(스테판)의 전처인 에밀리(의 영혼)의 방문을 받았다. 에밀리는 38세 때 암으로 죽었는데 그녀에게는 어린 아이 두 명이 있었다.

나는 한 번도 에밀리를 본 적이 없고 단지 사진으로만 그녀를 알고 있었다. 내가 스테판과 결혼하고 3개월이 지난 뒤 어느 날 새벽이었다. 선잠에 든 상태였는데 갑자기 침대 옆에 에밀리가 나타났다. 그의 모습은 사진에서 본 그대로여서 나는 곧 그녀를 알아볼 수 있었다. 그녀는 하얀 가운을 입고 있었고 차분하고 평화로운 모습이었다. 나는 반쯤 일어났는데 당시 정신은 그다지 맑지 못했다.

정신이 완전히 깬 것은 아니지만 에밀리는 분명 그곳에 서 있는 것 같았고 빛을 발하고 있었다. 그녀의 주위에는 하얀 오라가 있었는데 그녀는 정말로 아름다웠다. "괜찮아요. 놀랄 것 없어요. 당신은 아이들에게 좋은 어머니가 될 것이고 결혼생활도 평탄할 거예요. 그리고 내 아이들도 잘 키워주시겠지요." 이렇게 말하곤 그녀는 떠났다.

사실 나는 그때까지 내 결혼 생활에 대해 신경이 많이 쓰였다. 그러나 이처럼 에밀리와 만나고 난 뒤 훨씬 마음이 편해졌다. 에밀리가 내가 그녀의 아이들을 기른다는 것을 인정했기 때문이다(p.135).

이 경우는 특이하게 남편의 전처가 영혼의 형태로 나타났기 때문에 포함시켰다고 했다. 앞에서 말한 것처럼 어떤 남자가 스테판의 경우처럼 처를 2명(혹은 그 이상) 두었다면 그가 죽은 다음 영계로 가서 이 두 사람과 어떤 관계를 갖게 되느냐고 물을 수 있다. 이 두 여자가 한 남자를 놓고 서로 내 남편이라고 우길 수 있기 때문이다. 그런데 그럴 일은 생기지 않는 모양이다. 왜 그럴까? 이 분야에 정통인 사람에 따르면 영계에서는 지상에서의 관계가 그대로 지속되는 것이 아니기 때문이다. 특히 사람을 소유하는 따위의 일은 없다고 한다. 그러니까 지상에서나 내 남편, 네 남편이 있지 영계로 가면 그런 독점 관계는 없어지고 평등한 관계 속에서 영혼 대 영혼으로만 만난다고 한다.

그래서 그런지 에밀리도 마지에 대해 질투하는 모습을 전혀 보이지 않았다. 에밀리가 만일 육신을 가진 인간이라면 자기 남편이 다른 여자와 함께 침대에 있는 모습을 보고 저렇게 '쿨'하게 나오지는 못할 것이다. 그리고 마지에게 자기가 낳은 자식을 길러달라고 부탁하는 책임감 있는 모습도 보였다. 그녀가 나타난 이유를 추정해보면, 마지가 자신이 낳은 아이들을 어떻게 할지 몰라 난감해 하자 그녀의 마음을 편안하게 해주려고 했던 것 같다.

이렇게 보면 인간 세상의 많은 문제는 이 육체 때문에 일어나는 것 아닌가 하는 생각을 갖게 된다. 이 육신 때문에 욕정을 일으키고 욕심을 내고 또 시기 질투를 하니 말이다. 이 육신이 없다면 성욕을 일으킬 필요도 없고 돈에 대해 이를 데 없는 욕심을 낼 일도 없을 것이다. 인간사 모든 문제가 이 육신 하나를 편안하게 하고 살찌우려고 일어나는 것 아닌가? 그러나 우리 인간은 이 물질계에서 육체가 없으면 단 하루도 살 수 없다. 이 육신이 있기에 지상에서 엄청난 경험을 하면서 배우는 것이다. 이 없으면 안 되는 육신, 그러나 온갖 문제를 일으키는 육신을 어찌 하면 좋을까? 깊이 생각해보아야 할 주제가 아닐 수 없다.

이번 장은 이 정도만 보아도 충분하겠다. 체험의 내용은 다른 사례들과 다를 바 없기 때문이다. 그저 선 잠 상태에서 체험을 하는 것이 특이할 뿐 그 외에는 다른 점을 찾을 수 없다. 그래서 여기서 그치는데 다음 장도 그리 다른 내용이 있는 것은 아니다. 다음 장에서 우리는 선 잠이 아니라 꿈을 꿀 때 사후통신 하는 사례를 집중적으로 다룰 것이다.

9 꿈 이상의 체험: 수면 상태의 사후통신

많은 사람들은 자신이 잠을 잘 때 생전에 아주 가까웠던 친지(의 영혼)를 만났다고 주장한다. 그렇게 보면 이런 식의 사후통신 체험이 가장 많을 것이다. 그런데 그것이 꿈이라고는 하지만 이 체험을 한 사람들은 이 꿈이 평상시에 꾸었던 꿈과 매우 다르다고 주장한다.

이 수면 상태의 사후통신은 보통 꿈의 그것과 다른 점이 많다. 보통 꿈은 내용이 분절되어 있고 뒤죽박죽 섞여 있으며 상징으로 가득 차 있어 여러 면에서 불완전하다고 할 수 있다. 물론 어떤 꿈은 강렬한 감정을 수반하기도 하지만 그 실제성이 많이 떨어지고 더 나아가서 무엇보다도 꿈을 꾼 당사자가 시간이 지나면 잊어버리고 만다. 우리는 꿈을 잘 기억하지 못한다. 기억하는 꿈이 있더라도 시간이 지나면 대부분 다 잊어버린다. 만일 끝까지 잊어버리지 않는 꿈이 있다면 그것은 분명히 매우 중요한 꿈일 것이다.

그에 비해 이 수면 상태에서 체험한 사후통신은 결코 잊지 못한다. 시간이 아무리 흘러도 잊히지 않는다. 그렇게 되는 이유는, 우선 이같은 사후통신을 할 때 우리는 우리가 사랑했던 고인과 직접 대면하는 느낌을 받기 때문이다. 이 체험은 꿈보다 훨씬 더 구성이 잘 되어 있고 색감도 풍부하며 생생하다. 사후통신을 할 때의 꿈은 그 생생함의 정도가 일반 꿈과 비교가 되지 않는다고 한다. 그래서 이 꿈을 꾼 사람들은 일반적인 꿈과 이 꿈을 쉽게 구별할 수 있는 것이다. 이 말이 무엇을 뜻하는지는 이제부터 드는 사례들을 살펴보면 이해할 수 있을 것이다.

첫 번째 사례는 당사자가 꿈을 꿀 때 고인의 영혼이 그 꿈 중간에 틈입(闖入)한(break into) 경우이다. 틈입했다는 표현을 쓴 것은 당사자가 한참 어떤 꿈을 꾸고 있는데 고인이 그 꿈을 중단시키고 나타났기 때문이다. 이것은 당시 상황이 급박해서 어쩔 수 없이 일어난 일로 보인다.

로빈은 육아 놀이방 원장인데 플로리다 주에 살고 있었다. 그녀는 대학생 때 70대에 심장마비로 죽은 할아버지로부터 다음과 같은 방문을 받았다. 그녀가 위험에 처하자 그가 갑자기 나타난 것이다.

대학에 들어간 첫 해 어느 날 나는 기숙사에서 잠을 자고 있었다. 그때 어떤 꿈을 꾸고 있었는데 할아버지가 그 꿈으로 끼어 들어왔다. 갑자기 그가 나타난 것이다. 할아버지는 서 있었는데 나는 그의 향수와 담배 냄새를 맡을 수 있었고 그의 따뜻함도 느낄 수 있었다.

그는 지금 내 상황이 여의치 않다고 걱정하면서 나를 보호하고 싶어 하는 것 같았다. 그는 나에게 어서 일어나 창문을 닫으라고 종용했는데 그 어조가 아주 확고했다.

이 꿈을 꾸고 깜짝 놀라 깨어나 주위의 창문을 둘러보았다. 내 방에는 두 개의 창문이 있었는데 하나는 안마당을 향해, 다른 하나는 비상구를 향해 있었다. 나는 할아버지가 말한 대로 그 창문들을 모두 닫았다. 한 30분쯤 흘렀을까, 내 방 바로 밑에 있는 방에 사는 여자 아이가 비명을 지르는 소리가 들렸다. 전후 사정을 살펴보니 어떤 남자가 비상구를 통해 올라와 내 방 창문을 열려고 시도했던 모양이다. 그러다 내 방 창문이 열리지 않으니까 밑의 방으로 가서 그 방에 있던 여자애를 위협한 것이었다.

나는 이때 할아버지가 내 꿈에 나타난 것은 바로 이 위험한 상황을 내게 알리기 위한 것이라고 굳게 믿고 있다. 이 사건을 통해 나는 할아버지가 항상 나와 함께 있다는 것을 알게 되었다(p.143).

이 사례를 어떻게 이해하면 좋을까? 이 사례에 대해 빌은 비유를 들면서 흥미로운 해석을 내리고 있다. 즉 고인의 영혼이 느닷없이 꿈에 들어온 것은 우리가 TV를 볼 때 갑자기 방송국에서 진행하던 프로그램 중간에 '(어떤 위급한 일이 있어) 시청자께 속보를 전한다'는 뉴스를 하는 것과 같다는 것이다. 로빈의 경우도 그녀를 항상 지켜보던 할아버지가 그녀에게 위급한 일이 생길 것 같자 갑자기 그녀의 의식으로 들어와 위험을 알린 것이다.

그런데 이 사례에 대해 또 의문이 생긴다. 일단 드는 의문은 이 주인공의 할아버지 영혼은 괴한이 손녀의 방으로 침입할 것이라는 사실을 어떻게 미리 알았을까에 대한 것이다. 이것은 괴한의 생각을 미리 읽었기 때문에 가능한 것일 텐데 과연 그런 일이 가능할까 하는 의문이 든다. 영혼들은 이처럼 무엇이나 아는 전지의 존재인가? 영혼들이 이처럼 예지의 능력을 보인 것은 이 책에 있는 많은 사례에서 발견된다.

이 의문은 다음의 의문으로 이어진다. 만일 영혼들이 그런 예지력과 지력을 가진 존재라면 왜 이 지상으로 내려와 육화되었을 때는 아무것도 모르는 존재가 되는 것일까? 육신을 갖고 사는 우리 중에 이런 예지력을 가진 사람은 거의 없다. 자기 방에 괴한이 침입할 것이라는 것을 미리 아는 사람은 아직까지 만난 일이 없다. 왜 우리는 이 지상에서 육신을 갖고 태어나면 그런 능력을 발휘하지 못하는 것일까? 이것은 육신이 갖는 한계와 관계될 터인데 이 문제는 더 생각해보아야 할 것이다. 의문은 아직 끝나지 않았다.

그 다음 드는 의문은 이렇게 영혼들이 모든 것을 알고 있다면 왜 다른 사람의 경우에는 이런 일이 생기지 않을까 하는 것이다. 왜 로빈에게만 이런 일이 일어나고 다른 사람들에게는 일어나지 않느냐는 것이다. 우리 인간들에게는 예외 없이 수호령이 있다고 한다. 그런데 그 수호령들이 모두 이런 능력을 갖고 있다면 우리에게 생길 수 있는 나쁜 일들을 미연에 방지할 수 있는 것 아닐까? 그렇다면 이 세상에는 사고란 없을 것 아닌가 하는 생각도 든다. 그러나 이 세상에는 무수한 사고가 있다. 그렇다면 어떤 경우에는 영이 그 사고를 미연에 방지하게끔 말해주고 어떤 경우에는 그렇지 않은지, 그 기준이 무엇인지 궁금하다. 이것은 아마 카르마와 관계된 것일 터인데 카르마의 문제는 파고 들수록 어렵다는 느낌이다.

다음의 경우도 상당히 재미있어 포함시켜 보았다.

재이(45세)는 몬태나 주에 사는 변호사이다. 그는 70세에 죽은 그의 고객이자 친구인 네일과 꿈속에서 아주 생생한 만남을 가졌다. 이번 경우도 당사자가 어떤 꿈을 꾸고 있는데 고인이 틈입하여 메시지를 주고 간 사례이다.

나는 백만 불이 훨씬 넘는 네일의 부동산을 공증하고 있었다. 그는 죽는 날 유언장을 남겼는데 너무 바쁘게 작성해서 그랬는지 그 문서에는 많은 문제가 있었다. 이 유언장은 문자 그대로 법적인 악몽과 같은 것이어서 그냥 내버려두면 법적인 분쟁으로 갈 것이 틀림없었다.

어느 날 밤 나는 명확하게 기억은 안 나지만 즐거운 꿈을 꾸고 있었는데 그때 네일이 생전처럼 허둥지둥 대면서 내 꿈 안으로 들어왔다. 그는 살아 있을 때처럼 활력적이었고 즐거워했으며 톡톡 튀는 모습이었다. 나는 그를 보고 "잠깐만! 당신은 죽지 않았소? 그런데 살아 있네!"라고 말하면서 네일이 어떻게 살아서 내 꿈 안으로 들어왔는지를 생각하고 있었다.

그때 그는 자신의 생각을 이렇게 전했다. "걱정 마시오. 모든 것이 잘 될 것이오." 이 말을 듣고 나는 법적인 입장에서 보면 이 유언장에 문제점이 많다고 내 의견을 말했다. 그러자 그는 모든 것이 잘 될 터이니 걱정하지 마라고 재차 말했다. 나는 좀 더 이야기를 나누고 싶었는데 그는 지상에 있을 때처럼 매우 바빴던지 곧 꿈에서 나갔다.

그런데 네일이 예언한 대로 모든 일이 잘 풀렸다. 그러나 나는 아직도 이해할 수가 없다. 부동산의 크기나 일의 분량 그리고 분쟁이나 혼란의 가능성을 생각해보면 이 문제가 이렇게 문제없이 풀린 것은 있을 수 없는 일이기 때문이다(p.144).

이 사례를 소개하는 것은 당사자의 꿈에 나타난 고인의 성격이나 모습이 생시와 그리 다르지 않은 예이기 때문이다. 그 점이 재미있었던 것이다. 네일이 재이의 꿈속으로 갑자기 침입하고 메시지를 전달하자마자 급하게 빠져나간 것은 모두 그가 갖고 있던 성격의 단면을 보여주고 있다. 이 사례를 통해 보면 사람들은 영혼의 세계로 간 뒤에도 그 성격이 별로 바뀌지 않는 모양이다.

다음의 예는 한 가지 면에서 흥미로워서 포함시켜 보았다. 우리는 우리의 친족이나 친구가 어떤 사고를 당해 죽었을 때 그가 얼마나 아파했을까를 생각하면서 괴로워한다. 이것은 특히 사고나 살인을 당해 갑자기 죽는 경우나 전쟁에서 큰 상처를 입고 죽을 때 그럴 것이다. 예컨대 어떤 사람이 느닷없는 교통사고로 현장에서 즉사했을 때 그의 친지들은 그가 얼마나 아파하면서 죽었을까 하면서 괴로워한다. 그런데 사실은 그렇지 않다고 한다. 이 말이 맞는지 다음의 사례를 통해 살펴보자.

앤은 메릴랜드 주에서 액자 상을 하는데 21살 때 오토바이 사고로 죽은 그의 남동생인 배리의 영혼을 접하게 되었다. 배리가 죽었을 때 그는 당시 18세였다.

배리가 죽은 뒤 나는 세상에 대해 화가 많이 나 있었고 마음이 아주 쓰라렸다. 그런데 그가 죽고 한 달쯤 지난 뒤에 나는 그를 꿈에서 만났다. 꿈이라고 하지만 꿈같지 않고 생시에 그를 직접 대면하는 것 같았다. 그 꿈에서 나는 뒷마당에 있는 헛간에 있었는데 갑자기 배리가 안으로 걸어 들어왔다. 그는 평소대로 진과 플란넬 셔츠를 입고 있었고 금발은 빛이 휘황찬란하게 빛나 아주 아름다웠다.

그는 아주 행복하고 만족스럽게 보였고 사랑으로 가득 차 있었다. 그는 세상의 모든 것을 다 아는 것처럼 보였는데 그래서 그런지 자신(自信)이 충만해 어떠한 의문도 갖고 있지 않은 것 같았다. 그리고 그 주위에는 아주 아름다운 빛이 그를 감싸고 있었다.

나는 "아니, 배리야 여기서 무엇을 하고 있는 거니?"하고 물으니 그는 "나는 누나에게 모든 것이 잘 되고 있다고 말하려고 왔어"라고 답했다. 그래서 내가 다시 묻기를 "그게 무슨 소리야? 너 죽을 때 아프지 않았니?"라고 말했다.

이에 대해 배리는 "아주 잠깐 아프긴 했지. 꽉 죄는 느낌이었다고 할까? 그리곤 곧 어두운 터널을 지나갔는데 그러다 갑자기 이렇게 아름답게 빛나는 하얀 빛 안으로 들어왔어"라고 말했다. 그는 계속해서 웃고 있었는데 그 기운 때문에 나는 사랑과 빛이 충만함을 느꼈다. 그 느낌은 지상에서는 느낄 수 없는 아주 강렬한 것이었다. 이어서 그는 "누나, 나는 그저 누나에게 사랑한다고 말하고 싶을 뿐이야"라고 말하곤 돌아서 걸어나갔다.

그러고 나서 나는 잠을 깼는데 내 내면이 달라진 것을 느낄 수 있었다. 놀랍게도 내가 가지고 있던 모든 화와 좌절감이 사라진 것이다. 그때까지 갖고 있었던 부정적인 감정이 일거에 사라진 것이다. 배리가 내 꿈에 나타나 모든 것이 좋다고 말했다고 했는데 그것이 바로 이것을 의미하는 것 같았다. 나는 이것을 꿈이라고 말했지만 다른 이름이 없어 억지로 꿈이라고 한 것뿐이다. 이 일은 꿈이 아니라 실제로 일어난 것이다(p.148)!

이 사례에서 주목해야 할 점은 배리가 사고를 당하는 순간 그의 영혼이 바로 몸을 빠져나갔다는 것이다. 그래서 고통을 별로 느끼지 않았다는 것이다. 우리는 보통 사고 현장을 생각할 때 당사자가 사고 당시 엄청난 공포와 고통을 느낄 것이라고 생각하는데 연구자들에 따르면 전혀 그렇지 않다고 한다. 사고가 나면, 예를 들어 자동차에 치였다면 그 순간이나 그 직전에 영혼이 몸을 빠져 나간다는 것이 연구자들의 전언이다. 그래서 고통을 아예 못 느끼거나 아주 짧은 순간만 느낀다고 한다. 이 예는 바로 그러한 상황을 확실하게 보여주고 있다.

다른 예를 들면, 어떤 사람이 높은 곳에서 떨어져 물에 빠져 죽었다고 하자. 그러면 어떻게 될까? 이런 경우 놀랍게도 그 사람이 물에 들어가기 전에 이미 혼이 빠져 나가는 경우가 많다고 한다. 근사체험을 한 사람들도 같은 경우를 보고하고 있다. 산을 오르다 미끄러져 추락하는 경우, 옆에 있던 사람들은 그 참혹한 광경을 보고 경악에 빠져 소리를 지르고 야단한다. 그런데 사고를 당한 당사자는 그렇지 않은 모양이다. 사고를 당하자마자 그는 곧 마음이 말할 수 없이 편해지고 라이프 리뷰가 시작된다고 한다. 라이프 리뷰라는 것은 그동안 살면서 겪었던 사건 중에 중요한 사건이 영상으로 눈앞에 펼쳐지는 것을 말한다. 그 사고를 당하는 순간은 몇 초, 아니 몇 초보다 더 짧을 수 있는데 그 짧은 순간에 그 많은 사건이 눈앞에 생생하게 펼쳐진다고 하니 믿을 수 없는 노릇이다.

이렇게 보면 사고를 당해 단번에 죽은 사람들에 대해서 그다지 걱정할 필요가 없을 것이다. 사고 순간 당사자가 고통에서 바로 해방되기 때문이다. 이렇게 된 것은, 인간 몸의 체제가 스스로를 보호하는 차원에서 이런 일을 하는 것 아닌가 하는 생각이다. 즉 임종 시 과도한 고통이 있으면 그 고통을 제거해주는 프로그램이 있는 것 아니냐는 것이다. 잘 알려진 것처럼 우리가 크게 상처를 입고 죽게 되었을 때 마지막 순간에 다량의 엔도르핀이 흘러나와 그 고통을 잊게 해준다고 한다. 이때 이 호르몬이 나오는 이유는 간단하다. 임종할 때 고통을 줄여 당사자가 편안한 죽음을 맞이하게 해주는 것이리라.

다음은 두 명 이상의 영혼이 꿈에 등장한 사례이다. 이 사례는 그다지 특별한 내용은 없지만 2명(혹은 그 이상)의 영혼이 등장했기 때문에 포함시켜 보았다. 게다가 그 중 한 영혼은 본인이 한 번도 만나지 못한 영혼이라 눈길을 끈다. 사진으로만 알고 한 번도 만나지 못했던 시어머니의 영혼이 나타났으니 재미있는 사례라 하겠다.

마르고는 플로리다 주에 살고 있는 주부인데 어느 날 두 영혼의 방문을 받았다. 그 중 한 영혼은 유산으로 죽은 그의 딸 앤 마리이고 다른 영혼은 45세에 암으로 죽은 그녀의 시어머니 나딘이었다.

나는 임신 6개월 만에 아기를 잃었는데 그 원인은 탯줄에 결함이 있었기 때문이었다. 나는 이 아기를 그때 한 번 보았다. 아기가 죽고 한 달이 지난 뒤 시어머니인 나딘이 꿈에 나타났다. 그녀는 내가 남편을 만나기 10년 전에 타계했기 때문에 나는 그녀를 본 적이 없었다. 그러나 그녀의 사진을 보았기 때문에 나는 곧 그녀를 알아 볼 수 있었다. 그녀는 내 나이와 비슷한 연령으로 나왔고 검은 치마에 하얀 블라우스를 입고 있었다.

그 꿈의 배경은 아주 밝은 아침의 뒷마당이었는데 그곳에는 구식의 큰 유모차가 있었다. 나딘은 웃으면서 내 아기를 안고 있었다. 아기는 살아 있는 것 같았고 작은 인형처럼 보였다. 아기는 분홍색 담요와 작은 분홍색 모자를 걸치고 있었다.

나딘이 말하길 "이곳은 좋은 곳이고 네 아기는 나와 함께 있단다. 나는 네가 이곳에 올 때까지 이 아기를 잘 돌볼 것이야"라고 했다. 깨어났을 때 나는 안도의 숨을 쉬었다. 왜냐하면 짧았던 내 아기의 삶이 다 끝나지 않았을 뿐만 아니라 천당과 같은 곳에서 할머니와 같이 잘 있다는 것을 알았기 때문이다(p.159).

이 사례에서는 아기와 시어머니 영혼이 같이 나왔으니 영혼이 복수로 나온 것이 된다. 마르고가 이런 체험을 한 것은 아기를 유산하고 너무 상심해 있자 그의 시어머니가 나타나 위로를 해준 것일 것이다. 이번 사례에서는 또 특이한 점이 하나 보이는데 유산한 아기가 등장한다는 것이다. 위에서 마르고가 체험한 일이 사실이라면 임신 6개월이 된 아기에게도 영혼이 있는 것이 된다. 영혼이 있기 때문에 마르고의 꿈에 나온 것이리라. 그러나 이것은 위의 사례가 진실이라는 가정 아래에서만 가능한 추정일 뿐이다.

이번 장은 여기까지이고 다음 장은 체외이탈 중에 겪은 사후통신 체험에 대해 다루고 있다. 체외이탈을 하면 당사자가 영혼 상태가 되는 것이니 다른 영혼을 보는 일이 어렵지 않을 것이다.

10

귀향하는(homeward bound) 체험: 체외이탈 중 겪는 사후통신

이번에는 한 사람의 영혼이 몸 밖으로 빠져 나갔을 때 다른 사람의 영혼을 만나 서로 소통한 체험에 대해 살펴보려 한다. 이 체외이탈 체험은 더 이상 새로운 것이 아니다. 많은 사람들이 이 체험에 대해 증언을 했기 때문이다. 특히 근사체험한 사람들이 증언한 생생한 체외이탈 체험은 우리에게 많은 것을 알려주었다. 그러나 이 체험이 반드시 근사체험을 할 때에만 일어나는 것은 아니다. 깨어 있을 때에도 뇌파가 알파 상태에 들어가게 되면 이 체험이 일어나는 경우가 있고 잠을 자고 있을 때에도 이 체외이탈 체험이 갑자기 일어날 수 있다. 이 체험은 아주 생생하고 강렬하며 색채감이 있어 이것을 겪은 사람들은 이 체험이 일상의 삶보다 훨씬 더 리얼하다고 주장한다.

이 장에서도 빌은 수많은 사례를 제시하고 있는데 먼저 볼 것은 전형적인 체외 이탈 체험 중에 사후통신을 한 경우이다.

노라는 플로리다 주의 올란도 시 근처에 사는 44세의 주부이다. 그는 체외이탈 중 72세의 나이에 심장병으로 죽은 어머니를 만나 사후통신 체험을 했다.

어머니는 6월에 돌아가셨고 나는 8월에 휴가 차 새니벨이라는 섬에 놀러갔다. 나는 침대에 누워 있었는데 갑자기 내 위에 무엇이 있는 것 같은 느낌이 들었다(당사자는 아마 혼의 상태로 천장에 가까이 간 모양이다-저자 주). 내가 몸 밖으로 나간 것이다. 그것은 아주 이상한 체험이었는데 곧 나는 침대에 누워 있는 나를 볼 수 있었다. 그러자 갑자기 나는 우리 집의 부엌

에 서 있는 나를 발견할 수 있었다.

나는 "아니 내가 여기서 뭘 하고 있는 거지?"하고 생각하고 있었는데 그때 누가 나에게 "안녕! 노라"라고 말을 걸어왔다. 돌아보니까 거기에는 엄마가 서 있었다. 나는 이 사실을 믿을 수 없고 충격이 너무 커서 그냥 "엄마!"하면서 소리만 질렀다.

그때 나타난 엄마는 아주 아름다웠고 얼굴에서는 빛이 나고 있었으며 몸 주위에는 오라 같은 빛이 서려 있었다. 그는 50대로 보였고 가장 행복한 모습이었다. 엄마는 내 손을 잡고 같이 부엌 밖으로 걸어 나갔다. 현관에 도달했을 때 그녀는 내 손을 도닥거리면서 "작별 인사를 하러 왔단다. 사랑해. 얘야. 나는 언제나 너와 너의 아이들을 저 위에서 보고 있단다"라고 말했는데 이때 그녀는 아름다운 천사의 미소를 머금었다. 그리곤 그녀는 사라졌다.

나는 그곳에 혼자 서 있었는데 곧 새니벨 섬에 있는 숙소의 침대에 누워 있는 내 몸으로 하강하는 느낌을 받았다. 그리곤 잠에서 깨어났는데 나는 내가 아이였을 때처럼 엄마에게 보호를 받고 있어 안전하다는 느낌을 받았다.

이 체험 후 나는 이 사건이 실제로 발생했다는 데에 대해 추호도 의심을 갖지 않았기 때문에 사후생의 존재를 확실하게 믿게 되었다. 따라서 죽음에 대해서도 두려워 할 필요가 없었다(pp.168~169).

여기서 노라가 했던 체험은 전형적인 체외 이탈 체험이다. 영혼이 몸을 빠져 나가 자기 몸을 바라보고 여러 체험을 하다 자기 몸으로 되돌아오는 것 말이다. 그런데 그녀의 체험 중에 주목할 만한 것이 있다. 그녀가 휴가로 간 새니벨 섬은 그녀의 집이 있는 올란도로부터 약 500㎞ 떨어진 거리에 있단다. 그녀는 몸을 빠져 나오는 순간 그렇게 멀리 있는 집으로 가서 모친을 만난 것이다. 그가 왜 집에까지 가서 모친을 만났는지는 알 수 없다. 영혼들끼리 만나는 것은 장소와 무관할 터인데 굳이 왜 집에까지 가서 두 영혼이 만났는지 알 수 없다는 것이다. 그러나 어떻든 이 사례를 통해 우리는 영혼들의 세계에는 시공간의 개념이 없다는 것을 다시 한 번 확인할 수 있었다.

이 인용의 말미에 노라는 이 체험을 한 뒤 자신은 사후 세계의 존재를 믿게 되었기 때문에 죽음에 대한 공포가 없어졌다고 술회했는데 이것은 근사체험자들이 보여주는 전형적인 태도이다. 근사체험을 한 사람들은 하나 같이 죽음에 대한 공포가 완전히 없어진다. 사후세계를 직접 체험했으니 이러한 태도를 갖는 것은 당연한 것일 것이다. 뿐만 아니라 이들은 윤회에 대한 믿음도 갖게 된다고 한다. 영혼의 상태로 되면 그런 것들이 다 보이는 모양이다.

다음의 경우는 이 두 체험, 즉 체외 이탈과 사후통신 체험을 다른 차원에서 한 사례이다. 이 예는 일상적인 체외 이탈 체험과 조금 달라 여기에 포함시켜 보았다.

벳시는 소매점에서 매니저로 일하고 있었다. 그녀는 운전을 하다 두 아들, 즉 나탄(6세)과 트라비스(4세)와 함께 사고를 당했는데 그녀는 크게 다치지 않았지만 아들 둘은 이 사고로 죽었다.

병원에 있을 때 나는 더 이상 살고 싶지 않았다. 아들 둘을 사고로 잃은 마당에 어떤 것도 나에게는 의미가 없었다. 그 때문에 나는 모든 것을 포기하고 죽고 싶었다. 나는 아들들 없이 살고 싶지 않았다.

(그때 나는 체외 이탈을 하게 되었는데) 천사가 와서 내 손을 세게 잡았는데 그때 천사로부터 느낀 사랑은 이전에는 한 번도 경험하지 못한 것이었다. 천사는 나를 아름다운 초원으로 데려갔다. 그곳은 가장 예쁜 에메랄드 녹색으로 뒤덮여 있었고 하늘의 색깔은 찬란하게 빛나는 푸른색이었다. 그 색깔은 지상과 많이 다르기 때문에 표현하는 것 자체가 힘들다.

나와 천사는 이 초원 위를 맴돌고 있었는데 그때 큰 웃음소리가 들렸다. 들어보니 내 아들들의 웃음소리였다. 그때 나에게 펼쳐진 이미지 비전은 정말로 선명해서 내 아들들을 줌(zoom)할 수 있을 정도였다. 나단과 트레비스는 다른 남자 아이와 여자 아이들과 같이 있었는데 그들은 아주 생동감 있었고 건강하게 보였다. 그들은 기쁘게 뛰면서 놀고 있었다.

천사는 내게 이렇게 말했다. "당신의 아이들은 아주 잘 지내고 있어요. 당신은 미래에 그들을 다시 보게 될 것이니 걱정하지 마세요"라고 말이다 내가 나단과 트레비스을 향해 손을 뻗으려고 하니 갑자기 내 몸이 병원에 있는 침대로 빨려갔다. 그것이 체험의 마지막이었다.

천사는 내가 우리 아이들이 잘 있는 것을 보고 싶어 한다는 것을 알고 이 이미지를 보여준 것 같다. 나는 이전에 이보다 더 큰 사랑을 느낀 적이 없다(p.172).

이 사례에서는 특이하게 천사가 나타나는데 사후통신 체험에서 천사가 나타나는 것은 드문 일은 아니라고 빌은 전한다. 이 천사들은 우리를 고인의 영혼에게 데려다 주는 역할을 하는가 하면 어떤 때는 영적인 메신저 역할도 하는 등 그들이 우리를 돕는 데에는 여러 방법이 있을 것이라고 빌은 추정한다.

이 사례에서 벳시는 천사의 안내로 영적인 세계를 방문했는데 그때 그녀는 특별난 능력을 얻게 된다. 그녀는 천사의 도움으로 선명한 이미지 비전을 보았는데 그곳에 있는 아들들이 작게 보이자 당겨서 크게 본 능력이 그것이다. 빌은 이것을 이른바 '망원경 식의 비전'이라고 불렀다. 멀리 있는 것을 가깝게 보니 망원경 식이라고 한 것이다. 그런데 나는 이 사례에 나온 내용이 도대체 무엇을 의미하는 것인지 잘 모르겠다. 천사는 분명 벳시를 어떤 초원에 데려간 것 같은데 그곳에 있던 아들들의 이미지를 크게 보는 일이 어떻게 가능한 것인지 모르겠다는 것이다.

여기서 벳시가 천사와 행한 대화는 직접 말로 한 것이 아니라 당연히 텔레파시로 한 것이다. 그런데 궁금한 것은 천사와 과연 어떤 언어로 통했을까 하는 것이다. 천사는 국적이 없는 존재일 터이니 일정한 언어를 사용하지 않을 것이다. 그런데 만일 천사가 언어를 사용하지 않는다면 어떻게 인간의 영혼과 소통할 수 있을까? 빌은 이에 대한 답은 제시하지 않고 있다. 대신 그에 따르면 이 영혼들의 세계에서는 다른 언어를 쓰는 사람들도 서로 소통하는 데에 문제가 없는 것처럼 보인단다. 인간 세상에서는 특정한 언어가 아니면 서로 이해할 수 없는데 영들끼리는 그런 것에 구애받지 않는다는 것이다. 그러나 여전히 인간이 언어 없이 서로를 이해하는 일이 가능한 것인지 궁금하다.

그런가 하면 벳시에게 천사가 나타난 사건에 관해서도 궁금한 것이 있다. 의문은 이런 것이다. 어떤 사람에게는 천사가 나타나고 어떤 사람에게는 천사 대신에 친지의 영혼이 나타나는지 그것이 궁금하다는 것이다. 물론 이 천사라는 존재에 대한 것이 가장 궁금하기는 하다. 이 분야의 전문가에 따르면 천사라는 존재는 인간과는 다른 트랙으로 진화하는 존재라고 한다. 그리고 지상에는 결코 환생하지 않고 영계에서만 진화하고 있는 존재라고 하는데 도대체 그런 존재가 어떤 존재인지 궁금하다.

빌이 이 장에서 들고 있는 예는 다 비슷비슷해서 더 이상 볼 필요 없는데 사례 하나가 우리의 비상한 관심을 끈다. 교통된 영혼이 영계에 대한 색다른 소식을 들려주었기 때문이다. 지금까지 등장한 영혼들은 영계가 마냥 좋은 곳이라고만 했는데 이 사례에서는 조금 다른 면을 이야기하고 있어 특이하다고 생각되어 소개해본다.

폴라인(55세)은 조지아 주에 사는 주부이며 장애인이다. 그녀는 남편인 아트가 살해당한 뒤 그(의 영혼)와 함께 아주 신나는 영계 여행을 다녀왔다.

　　남편이 죽고 몇 달 뒤에 꿈을 꾸었는데 꿈에서 남편과 손을 잡고 함께 어떤 터널을 통과했다. 그 터널은 나선형이었는데 끝에는 빛이 있었다. 아트는 아주 건강하게 보였고 옷은 평상시 모습이었다. 그는 나에게 작은 방이 두 개 있는 집을 보여주고 자신이 그곳에 살고 있다고 했다. 그의 설명에 따르면 자신은 느닷없이 살해되어 갑자기 영계로 왔기 때문에 그때 받은 충격을 극복하기 위해 이 집을 떠나 중간거주지 같은 곳으로 갈 거라고 했다.

　　그는 여기서 꽃과 관계된 일을 하고 있다고 하면서 내게 꽃을 보여주었다. 그런데 나는 그때 그가 보여준 꽃보다 더 예쁜 꽃을 본 적이 없다. 꽃의 색깔은 묘사할 수 없을 정도로 아름다웠는데 그곳에 있는 장미는 큰 접시만 했다. 그리고 나비도 있었는데 모든 것이 아주 예뻤다. 그런 것들을 내게 보여준 다음 그는 터널을 통해서 나를 다시 집으로 데려다 주었다. 잠에서 깨어났을 때 나는 감동에 북받쳐 마구 울었다. 내가 경험한 것은 정말로 아름다웠다(pp.174~175).

이 사람은 꿈을 꾼 것일까 아니면 근사체험을 한 것일까? 빌에 따르면 이 사람은 근사체험과 사후통신 체험을 동시에 한 것인데 근사체험에 대해 알지 못했기 때문에 꿈이라고 여긴 것이라고 한다. 나도 대체로 빌의 의견에 동의하는데 그 이유는 사람들이 자는 도중에 체외 이탈을 많이 하기 때문이다. 그래서 자신이 꿈을 꾼 것이라고 생각하는 것이다. 그리고 터널을 통과해 갔다는 것도 그의 체험이 근사 체험일 가능성을 높여주고 있다. 그저 꿈을 꾼 것이라면 터널이나 마지막에 나타나는 빛의 존재 같은 것은 등장하지 않았을 것이다. 특히 터널은 근사체험자들의 트레이드마크처럼 그들의 체험에 단골손님처럼 나오는 것이다. 또 극히 아름다운 꽃을 본 것이나 그 아름다운 색깔을 말로 표현할 수 없다는 것도 이 체험이 근사체험이라는 사실을 암시한다고 하겠다.

그 다음으로 이 사례가 특이한 것은 중간거주지(halfway house)라는 새로운 장소가 나타났기 때문이다. 이곳은 아직 영계로 들어가지 않은 사람들이 머무는 곳 같다. 아트처럼 갑자기 살해를 당해 죽게 되면 그런 사람은 경황이 없어 제 갈 길을 제대로 가지 못하는 모양이다. 그런 영혼들이 이 같은 중간 지대에 머물면서 마음을 추스르고 영계에 들어갈 준비를 하는 것이리라. 이와 비슷한 이야기는 마이클 뉴턴이 쓴 『영혼들의 여행』이라는 책에도 나온다. 몸을 갓 떠난 영혼들은 영계로 진입하기 전에 중간 지역에서 치유와 휴식의 시간을 갖는다고 한다. 이것은 충분히 있을 수 있는 일로 생각된다. 왜냐하면 그렇게 하는 것이 이 영혼들에게는 필요한 일이기 때문이다.

이번 장은 여기서 끝내는데 빌이 다음 장에서 소개하는 사례들은 상상을 초월하는 예들이다. 왜냐하면 고인의 전화를 걸어 자신의 안부를 전하고 있기 때문이다. 처음에는 믿을 수 없는 이야기로 들리지만 각각의 사례들을 읽어보면 생각이 달라질 수도 있다.

11 개인 대 개인(person-to-person)의 체험: 전화로 하는 사후통신

이 체험은 당사자가 깨어 있든 잠들고 있든 그런 것에 상관없이 전화로 고인의 목소리를 듣던지 아니면 한 걸음 더 나아가서 그와 대화까지 하는 사례를 말한다. 이 믿을 수 없는 사례는 여기에 나온 12가지 예 가운데 가장 드물게 일어나는 사례라고 한다. 그만큼 희귀한 체험이라는 것이다.

여기에 있는 사례들을 보면 실제로 전화벨이 울리고 수화기를 들면 '안녕'이라고 하면서 고인이 전화기를 통해 인사를 한다. 그런데 그 목소리가 아주 강하고 깨끗하게 들리는 경우가 있는가 하면 아주 먼 곳에서 들리는 것 같은 경우도 있다고 한다. 그런데 통화가 끝난 다음에는 아무 소리도 나지 않는다고 한다. 실제의 경우라면 '뚜뚜뚜' 같은 통화가 끊기는 소리라든가 다이알 소리가 나는데 이 경우에는 흡사 선이 갑자기 끊어진 것처럼 아무 소리도 안 들린다고 하니 신기하기 짝이 없다.

첫 번째 사례는 당사자가 꿈속에서 전화를 받는 경우이다. 이들은 꿈 이외의 다른 용어로 표현할 길이 없어 꿈이라고 했지만 이 꿈은 평상시에 꾸는 보통 꿈과는 매우 다르다.

캐롤(43세)은 미시간 주에 사는 최면치료사로 그의 모친이 죽고 12주 뒤에 전화로 그녀와 대화를 나누었다.

내 모친은 갑자기 가스가 폭발하는 바람에 사망했는데 그 때문에 육신이 하나도 남지 않았다. 그래서 나는 그녀가 어떻게 죽었는지 알 수 없었고 그 때문에 아주 힘든 시간을 보내고 있었다. 나는 엄마의 죽음이 전혀 실감나지 않았고 엄마가 죽었다는 사실을 결코 받아들일 수 없었다.

나는 당시 그런 상태에 있었는데 어느 날 자다가 꿈속에서 전화벨이 울리는 것을 들었다. 수화기를 들으니 "캐롤, 나야! 엄마"하는 소리가 들렸다. 그때 나는 그 소리를 들으면서 어떤 힘이 나를 관통하는 것을 느꼈다. 나는 이 소리가 엄마 목소리라는 것을 곧 알았다.

그때 나는 그저 '엄마, 엄마' 하면서 울었던 기억만 나고 무슨 이야기를 나누었는지는 잘 생각이 나지 않는다. 그러나 반추해보면 엄마는 "나 저승에 와 있어. 나는 이승으로 돌아가지 않을 거야"라고 말했던 것 같았다. 깨어보니 베개는 흠뻑 젖어 있었고 얼굴이나 잠옷도 젖어 있었다. 나는 감정의 진이 다 빠진 것 같았지만 마음은 아주 평화로웠다.

이런 전화를 받고 나는 한 고비를 넘은 것 같았다. 엄마를 잃은 것이 계속해서 슬프긴 했지만 엄마의 죽음을 직시하지 못하고 그저 부정하는 상태에서는 벗어날 수 있었다. (p.184)

이 사례를 포함시킨 것은 당사자가 고인의 시신을 볼 수 없었다는 점에서 이전의 사례들과 달랐기 때문이다. 빌에 따르면, 고인의 시신을 보지 못한 사람들은 그 죽음을 받아들이는 데에 큰 어려움을 겪고 감정적으로 불확실한 상태에 접어든다고 한다. 바다에서 조난당하거나 비행기 추락, 전투 등의 요인으로 죽은 사람들은 시신을 찾기 어려운 경우가 많다. 이런 경우에 처한 사람들이 바로 이 같은 예에 속한다고 하겠다. 고인이 운명하는 모습을 보지 못했기 때문에 그들의 죽음을 확실하게 받아들이지 못하는 것이다. 그러나 위의 예처럼 사후통신 체험을 하게 되면 그 불확실한 상태에서 벗어나서 죽음을 현실로 받아들일 수 있게 된다. 정서적으로 훨씬 더 안정된 상태가 되는 것이다.

이것은 충분히 있음직한 이야기이다. 왜냐하면 고인을 잃은 사람들은 고인의 시신이 있어야 그것을 보고 그가 죽었다는 생각을 확실히 갖게 될 것 아닌가? 그렇지 않으면 고인이 죽었다는 게 '긴가민가'해 그 죽음을 수용하기 힘들 수 있다. 이럴 경우 당사자는 고인을 잃어 슬픈 것도 있지만 고인의 죽음을 인정할 수 없는 상황이라 더 힘들어 할 수 있다. 이럴 때 사후통신을 하면 이런 사람들은 그런 불확실한 감정을 날려 보낼 수 있어 고인의 죽음을 정식으로 받아들이게 되는 것이리라.

그런데 문제는 이런 경우에 처한 사람들이 모두 사후통신 체험을 갖느냐는 것이다. 얼핏 생각해보아도 이 사람들 가운데에는 이 체험을 하는 사람들보다 하지 않은 사람들이 훨씬 많지 않을까 싶다. 그렇다면 그런 사람들에게는 이런 체험에 대한 보고가 '그림의 떡'에 불과한 것 아닐까 하는 생각이 든다. 이런 감정은 이 책을 읽는 독자들 중에 동감하는 이가 꽤 있을 것이다. 왜 내게는 저런 사후통신 체험이 일어나지 않느냐고 말이다.

다음의 경우는 당사자가 깨어 있을 때 고인의 전화를 받는 경우이다.

죽은 이가 지상의 전화로 어떻게 자기 가족들과 대화를 나눌 수 있는지 정말로 믿기 힘든 경우가 이것이다. 그렇지만 각 사례를 보면 흥미가 끌리는 것도 있다. 그래서 그 가운데 재미있는 예를 골라 소개해본다.

모니카(52세)는 미주리 주에서 책방을 하는 사람인데 그녀의 아버지가 심장마비로 타계하고 3개월이 지났을 때 아버지로부터 비일상적인 방법으로 전화를 받았다.

아버지는 6월에 타계했는데 이 일은 9월에 일어났다. 어느 날 일상적인 것을 묻기 위해 친구에게 전화를 걸었다. 교환원이 나와 잠시만 기다리라고 말하자 곧 음악이 흘러나왔다. 기다리는 시간에 음악이 자동적으로 흘러 나온 것이다. 그런데 음악이 끊기면서 갑자기 아버지가 나와 "안녕 돌리"하고 내게 인사를 했다. 돌리라는 이름은 생전에 아버지가 나를 부를 때 쓰던 이름이었다. 아버지는 "너는 내가 누군지 알겠지?"라고 했지만 나는 아빠인 줄 알았음에도 불구하고 너무 놀란 나머지 한 마디도 할 수 없었다.

몇 초가 지나자 아버지가 "나, 아빠야"라고 했는데 그 목소리는 이전처럼 아주 점잖았다. 통화 상태는 장거리 전화를 하는 것 같았지만 잡음은 없었고 소리도 아주 깨끗했다. 그런데 바로 이때 교환원이 다시 나와서 내가 찾는 사람이 자리에 없다고 해 나는 전화를 끊었다. 그러고 나서 어떤 일이 벌어지는지 보려고 그 번호를 다시 돌려보았는데 조금 전에 있었던 일 같은 것은 일어나지 않았다.

이 체험은 너무나 생생해 나는 의심이 전혀 가지 않았다. 모두 사실로 보였기 때문이다. 이 일로 인해 나는 이전에 영적인 일에 대해 갖고 있었던 회의적인 태도를 버렸다. 아마 아버지는 이런 나의 태도를 고치려고 고의로 이렇게 한 것 같았다(pp.188~189).

이 이야기는 실로 믿기 힘들다. 죽은 사람이 산 사람이 사용하고 있는 전화선으로 들어와 자기 목소리를 냈으니 말이다. 영혼이 나타나서 산 사람과 텔레파시로 소통하는 것은 그래도 믿을 만하다. 생각 대 생각으로 소통하는 것이니 이것은 비물질적 차원에서 벌어지는 일이라 그래도 이해할 수 있다는 것이다. 그런데 양자가 전화로 소통하는 것은 다른 문제이다. 왜냐하면 영혼이라는 에너지가 전화선이라는 물질로 들어오는 것이기 때문이다. 전화선에 들어와 소리를 내려면 전기라는 상당히 강한 에너지가 필요할 터인데 영혼이 갖고 있는 에너지로 과연 그것이 가능한 것인지 의문이 든다.

그런데 빌에 따르면 고인과 사후통신을 한 사람들은 그냥 텔레파시로 소통하는 것보다 이렇게 전화로 직접 고인의 목소리를 듣는 것이 훨씬 더 강한 영향을 남긴다고 한다. 고인의 영혼이 부분이든 전체이든 나타나 그 영혼과 텔레파시로 소통하는 것보다 비록 모습은 보이지 않지만 전화선을 통해서 목소리를 듣는 게 더 구체적이고 확실한 느낌을 준다는 것이다. 이것은 충분히 이해될 수 있다. 목소리라는 것은 그 사람의 많은 것을 담고 있기 때문이다.

내가 이 사례를 포함시킨 것은 고인이 전화선으로 연결되는 방식 때문이다. 정식의 전화선으로 들어온 것이 아니라 교환원이 잠시 자리를 비운 사이, 그러니까 음악이 흘러나오는 사이를 틈타 들어온 것이 자못 흥미롭다. 영혼 입장에서 보면 이런 방법이 아마 더 쉬웠을는지도 모른다. 이미 선이 연결되어 있으니까 들어오기만 하면 되기 때문이다. 그냥 추정해보는 것이지만 영혼이 직접 전화를 걸어 벨 소리를 울리게 해 정식으로 통화하는 것은 아마도 대단히 힘든 일일 것이다.

그런데 그렇다고 정식으로 벨 소리를 내면서 전화를 건 사례가 없는 것이 아니다. 다음은 그런 유형의 전형적인 사례인데 이 사례는 앞의 것보다 더 믿기 힘들다.

실비아는 인디아나 주에 사는 은퇴한 치과위생사이다. 그녀는 36세 때 살해당한 아들 조로부터 두 번의 전화를 받았다.

이 일은 아마 조가 죽고 나서 4~5주 후에 발생했을 것이다. 밤에 깊이 잠들어 있는데 전화벨이 울렸다. 나는 일어나 침대 바로 옆에 있는 수화기를 들고 "여보세요"하고 말하니 저쪽에서 "안녕, 엄마, 나야"하는 소리가 들렸다. 이것은 조가 생전에 전화걸 때 항상 하는 말투였다. 그는 "제발 나 때문에 슬퍼하지 마세요. 우는 것 좀 그치시라고요. 나는 지금 행복하고 잘 있다는 것을 엄마가 알아주었으면 해요"라고 말했다.

그는 그렇게 말하곤 내가 무슨 말을 하기도 전에 가버렸다. 그가 가버리니 전화가 마치 먹통이 된 것 같았다. 처음에는 정식으로 통화하는 것 같은 느낌이었는데 그가 수화기를 내려놓는 소리는 듣지 못했다. 나는 그때 완전히 깨어 있었고 조의 목소리를 분명히 들었다고 생각했는데 그럼에도 불구하고 잠시 동안은 내가 겪은 일을 도대체 믿을 수가 없었다.

나는 자는 남편을 깨워 이 일에 대해 말해주었더니 그는 내가 꿈꾸었다고 응대할 뿐이었다. 나는 그 뒤로 이 일에 대해서 아무에게도 말하지 않았다. 보나마나 사람들이 내 말을 들으면 비웃으면서 나보고 미쳤다고 할 것이 뻔하기 때문이다.

이 전화를 받고 3주가 지난 뒤 밤에 깨어 있는데 조가 또 전화를 했다. "엄마! 나 좀 가게 내버려둬. 엄마는 나 때문에 아직도 울고 슬퍼하고 있잖아. 제발 그만 해주세요. 계속 그러면 내가 편안하게 있을 수가 없어요." 조의 이 말은 평상시처럼 들렸다. 이번에도 내가 무언가 말하려고 하자 그는 가버렸다. 나는 그 뒤에도 조로부터 소식이 오기를 기다렸는데 다시는 그런 일이 없이 10년이 지났다(pp.190~191).

이 사례가 전화를 직접 받는 예이라고는 했지만 당사자가 자다 깨서 받은 것이라 조금 미심쩍기는 하다. 꿈에서 전화를 받은 것으로 해석될 수도 있기 때문이다. 그러나 문맥을 보면 그런 것은 아닌 것 같고 분명히 잠이 깬 다음에 전화를 받은 것이라는 것을 알 수 있다. 특히 두 번째 전화는 완전히 깨어 있을 때 받은 것이니 의심할 여지가 없겠다.

이 사례를 믿을 수 있는지 없는지는 독자들 판단에 맡기고 이 사례에서 짚어볼 문제가 있어 그것을 보았으면 한다. 이것은 앞에서도 다룬 것인데, 고인은 자신의 엄마에게 그만 슬퍼하고 '제발 나 좀 놓아 달라'고 말하고 있다. 만일 이 말이 사실이라면 지상에 있는 친지가 심하게 슬퍼할 경우 고인의 영혼이 영계에서 자기의 자리를 찾아가는 게 힘들어질 수 있다는 이야기가 된다.

이 이야기는 앞에서 이미 거론했지만 재미있는 사례라 다시 한 번 살펴 보자. 이 이야기를 더 유추해서 해석해보면, 지상의 친지가 슬퍼하면 그 강한 에너지가 고인의 영혼에 전달되고 그 힘에 의해 영혼이 편안하게 있지 못하거나 자신의 자리를 제대로 잡지 못할 수도 있다는 것이다. 이런 사례를 통해 보면 우리가 겪는 사별의 슬픔이 과도한 경우 그것은 고인이나 지상의 사람들 모두에게 결코 바람직하지 않다는 것을 알 수 있다.

이 이야기는 원불교를 세운 소태산이 우리에게 제시한 충고를 생각나게 한다. 이것은 내가 다른 책에서도 밝힌 바 있지만, 소태산은 당사자가 숨을 몰아쉬면서 임종 직전에 다다랐을 때 가족들이 주의해야 할 점에 대해 이렇게 말하고 있다. 당사자의 몸을 잡고 흔들면서 울부짖는 따위의 행동은 절대로 해서는 안 된다는 것이 그것이다. 이유는 간단하다. 그렇게 주변이 소란하면 몸을 떠나는 당사자의 영식(靈識, 즉 영혼)이 혼란에 빠져 당황하기 때문이다. 그렇게 되면 그 영식이 가야 할 곳을 찾지 못해 헤맬 수 있으니 안 된다는 것이다.

소태산의 충고는 여기서 끝나지 않는다. 소태산은 더 나아가서 만일 당사자를 여의고 정 슬픔을 참지 못하면 몇 시간이 지난 뒤에 울라고 충고한다. 시간이 충분히 지나서 그 영식이 저승에 안착하면 그때에는 울어도 괜찮다는 것이다. 이것은 앞에서 든 예와 통하는 바가 많다. 이들이 공유하는 메시지는 슬픔이나 애도는 적절한 때에 해야 하고 또 그 기간이 너무 길어서는 안 된다는 것이 그 핵심이라 하겠다.

이 정도의 사례면 이번 장의 주제에 대해 충분하게 소개했다고 생각하지만 빌이 든 마지막 예는 아주 기상천외한 것이라 마지막으로 이것을 소개하고 싶다.

힐다는 82세의 아버지가 암으로 죽고 2주 후에 그와 접촉을 가졌다. 당시 그녀는 플로리다 주에서 전화 교환원으로 일하고 있었다.

당시 우리 집 뒤에서 길 넓히기 공사를 하는 바람에 전화가 2일 동안 끊겨 있었다. 집 뒷마당에는 전화 수리공들이 와 있었고 모든 전화선이 잠정적으로 차단되어 있었다. 17살 된 딸 그레타와 나는 집에서 TV를 보고 있었는데 전화벨이 울렸다. 집에는 전화기가 3대가 있었는데 부엌에 있는 전화기만 울려서 그레타가 그 전화를 받았다.

수화기를 든 그레타는 계속해서 '여보세요'라고 했지만 아무 소리도 들리지 않고 대신 소라를 귀에 대면 들리는 것 같은 바다 소리만 들렸다고 한다. 하는 수 없이 전화를 끊었는데 약 10분 뒤에 다시 벨이 울렸다. 역시 부엌에 있는 이 전화기만 벨이 울렸다. 그레타가 받았지만 또 같은 소리만 들렸다.

다시 10분이 지난 다음에 그 전화기가 또 울려 이번에는 내가 받았다. 처음에는 같은 소리가 들렸는데 이번에는 어떤 목소리가 가까이 오는 것을 알 수 있었다. 그것은 아버지 목소리였다. 아버지는 폴란드 말로 "힐다야, 힐다야 사랑해"라고 말하고 있었다. 아버지는 폴란드 말만 할 수 있었기 때문에 그렇게밖에 말할 수 없었을 것이다. 내용은 방금 말한 대로 나를 무척 사랑한다는 것이었다. 나도 계속해서 '아버지, 아버지'라고 하면서 사랑한다고 말했다. 그러자 그의 목소리는 점점 작아지더니 사라져 버리고 다시 바다 소리만 들렸다. 그리고 전화는 곧 먹통이 되었다.

전화를 끊고 그레타를 보니 그가 내게 "엄마 왜 그래? 엄마 얼굴이 백지장처럼 하얘졌어"라고 하길래 "방금 나는 할아버지와 통화를 했다"고 말했다. 그러곤 밖으로 나가 전화 기술자에게 지금 전화가 되느냐고 물었다. 그러자 기술자는 여전히 공사 중이라 내일까지 전화가 되지 않을 것이라고 답했다.

이 말을 들은 나는 의아해 하면서 지금 전화를 받았는데 혹시 전화국에서 무슨 조치라도 한 것 아니냐고 물었다. 그러자 그는 그럴 가능성은 전혀 없다고 말하면서 나를 이상하다는 듯이 쳐다보았다. 나는 그가 나를 미쳤다고 생각할까 봐 서둘러 집으로 돌아왔다.

그러나 어떻든 전화벨이 3차례 울렸고 내 딸은 내가 아버지로부터 전화 받는 것을 목격했으니 목격자는 확실히 있는 것이다. 전화 서비스가 되지 않은 상태에서 이런 일이 생긴 것을 나는 어떻게 이해해야 할지 몰랐지만 내가 환상을 보지 않은 것은 확실하다(pp.193~194).

앞에서 본 사례들도 믿기 힘들지만 이번 경우는 정말로 이해하기 힘든 사례이다. 전화선이 끊어져 있었는데도 벨이 울렸고 그것도 같은 선을 쓰는 3개의 전화 중에 하나만 울렸으니 더 믿을 수 없는 것이다. 그런데 이런 사례가 아주 드문 것은 아니라고 빌은 밝히고 있다.

비슷한 예로 빌은 이런 사례를 들었다. 어떤 부인이 전화로 죽은 그녀의 아버지 목소리를 들었다고 주장했다. 전화가 걸려와 아버지와 통화한 것이다. 그런데 놀라운 것은 그 전화기는 아들아이가 놀다가 코드를 빼 놓은 상태였다는 것이다. 다시 말해 절대로 전화가 올 수 없는 상황인데 전화가 온 것이다. 전화가 올 수 없는 상황인데 전화가 온 것은 위의 사례와 같은 점이라 하겠다. 믿을 수 없는 일이지만 빌은 이런 사례로 약 50개 정도를 갖고 있다고 했다.

이런 불가능한 일이 가능한 이유에 대해 빌은 나름대로의 추측을 내놓았는데 일리가 있다고 생각한다. 그에 따르면 전화기는 아주 단순한 전기 기계이기 때문에 고인의 영혼들이 전화기를 조작하는 일이 쉬울 것이라는 것이다. 이것을 조금 더 구체적으로 말하면 영혼이 전화기에 소량의 에너지를 가해 벨이 울리게 한다는 것인데 빌은 이것이 가능하다고 생각하고 있는 것이다. 위의 사례에서 같은 번호를 쓰고 있는 3개의 전화기 가운데 1개만 울리게 한 것도 그런 정황을 설명해준단다. 영혼이 다른 전화기는 놓아두고 가족들에게 가장 가까운 전화기만 울리게 한 것이리라.

빌이 수집한 사례에는 비슷한 종류로 이런 것만 있는 게 아니란다.

고인의 영혼들이 전화기뿐만 아니라 자동응답기나 무선호출기(일명 삐삐), 녹음기, 라디오, 텔레비전, 컴퓨터를 통해서도 소식을 전한 예가 있다고 한다. 그런데 사례가 충분치 않아 이 책에는 포함시키지 않았다고 밝히고 있다. 나는 이것 가운데 영혼과 소통할 수 있는 라디오를 개발한 사람의 경우를 유투브를 통해 본 적이 있다. 하기야 에디슨도 말년에 영혼의 세계에 빠져 영혼과 소통할 수 있는 '영계통신기'를 만들려고 했다는, 믿을 수 없는 이야기도 있지 않은가? 그러나 이런 것들을 단번에 믿는 일은 대단히 경계해야 할 일이다. 그냥 믿기보다는 따지는데에 더 주력해야 할 것이다.

이번 장 사례는 이것으로 마치고 이제 마지막 사후통신 사례를 볼 차례가 되었다. 이것은 전혀 예상하지 못했던 물질적 사건이 생기는 경우이다. 이를 테면 외적으로 아무 변화가 없는데 갑자기 전구가 꺼졌다 켜졌다 하는 것 등이 그것이다. 그런데 이런 일을 당한 당사자는 이것을 고인이 보내는 신호로 여기기 때문에 빌이 사후통신의 사례에 포함시킨 것이다.

12 물질로 체험하는 사후통신: 물질적 현상의 사후통신

빌에 따르면 사람들 가운데에는 친지나 친구가 죽은 다음에 전구나 라디오 같은 것에 이상한 일이 벌어지면 이것을 죽은 이와 연결시키는 경우가 많다고 한다. 이런 예에 대해 빌은 다음과 같은 구체적인 사례를 소개하고 있다. 즉, 전구가 저절로 꺼졌다 켜지는 것, 라디오나 전축, TV 같은 전기용품들이 저절로 켜지는 것, 또 물건들이 저절로 이동하는 것 등이 그것이다.

처음에는 빌도 이런 예에 대해 회의적이었다고 한다. 이런 일에는 얼마든지 우연의 일치가 있을 수 있기 때문이다. 그러나 이런 체험을 한 여러 사람들의 증언을 들어본 결과 이것 역시 정식으로 사후통신의 한 범주로 넣을 수 있다는 확신을 갖게 되었다고 한다. 다음에 볼 예들은 모두 당사자들이 확실하게 깨어 있을 때 일어난 일들이다. 따라서 환상을 보았다고 할 수 없다.

내 자신도 이런 사례를 사실로 보기에는 무리가 있을 것으로 생각하는데 문제는 본인들의 증언이다. 이런 체험을 한 사람들은 당시 체험이 생생했을 뿐만 아니라 분명히 고인의 영혼으로부터 어떤 기운이나 메시지를 받았다고 주장한다. 그래서 그들은 그 이후의 삶에 변화를 겪게 된다. 사정이 이렇다면 외려 이들의 체험이 모두 거짓이라고 하는 것이 무리가 아닐까 싶다. 게다가 조금 후에 설명할 터이지만 내 자신도 이 범주에 속하는 체험을 한 것 같아 이들의 주장을 처음부터 부정하기보다는 일단 들어보는 것이 낫겠다는 생각이다. 이것을 염두에 두고 가장 전형적인 예부터 보자.

글로리아(45세)는 메인 주에서 호스피스 센터 책임자로 일하고 있었다. 그는 자신의 환자인 듀안이 에이즈와 관련된 합병증으로 죽은 그날 저녁에 그로부터 뜻하지 않은 방문을 받았다.

나는 불을 끄고 침대로 들어갔는데 누가 내 옆에 있는 것 같았다. 나는 곧 그가 듀안인 줄 알았다. 너무 놀란 나머지 나는 숨을 크게 들이쉬었는데 그때 불이 두 번 깜빡 거렸다. 그런데 그냥 깜빡 거리는 게 아니라 누군가가 직접 스위치를 껐다 켰다 하는 것 같았다. 그때 나는 듀안으로부터 큰 기쁨 같은 기운이 오는 것을 느꼈고 그가 잘 있다는 메시지도 받을 수 있었다. 이 체험은 흡사 자동차를 타고 내리는 것처럼 아주 생생했다 (p.196).

이런 체험을 한 사람은 이처럼 단지 불이 깜빡 거리는 것 같은 것만 가지고 자신이 고인의 영혼과 만났다고 주장하지는 않는다. 그들은 고인의 영혼을 만나면서 일상과는 다른 아주 진귀한 체험을 한다. 위의 예에서 보는 것처럼 고인에게서 좋은 에너지가 오는 것을 느끼고 그 결과 고인이 편안하게 잘 있다는 것을 직감적으로 알게 된다. 그리고 그 체험이 생생하다는 것은 말할 필요도 없다. 이 예에서는 명시하지 않았지만 이런 체험을 한 사람들은 영성이 발달하기 시작하는 징조를 보이는 경우가 드물지 않다.

다음의 예도 아주 생생하다.

도로시(37세)는 버지니아 주에 사는데 병원에서 비서로 일하고 있었다. 그는 아버지가 암으로 죽은 직후에 아버지와 의미 있는 사후통신 체험을 했다.

아빠가 타계하고 얼마 안 되었는데, 밤에 침대에 누워서 책을 읽고 있었다. 그때 "아빠, 정말로 사후생이 있는지 알려주세요"라고 했더니 갑자기 전등이 꺼졌다. 다시 묻기를 이번에는 "좋아요. 그러면 아빠가 아직도 여기에 있다면 그것도 알려주세요"라고 했더니 불이 다시 들어왔다.

몇 밤이 지난 뒤 나는 누워서 또 아빠를 생각하고 있었다. 그랬더니 불이 또 나갔다. 그 후에도 이런 일이 두세 번 있었다. 불이 켜져 있으면 꺼지고 꺼져 있으면 켜지곤 했다. 이것을 통해 나는 아빠가 정말로 나와 함께 있다는 것을 확실히 알게 되었다!(pp.196~197)

이런 사례를 보면 앞에서도 말했지만 왜 저런 일은 저 사람에게만 생기는 것일까 하는 질문을 던지지 않을 수 없다. 우리 주위에는 사랑하는 사람을 잃고 한 번이라도 그와 교신하고 싶은 사람이 많을 터인데 그런 일을 체험했다는 사람을 만나본 적이 없으니 말이다. 왜 우리 주변에는 저런 사람들이 없는 것일까? 그 이유는 알 수 없다. 대신 이 사례를 어떻게 설명할 수 있을지에 대해 알아보자. 설명하는 수준은 아니고 추정하는 정도에서 그 원인을 찾아보고자 한다.

먼저 추정해볼 수 있는 것은, 도로시는 아마 진정으로 아빠한테 자신의 소원을 빌었을 것이다. 아빠와 교통하고 싶다고 절실하면서도 순수하게 소망했을 것이라는 것이다. 또 이 두 부녀는 생전에 아마도 소울메이트처럼 아주 가까운 사이이었을 것이다. 소울 메이트란 영적으로 통하는 짝을 말하니 이들은 영적으로 교통하기가 쉬웠을 것이다. 따라서 이들은 당사자가 이승에 있던 저승에 있던 그것에 관계없이 이처럼 소통할 수 있었을 것이다.

빌은 여기에서 또 재미있는 예를 소개하고 있는데 그것은 이 같은 방법을 활용하여 고인의 영혼과 소통하는 체험을 하는 사람이 있다는 것이다. 예를 들어 불이 한 번 깜빡이면 '예'이고 두 번 깜빡이면 '아니'라고 간주하는 것이 그것이다. 그러니까 지상의 친지가 질문을 하면 고인의 영혼이 위의 방법을 통해 '예, 아니오'를 표현하는 것이다. 이 같은 방법으로 영계의 존재들과 교통하는 사람들이 있다는데 빌이 실제의 사례를 들지 않았기 때문에 그 구체적인 정황은 모르겠다.

　그런데 만일 이것이 사실이라면 이는 흡사 강령회(降靈會)를 연상시킨다. 강령회 때에 바로 이런 식으로 영혼과 소통하는 경우가 있기 때문이다(이 이외에 다른 방법도 많다). 이 정도 되면 이런 활동을 하는 사람들에게는 삶과 죽음의 경계가 없어지는 것 아닐까 하는 생각도 든다. 예를 들어 비록 아버지가 죽었지만 그(의 영혼)와 언제든지 소통할 수 있고 자신도 생을 다하면 다시 그와 만날 수 있다는 것을 안다면 이런 사람들은 삶과 죽음이 하나로 보일지도 모르겠다.

　사람들이 이런 경지에 다다르면 죽음에 대해서 공포를 가지지 않을 수 있다. 즉 사후 세계에 대해 공부하면 점차 죽음의 공포에서 벗어나게 되고 지금의 삶을 사는 데에도 훨씬 더 많은 여유를 갖게 될 것이라는 것이다. 사랑하는 가족이 죽었다지만 그들은 영계에서 잘 있고 자신도 죽으면 그들과 다시 만나게 된다는 것을 확실히 아는데 죽음에 대해 공포를 가질 필요가 없지 않겠는가. 우리가 사후 세계를 공부해야 하는 이유 중의 하나가 바로 이것이다. 죽음의 공포에서 벗어나는 큰 해방감을 맛볼 수 있기 때문이다.

이런 태도가 우리에게 주는 영향은 여기서 그치지 않는다. 이러한 삶의 태도는 지상에서의 삶에 변화를 가져온다. 우리가 한 생만 살고 없어지는 것이 아니라 이번 생 뒤에 영계에서의 삶이 있다는 것을 알면 현재의 삶을 다시 생각해야 될 것이다. 그리고 어떻게 사는 것이 바람직한 것인지에 대해 깊게 생각하게 된다. 이 주제는 다른 책에서 많이 다루었으니 예서 그치고 본래의 주제로 돌아가기로 하자.

이 주제와 관련해서 내 개인적인 경험을 하나 소개해야겠다. 이 체험이 여기서 말하는 물질적 사후통신이라고 100% 정확하게 말할 수 있는 것은 아니지만 그럴 수 있는 여지가 대단히 많아 소개해보고 싶다. 나는 수년 전 최면전문가인 엄영문 선생과 전생퇴행 실험을 하고 있었다. 그때 우리는 어스바운드, 즉 지상을 헤매는 영[지박령]에 대해 피최면자와 대화를 나누고 있었다. 그러던 중 최면 상태에 있던 피최면자가 증언하기를 지금 이곳에도 지박령이 있다고 말했다. 지박령이 우리 일행 중의 누구 하나를 쫓아왔다는 것이다.

우리들이 이 사람의 말에 다소 놀라고 있던 중 갑자기 천장에 붙어 있던 형광등이 퍽 하면서 터져버렸다. 그래서 암흑 상태가 됐는데 곧 등을 갈아 끼워 광명을 되찾긴 했다. 이상한 일은 거기서 끝나지 않았다. 이번에는 잔잔하게 틀어놓았던 CD 음악이 갑자기 늦게 돌아가기 시작했다. CD가 늦게 돌아간다는 것이 어떤 것인지는 독자들도 알 것이다. '우웅 우웅'하면서 늦게 돌아가다 정상으로 돌아왔다가 하는 것을 반복하는 것 말이다. 이 때문에 그 최면 세션은 제대로 진행되지 못했다.

이 일을 당하고 그 방의 주인인 엄 선생에게 자초지종을 물었더니 그도 상당히 황당해하는 모습이었다. 왜냐하면 그 형광등은 교체한 지 며칠 안 되는 새것이었기 때문이다. 게다가 지금까지 그곳에서 10년 이상 최면을 했는데 한 번도 이런 일이 없었다고 한다. 하기야 요새 어느 집 형광등이 그렇게 어이없이 터져버리겠는가? 그 사정은 늦게 재생되던 CD도 마찬가지였다. 엄 선생에 따르면 그는 최면을 할 때에 항상 아주 작게 명상용 CD를 틀어놓는데 이렇게 늦게 돌아간 적은 한 번도 없었다고 한다. 10여 년 동안 그런 일이 한 번도 일어나지 않았다는 것이다.

이 현상을 어떻게 이해하면 좋을까? 지금 생각해보면 이것은 그때 그곳에 있던 어떤 영들의 장난일 확률이 높다. 그렇지 않고서는 그 일을 설명하기가 힘들다. 그때에는 어떻게 에너지에 불과한 영혼이 등을 폭발시키겠는가 하고 반신반의했는데 지금은 영들의 소행이라는 느낌이 강하게 든다. 내가 이렇게 생각할 수 있는 것은 빌의 책을 통해 이와 관련된 사례를 많이 참고했기 때문이다. 위의 사례들을 보면 우리가 겪은 일도 영의 소행으로 보는 일이 가능하지 않을까 하는 생각이다. 그러나 이것은 여전히 추측으로만 남을 뿐이다.

다음의 경우 역시 재미있는 예인데 여기에는 이런 현상을 믿지 않는 사람이 이 현상을 믿게끔 만드는 사건이 포함되어 있어 재밌다고 한 것이다. 이런 체험을 한 사람들 가운데에는 이런 현상을 믿지 않는 사람이 있을 수 있다. 이번 사례는 이런 사람들을 위해 고인의 영혼이 물질적인 사후통신 사건을 일으켜 이 체험이 사실이라는 것을 보여주는 경우이다.

레베카(48세)는 알바타에 사는 정신건강 상담가이다. 그는 할머니가 심장병으로 죽고 6개월 후에 다음과 같은 현상을 겪었다.

꽤 늦은 밤이었는데 남편과 나는 평상시대로 일상적인 일을 하고 있었다. 아이들을 살펴보고 모든 문을 잠그고 불도 다 껐다. 그리고 잠자리에 들었는데 무엇인가가 나를 깨웠다. 일어나서 보니 돌아가신 할머니가 침대 앞에 앉아 있었다. 나는 실제로 보는 것보다 더 강하게 그녀를 느낄 수 있었다. 할머니는 웃고 있었다.

나는 자는 남편을 깨워 "할머니가 여기 계셔. 저기에 앉아 있어"라고 했더니 남편은 아무 것도 보이지 않는다고 하면서 나보고 정신 나간 것 아니냐고 대꾸했다.

그때 거실에서 무슨 소리가 나 우리는 일어나 거실로 향했다. 가 보았더니 놀랍게도 전축과 불이 모두 켜져 있었고 식당의 불들도 다 들어와 있었다. 심지어 부엌이나 오븐의 불도 들어와 있었다. 이 현상 때문에 우리는 흥분을 가라앉힐 수가 없었다.

다시 뒷문으로 가보니 그 문도 열려 있었고 밖의 불도 켜져 있었다. 그 다음에는 지하실로 내려가 보았더니 그곳도 역시 불이 들어와 있었고 그곳에 있는 TV도 켜져 있었다. 집밖으로 나가 살펴보았는데 그곳에 있는 불들도 켜지지 않은 것이 없었다.

그때 나는 직감적으로 할머니가 지금 아주 편안하게 있다는 것을 느낄 수 있었다. 나는 할머니가 우리에게 작별 인사를 하러 왔고 그녀가 어디 먼 곳이 아니라 단지 다른 영역에 있다는 것을 알 수 있었다(p.198).

이 사례에 대해 빌은 당사자의 남편이 이런 일을 믿지 않았기 때문에 고인의 영혼이 집에 있는 전기 기구들을 모두 켰다고 말하고 있는데 이것은 있을 수 있는 일이라고 생각한다. 영혼들이 앞의 예에서 본 것처럼 전화선이 끊어져 있는데도 전화벨을 울리게 할 수 있는 능력을 갖고 있다면 전등이나 TV 같은 전기 기구들을 켜는 일도 가능하리라고 생각되기 때문이다. 그러나 이것은 그런 현상이 가능할 것이라고 추정하는 것일 뿐 어떤 원리로 그게 가능한 지는 여전히 모르겠다. 과문한 탓이겠지만 영혼들이 어떤 원리를 사용하여 이처럼 물질계에 영향을 미칠 수 있는지에 대해 속 시원하게 밝혀주는 설명은 아직 발견하지 못했다.

나는 개인적으로 이런 문제에 대해 전문가가 논문이나 글을 써주었으면 하는 바람이 크다. 이런 논문의 제목은 대체로 다음과 같이 될 것이다. "에너지체인 영혼이 지상에 있는 물질에 가시적인 영향을 주는 여러 가지 방법, 그리고 그 원리에 대해" 정도가 그것이다. 그러니까 물질에 영향을 미치려면 그 요소 역시 물질이 아니면 안 되는데 에너지체인 영혼이 어떤 방법을 사용하여 자신의 힘을 물질화 하는지가 이런 논문의 주요 내용이 되겠다. 생각하건대 이런 글이 없을 것 같지는 않은데 아직은 발견하지 못해 안타깝다.

다음의 경우도 재미있어 소개해본다. 고인의 영혼이 지상의 지인과 소통하는 방법이 생전이 그들이 지녔던 전공과 관계되기 때문이다.

　제임스는 미주리 주에 있는 대학에서 음악을 가르치고 있었다. 그는 43세에 암으로 죽은 아내 크리스티나를 만난 순간을 기억하고 있다.

　크리스티나의 장례식을 치르고 나는 그 다음 날 새벽 4시에 커피를 타기 위해 부엌으로 갔다. 커피메이커 가까운 곳에는 항상 유리잔이 있었는데 갑자기 그때 그 잔 가운데 하나가 3번을 규칙적으로 소리를 냈다. 그 소리는 매우 커서 놀랄 지경이었다. 나는 가만히 서서 몸을 이리저리 움직여보았다. 혹시 내가 움직이는 바람에 소리가 났는지 궁금해서 그렇게 움직여 본 것이다. 그러나 나의 움직임은 어떤 영향도 주지 못했다.

　그와 동시에 나는 물밀 듯 밀려오는 따뜻함을 느꼈고 크리스티나로부터 "사랑하고 고마워요. 나는 지금 아주 좋아요"라는 메시지가 전해 왔다. 그 소식을 받고 나는 곧 그녀가 지금은 모든 고통에서 해방되어 잘 있다는 것을 알 수 있었다.

　내 생각에 크리스티나는 지난 몇 년 동안 내가 그녀를 진심으로 돌보아 준 것에 대해 감사를 표하려는 것 같았다. 그러고 보니 신기하게도 그녀는 죽은 뒤에도 영혼의 상태로 생각할 수 있었을 뿐만 아니라 이렇게 소리를 내기도 하고 또 유모 감각도 잃지 않았던 것이다.

　나는 이번 체험이 소리와 관계되어 있어 좋았다. 왜냐하면 나와 크리스티는 음악이 전공이기 때문이다. 나는 내 체험이 환상이 아니라는 것을 전적으로 확신한다. 이 체험으로 나는 큰 평화와 경의, 즐거움을 갖게 되었다(pp.204~205).

이 이야기가 재미있는 것은 고인이 지상에 있는 가족에게 소식을 전하는 수단으로 음악적인 것을 이용했다는 것이다. 이 부부는 둘 다 음악가였기 때문에 고인이 재치 있게 유리잔을 울려 서로 소통했던 것이다. 이처럼 영혼과 지상 거주자가 소통할 수 있는 방법은 다양한데 이번 경우는 특이하게 음악적인 방법을 사용하고 있어 소개해보았다.

다음 예들은 물건이 자동적으로 움직이거나 나타나는 경우의 사례인데 여기에는 정녕 믿을 수 없는 것들이 많다. 앞의 내용도 대부분 믿을 수 없는 것들이었지만 이제 보게 될 사례들은 그 정도가 더 심하다. 이 정도면 시끄러운 요정을 뜻하는 '폴터가이스트' 현상이라고 불러도 될 것 같다. 물론 정식의 폴터가이스트 현상은 이보다 훨씬 더 시끄럽게 진행된다. 극적인 폴터가이스트 현상을 보면 물건들이 마구 날아다니고 유리창이 깨지는 등 대단히 소란스럽다. 그래서 지금 우리가 보게 될 사례를 그 현상에 속한다고 해야 할지 모르겠지만 영혼이 물건을 옮긴다는 면에서는 같기 때문에 그렇게 생각해보았다.

아이리스는 뉴욕 주에 사는 병원영양사이다. 그녀는 76세에 암으로 죽은 남편, 제이콥으로부터 실질적인 도움을 받았다. 세금 보고를 위해 영수증을 찾아야 하는데 그 문서의 위치를 고인의 영혼이 가르쳐 준 것이다.

남편이 죽은 뒤 내 이웃이 전화를 걸어 12월까지 세금을 내야 한다고 알려주었다. 그런데 이런 일은 항상 제이콥이 하던 것이었다. 그는 변호사였는데 집에 사무실을 차려놓고 모든 일을 집에서 했다. 그는 기록을 정확하게 처리했으며 그 기록물들을 누구도 손대지 못하게 했다.

세무 보고를 하려면 세금 영수증이 있어야 하는데 생전에 그 일은 남편이 다 했으니 나는 그 세금 영수증이 어디 있는지 어떻게 생겼는지 전혀 알지 못했다. 나는 하루 종일 영수증을 찾아보았지만 헛수고였다. 나는 풀이 꺾였을 뿐만 아니라 화가 나기까지 했다. 아무 것도 모르는 일을 나 혼자 해야 하는 상황이 되었으니 말이다.

절망 끝에 나는 그가 일하던 방에서 소리치면서 울기 시작했다. "제이콥, 나한테 어떻게 이럴 수 있어요? 이런 걸 다 나에게 맡겨 놓고 당신은 어찌 혼자 떠날 수 있어요?"라고 말이다. 그런데 바로, 바로 그 순간 갑자기 책상 위에 있는 제이콥의 다이어리가 열렸다. 이 다이어리는 하드커버로 된 두꺼운 책자이기 때문에 평소에는 펴 있지 않았다. 나는 책이 혼자 갑자기 펴지니 믿을 수 없었다.

다가가 그 책을 보았더니 책은 12월에 해당하는 페이지가 열려 있었고 거기에 세금 영수증이 있었다. 남편이 애타는 나를 위해 영수증의 위치를 알려준 것이다. 그것을 보고 나는 "고마워요. 여보"라고 하면서 감사함을 전했다(p.206).

앞에서도 말한 것처럼 이 사건도 믿기 힘든 사례이지만 이 책에는 이런 사례들이 많이 등장하고 있다. 그러니까 지상에 남은 가족이 자기들의 힘으로는 해결할 수 없는 문제에 빠졌는데 그것을 고인의 영혼이 해결해주는 그런 것 말이다. 그런데 나는 이런 성공적인(?) 사례들을 보면서 과연 이런 일이 얼마나 자주 일어날까 하는 생각을 지울 수가 없었다.

추정컨대 이런 일은 일어나는 경우보다 일어나지 않는 경우가 더 많을 것이다. 만일 이렇게 고인의 영혼이 관여해 어려운 문제들을 다 풀어준다면 지상에 있는 사람들에게는 문제가 없어야 하지 않겠는가? 그런데 우리는 주위에서 사람들이 아주 어려운 문제를 풀 때에 돌아가신 분들이 도왔다는 그런 소식은 거의 들어보지 못했다. 그런 일이 실제로 있다면 TV 프로그램인 "서프라이즈"에나 나올까? 그보다는 외려 고인만 아는 정보 때문에 살아 있는 사람들이 힘들어 하는 경우가 더 많지 않은가?

그 예를 들어보면, 아버지 사후에 아버지 예금통장의 비밀번호를 몰라서 은행에 있는 아버지의 돈을 찾지 못하는 경우가 드물지 않게 있다. 이것은 황당하게 보이지만 통장의 비밀번호를 모르면 어느 누구도 돈을 찾을 수 없다. 이게 법으로 되어 있으니 어쩔 수 없는 일이다. 이 때문에 유언장을 쓸 때에 통장의 종류와 각각의 비밀번호를 꼭 적으라고 하는 것이다. 그런데 자식들이 아버지의 통장에 적혀 있는 많은 돈을 보면서 비밀번호를 몰라 발만 동동거릴 때 얼마나 많은 고인(아버지)의 영혼이 나타나 자식들에게 그 번호를 알려주었는가? 위에서 본 사례처럼 말이다. 내가 과문한 탓인지 몰라도 적어도 나는 주변에서 그런 일이 있었다는 것을 들어본 적이 없다. 사자는 그저 침묵을 지킬 뿐이었다. 고인의 영혼이 나타나 나락에 빠진 자기를 구해주었다는 그런 이야기는 들어본 적이 없다는 것이다. 그래서 추측해보면 빌은 이곳에 아주 특이한 예들만 모아 예시했다는 느낌이 강하게 든다.

다음은 더 믿을 수 없는 예들이다. 이것은 진짜 폴터가이스트 현상처럼 보이기 때문이다. 앞의 예에서는 가벼운 움직임만 있어 진실된 의미에서 폴터가이스트 현상으로 보기 힘들었는데 이번에는 다르다. 빌이 이번 군(群)에서 드는 사례에서는 주석 컵이 날아다니고 거울이 움직였으니 폴터가이스트 현상으로 보아도 그리 틀리지 않을 것 같다. 이 가운데 우리는 거울이 움직인 사례를 보기로 하는데 이 사례에 대해서 빌은 도발적인, 따라서 논쟁거리가 되는 사례라고 밝히고 있다. 빌이 보기에도 이 사례는 매우 이질적인 것이라 논쟁의 여지가 있는 모양이다.

패티는 캔사스 주에 있는 우체국에서 일하고 있었는데 성인호흡 장애 증후로 46세에 죽은 어머니로부터 희한한 사후통신을 받았다.

나와 언니 레이첼은 엄마의 장례식에 입을 옷 때문에 엄마 집으로 갔다. 남편들도 동행해서 우리는 모두 주방에 모여 있었다. 그러다 일이 있어 나와 언니는 2층에 있는 엄마 방으로 갔는데 그때 나는 갑자기 전기 에너지가 흐르는 것 같은 느낌을 받았다. 엄마가 지금 여기에 있는 느낌을 강하게 받은 것이다. 바로 그때 1.2m 길이에 60㎝의 폭을 가진 무거운 거울이 서랍장 쪽으로 날아가서 카펫이 깔린 마루에 떨어졌다.

레이첼과 나는 놀라서 아래층에 있는 남편들에게 내려가 엄마가 침실에 있다고 말했다. 그 말을 들은 그들은 우리를 진정시키면서 그 현상을 합리적으로 설명해보라고 요구했다. 설명하는 대신 우리는 다시 이층으로 올라갔다. 목수인 나의 남편(렌)이 거울을 살펴보았는데 거울 뒤에 있는 철사 줄은 튼튼하고 원 상태 그대로 있었다. 그리고 못도 살펴보았는데 그것 역시 벽에 잘 박혀 있었다. 그러니까 모든 것이 원 상태로 있는데 왜 거울이 이곳으로 날아 왔는지 알 수 없었다.

렌은 혼란스러워 하면서 자신으로서는 이 일을 합리적으로 설명할 수 없다고 말했다. 그러나 레이첼과 나는 이것이 엄마가 우리와 소통하려고 일으킨 일이라는 것을 알고 있었다(pp.207~208).

만일 이 사례가 사실이라면 거울이 날아다니는 이 사건은 정말로 설명하기 힘들다. 그러나 당사자의 남편인 렌이 직접 거울이 바닥에 떨어져 있는 것을 보았을 테니 이런 일이 실제로 벌어졌다는 것을 부정하기는 힘들 것이다. 그렇지만 거울 뒤에 있는 철사 줄이나 못은 원래대로 되어 있으니 거울이 날아다녔다는 것이 설명이 잘 안 되는 것이다. 거울을 움직이면 철사 줄이나 못의 모습이 변형되어야 할 텐데 그런 흔적이 전혀 보이지 않았던 것이다.

사정이 어찌됐든 그 거울을 움직이려면 물리적인 힘, 즉 에너지가 필요하다. 그런데 영혼은 물리적인 실체가 아니다. 단지 약한 에너지만 갖고 있을 뿐이다. 그런 영혼이 어떻게 그 무거운 거울을 옮길 수 있었을까? 물질로 된 거울을 움직이려면 다른 물질, 그것이 사람의 팔이던,

바람이던, 다른 물질로부터 힘이 가해져야 한다. 그런데 영혼은 주지하다시피 물질이 아니니 이것을 어떻게 설명할 수 있을까? 영혼이 어떻게 물리적인 법칙까지 무시하고 힘을 발휘할 수 있는지 이해가 되지 않는다. 그래서 앞에서 내가 이런 일을 가능하게 하는 원리에 대해 시원하게 밝힌 논문이 나왔으면 하고 바란 것이다.

그런데 만일 이 일이 사실이라면, 다시 말해 영혼이 그런 힘을 가질 수 있다면 다른 우려가 생긴다. 그런 힘을 사람을 살상하는 데에도 쓸 수 있지 않겠느냐는 것이다. 예를 들어 전생에 나를 죽게 만든 사람을 살상하는 데에도 그 힘을 쓸 수 있지 않을까? 나를 죽였으니 그런 사람을 죽이고 싶은 것은 당연한 일 아니겠는가? 그런데 나는 지금까지 살아오면서 내 주변이나 지인들의 주변에서 이런 일을 겪은 사람을 만난 적이 없다. 즉 악랄한 범인들이 자신들이 죽인 사람의 영혼에 의해 죽임을 당했다는 이야기를 들어본 적이 없다는 것이다. 따라서 이런 현실을 감안해서 보면 이 일은 일어나기가 쉬운 일이 아니라는 것을 알 수 있다. 그러면 어떤 사람에게만 이런 폴터가이스트적인 일이 일어나는지 묻지 않을 수 없다. 보통은 잘 일어나지 않는 일인데 왜 어떤 사람에게는 이런 일이 일어나느냐는 것이다. 이런 의문들이 봇물처럼 터지지만 이것들에 대해 정확하게 알 수 있는 방법이 지금은 없다.

이제 마지막 예를 보려고 하는데 이 사례는 대단히 재미있는 것이라 포함시켜 보았다.

밀드레드는 플로리다 주에 사는 부동산 중계업자이다. 그녀는 70세에 암으로 죽은 남편 알버트로부터 의미 있는 소식을 전달받았다.

알버트가 살아 있을 때 나는 농담조로 "만일 당신이 먼저 죽으면 내게 당신이 계속해서 같이 있다는 소식을 꼭 주기 바래요"라고 말하곤 했다. 우리는 평소에 도자기로 만든 작은 개 두 마리를 장식으로 부엌 창턱에 놓고 지냈다. 사실 이 개들은 우리를 상징하는 것이었다. 우리 주위 사람들은 우리가 싸웠을 때는 이 개를 떨어뜨려 놓고 즐거울 때에는 입을 맞춰 놓는다는 것을 알고 있었다. 그래서 자식들이 오면 먼저 부엌에 가서 그 개들이 어떻게 되어 있나를 보곤 했다.

알버트가 죽고 며칠 뒤에 나는 창턱을 바라보았는데 알버트의 개가 바닥에 떨어져 있었다. 나는 왜 이런 일이 생겼을까 하면서 별 생각 없이 개를 집어서 내 개에 바싹 붙여 놓았다. 그러곤 그 일에 대해서 더 이상 생각하지 않았다.

이 일이 있은 지 3일이 지났는데 이번에는 알버트의 개가 내 개로부터 떨어져서 등을 돌리고 있었다. 그 거리가 약 15㎝는 되었을 것이다. 그때 나는 이것이 알버트가 내게 보내는 사인이라는 것을 알아챘다. 그는 이제 떠나야한다는 것을 내게 알리고 싶었던 것이다. 이 일이 정말로 일어났지만 나는 이런 이야기를 다른 사람들에게 말하는 일이 두려웠다. 왜냐하면 이런 일을 말하면 나보고 미쳤다고 할 것이니 말이다(pp.209~210).

이 이야기를 통해서 우선 알 수 있는 것은 만일 두 사람이 사후통신을 하기로 약속했다면 그것이 가능할 수 있다는 것이다. 이런 일이 가능하다는 것은 알겠지만 이 일도 우리 주위에서 흔히 일어나는 일은 아니다. 빌이 이 책에서 든 예만 보면 이런 일이 흔하게 일어날 것 같지만 실제로 우리 주변에서 이런 일을 겪은 사람을 찾아내기는 힘들다. 적어도 나는 아직 그런 사람을 만나보지 못했다. 이것은 여러분들도 비슷하지 않을까 싶다. 따라서 이런 일이 쉽게 일어나는 것은 아닌 것 같다. 이유는 앞에서 말한 대로이다. 아무리 작은 물체라 할지라도 우리의 영혼이 그것을 옮기는 것은 쉬운 일이 아니기 때문이다.

이 사례에서 드는 의문은 또 있다. 밀드레드는 이 사인을 알버트가 자신에게 하는 작별인사, 즉 자신은 이제 떠나야 한다는 인사로 해석했다. 그런데 알버트가 자신이 떠난다는 사실을 꼭 자신의 처인 밀드레드에게 알려야 했을까? 그것보다는 알버트가 자신의 처에게 자신은 잘 있으니 걱정 말라고 전하는 것으로 해석하면 안 될까? 이렇게 생각하는 이유는 영혼이 사후 세계로 들어가면 자신이 온 곳으로 되돌아가는 것은 자연스러운 일인데 굳이 간다고 알릴 필요가 있겠느냐는 것이다. 그리고 필요에 따라 언제든지 지상에 있는 친지에게 나타나 자신의 소식을 전하면 될 일이지 굳이 작별 인사를 할 필요가 있는지 잘 모르겠다. 이보다는 앞의 많은 사례에서 본 것처럼 지상에 있는 가족에게 자신이 있는 곳은 아주 편안하고 좋은 곳이라고 알려 그들의 걱정을 덜어주는 게 더 바람직하지 않을까?

이 부분을 마치며

　이렇게 해서 빌이 제시하는 12가지 유형의 사후통신을 다 보았다. 그런데 지금까지 서술한 분량은 전체 책의 반밖에 되지 않는다. 빌은 이 책의 후반부를 이 사후통신에 대해 보충 설명하는 것으로 채우고 있는데 여기에도 좋은 사례들이 많이 있어 그 중 몇몇을 소개해보려 한다. 그러나 이 부분에 대한 설명은 앞의 경우처럼 조목조목 장 별로 하지 않고 한 데 묶어서 해볼까 한다. 중요도 면에서 다소 떨어지기 때문에 각 장에서 선명한 예만 골라 설명했으면 한다.

　이 부분의 설명을 마치기 전에 끝으로 던지고 싶은 질문이 있다. 이 질문은 이 사례들 전체에 해당하는 것이라 이렇게 맨 나중에 제기하는 것이다. 우선 제기하고 싶은 질문은, 고인의 영혼들이 전하는 메시지들이 왜 그리 짧으냐는 것이다. 앞의 수많은 예에서 보았지만 고인들은 지상의 친지들에게 어떤 정보를 줄 때 결코 길게 말하지 않는다.

　예를 들어 자동차 사고를 미연에 방지하기 위해 정보를 줄 때 영혼은 '오른 쪽으로 돌아라' 혹은 '길을 돌아가라' 하는 식으로만 말하지 왜 그렇게 해야 하는지에 대해서는 설명하지 않는다. 그래서 처음에는 이해하기 힘든 경우가 많은데 그 때문에 초기 단계에서 당사자가 그 말을 따르지 않는 경우도 있었다. 갑자기 뜬금없는 말을 들으니 어떻게 해야 하는 것인지 몰라 그냥 지나치는 것이다.

　또 여러 사례를 보면 영혼이 나타나서 가장 자주 하는 소리가 '당신을 사랑한다'는 단문인 경우가 꽤 있었다. 사랑한다고 하니 좋기는 한데 그가 왜 나타났는지, 또 왜 갑자기 그런 말을 하는 것에 대해서는 부연 설명이 없는 경우가 태반이다. 그 대신 왜 그런 말을 하는가에 대해 앞뒤 설명을 해주면 가족들이 이해하기 쉬울 텐데 왜 그렇게 하지 않는지 모르겠다. 그런데 가족들은 또 그 단문만 접하고도 '고인이 잘 있구나'하는 식으로 해석하니 문제가 없는지 모르겠다. 비록 말은 짧았지만 그때 전해오는 전체 기운을 느낄 수 있기 때문에 이렇게 받아들이는 것이리라.

   상황이 이렇게 된 데에는 여러 가지 설명이 있을 수 있겠다. 우선 드는 생각은 사후통신이 그렇게 쉬운 것이 아니라는 것일 것이다. 영적인 차원에서 물질계에 소식을 전하는 것이 쉽지 않기 때문에 그렇게 짧은 메시지만 전달하는 것 아닌가 하는 생각이다. 그렇다고는 하지만 앞에서 우리는 영혼들이 물건을 옮기는 경우를 적지 않게 보았다. 이것에 비하면 텔레파시로 메시지를 전하는 것은 쉬운 일에 속하지 않을까? 영혼이 물건도 옮길 수 있는 힘이 있다면 메시지를 보내는 것은 어렵지 않은 일일 것이다. 그렇다면 메시지를 보낼 때에도 이처럼 짧게만 할 것이 아니라 좀 더 상세하게 할 수 있지 않을까 하는 생각이 들기는 한다. 그러나 영혼들의 세계에 대한 확실한 지식이 없으니 무엇이라고 단정할 수는 없겠다. 이런 것 때문에 차원이 다른 영계에 대한 공부는 어렵기만 하게 느껴진다. 그런 의문을 가슴에 간직하고 다음 설명으로 넘어가 보자.

○그 외 다른 통신들의 유형과 그 주변 이야기들에 대해

지금까지 우리는 빌이 분류한 12가지 유형의 사후통신에 대해 보았다. 이 책은 여기서 끝나는 것이 아니라 다른 사후통신의 사례들에 대한 설명이 계속되고 있다. 이 이후에 나오는 사후통신의 사례들은 앞에서 본 12가지 유형에는 들어가지 않지만 이 사례들을 보충해 줄 수 있다고 생각해 빌이 포함시킨 것들이다. 그런데 이 가운데에는 주목할 만한 것들이 꽤 있어 한 번 살펴보려는 것이다.

이 책을 보면 이 뒤에도 10여 개 이상 되는 많은 장(章)이 있다. 그러나 이 장들은 앞의 12가지 유형처럼 따로 볼 정도의 중요도를 갖고 있지는 않다. 그래서 앞에서 말한 것처럼 이 내용을 장 별로 따로 보지 않고 묶어서 보려고 한다. 따라서 이제부터는 각 장의 내용을 간략하게만 소개할 것이다.

이 뒤에서 가장 먼저 나오는 장은 상징으로 나타나는 사후통신에 대한 것이다. 내가 보기에 이것도 충분히 사후통신의 한 유형으로 들어갈 수 있는데 빌은 포함시키지 않았다. 그 이유에 대해서는 잘 모르겠지만 추정컨대 이 체험은 고인의 영혼이 직접 나타나거나 말을 한 것이 아니기 때문이 아닐까 한다. 즉 고인의 영혼이 직접 나타난 것이 아니라 그 영혼을 상징하는 대체물이 나타난 것이기 때문에 사후통신의 유형에는 포함시키지 않은 것 같다는 것이다. 그러나 이 유형은 매우 흥미롭고 중요한 것이기 때문에 조금 자세하게 보기로 한다.

나비나 무지개 등으로 나타나는 상징적인 사후통신

사랑하는 사람을 잃은 사람들은 많은 경우 자신에게 그 사람이 영혼의 형태로 살아 있다는 것을 짐작할 수 있게 해주는 많은 사인(sign)이 나타났다고 주장한다. 그것이 진실인지 아닌지는 확실하게 알 수 있는 일이 아니다. 그러나 이 사인과 고인의 영혼 사이에 일종의 연관 관계가 있을 것이라는 추정은 충분히 할 수 있다. 그러나 100% 그렇다고 하기에는 객관적인 증거가 부족하다. 그럼에도 불구하고 양자가 분명 연관이 있다고 생각할 수 있는 것은 평시에는 결코 일어날 수 없는 일이 일어났기 때문이다. 예를 들어 갑자기 나비가 나타나 한동안 머물다 간다거나, 무지개가 나타날 수 없는 상황에 나타난다거나 혹은 바닷가도 아닌데 갈매기가 나타나는 등의 사인이 그렇다. 그리고 당사자는 그런 사인이 나타날 때 고인의 기운을 느끼는 경우가 많다. 그 때문에 그는 그 사인을 고인과 연관시켜 생각한다.

그러면 이렇게 해서 나타나는 사인에는 어떤 것이 있을까? 이것은 상징물을 말하는데 여기에는 의외로 많은 상징물이 있는 것을 알 수 있다. 그 중에 대표적인 것을 뽑아 보면 나비라든가 무지개, 꽃, 새 같은 것을 들 수 있다. 그러나 이 상징물의 종류에는 제한이 없다고 해야 할 것이다. 왜냐하면 당사자와 고인이 연관된 상징물은 개인마다 모두 다를 것이기 때문이다. 예를 들어 동물일지라도 새를 위시해 얼마든지 다양한 동물이 있고 물건이라면 아주 다양한 물건들, 즉 동전이나 연필 등 매우 다양한 물건들이 포함될 수 있다. 그런데 이 장의 제목을 '나비와 무지개'라고 한 것은 그 상징성이 뛰어나고 빈도수가 높기 때문에 대표 상징으로 잡은 것 아닌가 하는 생각이다.

그러면 이런 사인은 언제 나타날까? 여기에도 제한이 없는 것 같다. 어떤 때에는 이 사인들이 고인이 사망한 뒤에 바로 나타나는 경우가 있는가 하면 며칠 뒤 혹은 몇 주일 뒤에 나타나는 경우도 있다. 왜 사람마다 이런 차이가 있는 것인지는 잘 모르겠지만 그것은 각자가 처한 상황이 달라서 일어난 일인 것으로 생각된다.

그런데 이 사인이 언제 나타났든 그런 것에 관계없이 친지들은 그것이 고인이 보내는 사인이라는 것을 단번에 알아차린다고 한다. 일종의 직감이라고 할까? 그렇기 때문에 이 체험에 대해서는 제3자가 무엇이라고 할 수 없는 면이 있다. 그 기운을 느끼는 본인과 아무 것도 느낄 수 없는 제3자가 완전히 다른 세계에 살고 있다고 해도 그리 틀린 말은 아닐 것이다. 적어도 그때만은 말이다.

이렇게 고인들이 사인을 보내는 이유는 무엇일까? 이것은 앞에서 본 사후통신들의 경우와 그다지 다르지 않다. 즉 고인들은 자신들이 다른 세계에 잘 있으니 지상에 남은 가족들은 걱정할 게 없다는 것을 알려주려는 경우가 제일 많다. 그러나 그들이 전하고자 하는 메시지는 개인마다 다르기 때문에 해석하는 데에는 개인차가 있을 수 있다.

이런 사인이 정말로 고인의 영혼으로부터 온 것이라는 것을 어떻게 알 수 있을까 하는 질문은 앞에서 이미 던졌다. 이에 대해 나는 당사자가 직관적으로 혹은 직감적으로 알 수 있다고 했다. 그러나 우리 삶에는 설명할 수 없는 우연의 일치도 많다. 따라서 이런 사인이 나타났다고 해서 무턱대고 고인으로부터 왔다고 여길 필요는 없을 것이다. 이런 생각을 염두에 두고 이제부터 빌이 제시하는 사례들을 보자. 의문의 칼날을 확실하게 세우되 열린 마음으로 빌이 제시하는 예들을 살펴보자. 처음 것은 전형적인 체험의 사례이다.

캐롤라인은 일리노이 주에서 비서 일을 하고 있었다. 그녀는 24세인 그의 딸 린드세이가 자전거를 타다 음주 운전 차량에 치여 죽었는데 장례식 때 이 딸과 사후통신 체험을 하게 된다.

가톨릭 식으로 진행된 딸의 장례식이 끝난 뒤 우리는 딸을 묻으러 묘지로 갔다. 신부가 마지막 기도를 하는 중에 어디선가 크고 하얀 나비가 날아와 린드세이의 하얀 관 위에 앉아 기도가 끝날 때까지 있었다. 의례가 끝나자 테레즈 수녀가 나를 껴안으면서 "오! 캐롤라인, 당신도 하얀 나비를 보았지요? 나비는 부활의 상징이랍니다"라고 말했다. 나는 그때까지 나비에 그런 상징이 있는지 모르고 있었는데 어떻든 그런 일을 겪고 나니 마음이 평화로워졌다(p.212).

이 예에서 당사자는 이 나비가 자신의 딸이 보낸 상징이라고 드러내놓고 말하지는 않는다. 그러나 그녀는 수녀의 입을 통해 나비가 부활의 상징이라는 것을 간접적으로 암시함으로써 그 나비가 고인이 된 딸과 관계될 것이라고 추정하는 것 같다.

나비는 어떻게 해서 부활의 상징이 되었을까? 이것은 나비의 일생을 보면 쉽게 알 수 있다. 주지하다시피 나비는 애벌레로 살다가 번데기가 된다. 이 번데기만 보면 흡사 죽은 것처럼 보인다. 그러나 여기서 다시 나비라는 아름다운 곤충이 생겨나니 이것은 생명이 부활한 것처럼 보이기에 충분하지 않겠는가? 그래서 서양의 기독교 문화에서는 나비가 부활의 상징으로 많이 사용되었다. 그러나 이 상징은 비단 기독교에서만 통용되는 것은 아니다. 전 세계적으로 두루 같은 의미로 쓰이고 있는데 그것을 다 볼 수는 없고 우리가 주위에서 만날 수 있는 예 하나만 들어보자.

한국의 무교(巫敎)를 보면 여기서도 나비가 부활의 상징으로 쓰이고 있는 것을 알 수 있다. 특히 서울 지역의 무당들이 하는 사령제인 오구굿 등을 보면 무당이 나비춤을 추는 장면이 나온다. 다른 굿에서는 나오지 않고 유독 망자를 위한 굿을 할 때에만 이 춤이 등장한다. 이것은 아마도 죽은 사람이 어디선가 부활하기를 바라는 마음으로 추는 춤일 것이다. 더 구체적으로 말하면 망자가 극락에서 다시 태어나기를 바라면서 추는 춤이라고 할 수 있다.

이 장면에서 떠오르는 사람은 세계적인 죽음학자였던 퀴블러 로스이다. 그의 책에서도 나비가 부활의 상징으로 쓰인 몇몇 사례가 나온다. 그의 책(『사후생』, 최준식 역)을 보면 나치가 만든 강제수용소 이야기가 나온다. 이 수용소의 벽에는 나비가 그려져 있는 경우가 종종 있다고 한다. 이에 대한 로스의 해석은 그곳에 갇혀 있는 사람이 비록 자신은 이 수용소에서 죽음을 맞이하겠지만 나비처럼 다시 살아날 것이라는 희망을 담은 것이라는 것이다.

또 그녀의 증언에 따르면 임종을 앞둔 아이들에게 그림을 그려보라
고 하면 애벌레가 나비가 되는 것을 그리는 경우가 있다고 한다. 이것
은 그 아이가 무의식적으로 나비를 부활의 개념과 연결시킨 것으로 생
각된다. 추정컨대 그 아이는 자신이 곧 지상에서의 삶을 마감할 테지만
새로운 삶이 영계에서 기다리고 있다는 것을 무의식적으로 알고 그런
그림을 그린 것 아닐까 한다. 그래서 그런지 그녀는 죽음을 앞둔 아이
들의 병동을 다닐 때에는 애벌레 인형을 갖고 다녔다고 한다. 이 인형
은 그냥 평범한 애벌레 인형이 아니라 까뒤집으면 나비가 되는 그런 인
형이었다. 그는 그 임종을 앞둔 아이들 앞에서 이 인형을 까뒤집으면서
너희들은 이 애벌레가 나비가 되는 것처럼 다시 영체로서 환생할 것이
라고 알려 주었다고 한다.

이 사례는 나의 개인적인 체험과도 관계된다. 이런 체험을 직접 한
사람과 대화를 나눈 적이 있기 때문이다. 이 에피소드에 대해서는 이
책의 맨 앞에서 소개했다. 이 이야기는 바로 이 장에 나온 이야기와 직
결된다. 이것을 다시 간략하게 보면, 이 체험을 한 어떤 주부가 내게 전
화로 자신이 겪은체험을 알려주었다. 아버지 상을 치른 다음 산소를 만
들고 첫 제사를 지낼 때 겪었던 체험이었다. 이야기 자체는 단순했다.
제를 시작할 때 어디선가 나비가 날아와 무덤가에 앉아 제사가 끝날 때
까지 있더라는 것이 그것이다. 그래서 이 나비가 아버지가 보낸 것이
아니겠냐면서 이런 사례가 있는지 내게 물었다. 그런데 그때에는 아직
이 책을 만나기 전이라 확실한 답을 줄 수 없었다. 그러다가 그 뒤에 나

는 이 책을 읽게 되었고 똑같은 내용이 이 장에 나와 있는 것을 보고 많이 놀랐던 기억이 새롭다.

그런데 앞에서 의문을 던진 것처럼 이런 사후통신이 일상적인 것이 아니라는 것을 어떻게 알 수 있을까? 자연에서도 이런 사건은 얼마든지 우연히 일어날 수 있지 않은가? 이에 대해 빌은 이 사건이 생기는 시의적절함, 환경, 그리고 나비의 일상적이지 않은 행동을 보면 이 사건은 일상적인 것이 아니라는 것을 알 수 있다고 주장한다. 하기야 나비가 느닷없이 나타나 장례식이나 제사 의례가 진행되는 동안 계속해서 앉아 있는 것이 이상한 일이기는 하다. 그러나 여기서 간과해서는 안 될 것은 아무리 그런 사건이 생겨도 그것을 해석하는 데에는 당사자의 직관이 작용해야 한다는 것이다. 다른 사람은 그냥 지나칠 수 있지만 당사자의 경우에 나비의 현현과 행동거지를 보고 이 사건을 고인의 영혼과 연결시키려면 그의 직관이나 지혜가 필요할 것이다. 그렇지 않고서는 이런 사례를 적절하게 설명할 수 없다.

위의 사례가 진실이라면 마지막으로 드는 의문은 과연 영혼은 어떻게 나비를 움직일 수 있느냐는 것이다. 뒤에 나오는 다른 예를 보면 영혼이 움직이는 것은 나비 같은 가벼운 곤충 정도가 아니다. 매나 비둘기처럼 훨씬 더 큰 동물을 움직이는 사례도 나오기 때문이다. 과연 영혼은 어떻게 이런 동물들과 소통해서 그것들을 자신의 말에 순응하게 만드는 것일까? 한갓 미물이라도 나비를 장시간 동안 한 군데에 머물게 하는 일은 쉽지 않을 터인데 그 일을 어떻게 하는지 궁금하다. 또 이것은 누구나 다 할 수 있는 일인가 하는 등등 여러 의문이 생기지만 아직 영계에 가보지 않았으니, 아니 영계에 있었던 일이 생각나지 않으니 확실한 답을 제시할 수 없는데 빌도 이 문제에 대해서는 어떤 언급도 하지 않았다.

다음의 예는 바로 전의 예처럼 나비와 관계된 것인데 좀 더 극적이라 소개해보고 싶다.

알은 뉴욕시에서 경찰관으로 근무하다 은퇴하고 지금은 플로리다 주에 살고 있다. 그는 딸 다이아나(17세)가 교통사고로 죽고 10달 뒤에 잊지 못할 사건을 겪는다.

독립기념일을 맞아 우리 부부와 친척들은 펜실바니아에 있는 여름 별장에 갔다. 우리는 모두 시가를 피우려고 거실 탁자에 앉아 있었다. 그런데 갑자기 나비 한 마리가 거실로 들어와 날아다니기 시작했는데 나는 그때 딸아이 생각이 났다. 그리곤 생각하기를 "다이아나야, 이 나비가 너라면 내려 앉아 볼래?"라고 마음속으로 제안했다.

그러자 이 나비가 정말로 내 손가락 위에 앉아 왔다 갔다 했다. 그리곤 내 손 위로 올라와 아래위로 움직였다. 나는 그 작은 더듬이가 움직이는 것도 느낄 수 있었다. 나는 믿을 수 없었다. 그때 처가 나를 바라보았는데 그녀도 내가 생각하고 있는 것을 아는 것 같았다.

내가 시가를 다 피고 일어났을 때에도 나비는 여전히 내 손 위에 있었다. 나는 집안을 돌아다니고 부엌에 가서 물도 마셨는데 나비는 여전히 내 손 위에 앉아 있었다. 그때 나는 나비에게 내가 샤워를 해야 하니 이제 바깥으로 나가라고 권했다. 그리곤 발코니로 나가 손을 살짝 미니 나비는 그제야 날아갔다. 나는 나비가 마당을 향해 밑으로 날아가는 것을 바라보았다. 이것은 있을 수 없는 일이었다. 이 이전에는 나비가 내게로 와서 이렇게 앉아 있었던 적이 없었다. 나는 샤워를 하면서 마음 놓고 울었다(p.214).

이 사례를 보면 나비가 어떻게 한 사람에게 밀착해 계속해서 있을 수 있는지 실로 믿을 수 없다. 아무리 죽은 딸이 보낸 나비라고 하지만 사람의 몸에 계속해서 붙어 있는 것은 위험한 일이기 때문에 더 더욱 그렇다. 그렇게 사람의 몸에 앉아 있으면 한 대만 가격해도 쉽게 죽일 수 있을 터인데 그럼에도 불구하고 나비가 계속 앉아 있으니 희한하다는 것이다.

그 다음에 드는 의문은 만일 이 이야기가 사실이라면 어떻게 이 나비는 영혼의 말을 잘 듣는가 하는 것이다. 그것도 자신의 생명을 내놓고 말이다. 다시 말해 영혼은 도대체 어떻게 나비를 조정하기에 나비가 이렇듯 완전히 순종하느냐는 것이다. 게다가 당사자는 담배를 피고 있었는데 보통 그런 연기가 나면 곤충들은 피하는 법인데 그렇지 않으니 이것도 신기한 것이다. 이렇듯 사례를 대할 때마다 신기하면서 궁금증이 생기는 것을 피할 수 없다.

다음은 두 번째 예로 무지개가 사인으로 나타나는 경우이다. 빌에 따르면 무지개는 나비 다음으로 많이 나오는 상징 사인이라고 한다. 비가 온 다음에 무지개가 생긴다면 그것은 이상한 일이 아니다. 그러나 이제 살피게 될 사례를 보면 무지개가 생길 수 없는 상황에서 무지개가 생기니 그저 신기할 뿐이다. 이런 예들은 무지개가 나타났다는 것 외에 다른 특별한 내용이 없으니 간단하게 한 예만 들어보기로 한다.

민디는 위스컨신 주에 사는 우체국 직원인데 딸인 킴벌리가 임신 7달 만에 그녀의 배 안에서 죽게 된다. 다음은 그녀가 겪은 상징적인 사후통신 체험이다.

킴벌리가 태어나기 전에 우리는 그녀의 방 벽에 무지개와 햇빛으로 가득 찬 그림을 크게 그려 놓았다. 그녀가 받은 선물 위에도 무지개가 있어 킴벌리는 그야말로 무지개 아기였다.

킴벌리가 죽고 나서 그녀의 생일이나 기일이 되면 항상 무지개가 나타났다. 해가 있다가도 비가 왔고 그러다 다시 해가 나오면 무지개가 나타났다. 이것이 바로 그녀가 우리에게 자신의 건재함을 알리는 방법이었고 사후생이 있다는 것을 확신시켜 주는 방법이었다.

지난해에도 그녀의 기일에 우리는 그의 무덤에 갔다. 참배를 마치고 묘지를 떠나려 하자 동쪽 하늘에 무지개가 나타났다. 그것을 보고 우리는 전율했는데 오싹해 눈물이 날 지경이었다. 그런 느낌만 든 것은 아니고 반가운 마음도 생겨 동시에 미소도 보냈다(pp.216~217).

이와 비슷한 예를 보면 모두 이런 식으로 무지개가 나타나고 당사자는 그것이 고인이 보내는 사인이라는 것을 곧 알아차린다. 그런 직관적인 깨달음에 대해 제3자인 우리가 그 진위 여부에 관해 토를 달 수는 없다. 그런데 이 예를 보면 믿기 힘든 요소가 눈에 띤다. 어떻게 고인의 생일과 기일에 항상 비가 오고 무지개가 나타날 수 있느냐는 것이다. 혹시 첫 번째 기일이나 생일에 무지개가 나타났다면 그것은 그래도 믿을 수 있는 여지가 있지만 매년 같은 시기에 무지개가 나타난다는 것은 선뜻 믿기가 어렵다.

다음은 꽃과 관계된 것이다. 고인이 보내는 사인이 꽃으로 나타나는 사례이다. 이 사례에서는 죽었던 꽃이 되살아나든가 혹은 때가 아닌데 꽃이 피는 등 신이한 일들이 벌어진다.

레이몬드(59세)는 일리노이 주에 사는 디자이너인데 그의 아내인 신시아가 죽은 뒤 꽃과 관련해 신기한 체험을 했다.

신시아와 나는 가재발 선인장(크리스마스 선인장)을 샀는데 이 식물은 작고 좀 고독하게 보였다. 신시아가 살아있을 때 이 식물은 한 번도 꽃을 피운 적이 없었고 많은 선인장들이 그렇듯 어떤 생명의 모습도 보이지 않았다. 우리는 농담 삼아 이 꽃을 '신시아의 식물'이라고 불렀다.

아내가 죽은 뒤 나는 여행을 갔다가 그녀의 생일에 집에 돌아왔다. 집을 돌아보다 보니 뜻밖에도 이 선인장이 풍성하게 꽃을 피우고 있었다.

보통 이 식물은 크리스마스 때에 꽃이 피는데 당시는 아내의 생일인 6월 14일이니 꽃이 필 수 없는 시기인데 그럼에도 불구하고 만개한 것이다. 겨울에 꽃이 피는 식물이 초여름에 만개했으니 놀라울 뿐이다(p.219).

레이몬드의 입장에서 보면 이 선인장의 만개가 고인이 된 아내가 보낸 사인이라고 생각할 수 있을 것이다. 제 때가 아닌데도 불구하고 이 식물이 만개했을 뿐만 아니라 그 만개 시점이 아내의 생일이었으니 말이다. 이런 점은 이해되지만 다른 점에 대해서는 의문이 생긴다. 이 의문은 앞의 사례에 던진 것과 비슷하다.

만일 아내의 영혼이 이 한 번도 꽃을 피우지 않은 선인장을 만개하게 한 것이 사실이라면 도대체 어떤 방식으로 했느냐는 것이다. 꽃을 피우기 위해서는 때가 맞아야 하고 물이나 햇빛이 적정량 필요할 터인데 이것을 영혼이 어떤 방식으로 공급했느냐는 것이다. 과연 에너지체인 영혼이 물질인 선인장에게 어떤 식으로 영향을 주어 꽃이 피게 했는지 궁금하기 짝이 없다.

이런 믿을 수 없는 이야기들은 계속된다. 이번에는 고인의 영혼이 새 같은 동물을 움직이는 사례이다. 식물에게 영향을 주는 것에서 한 단계 업그레이드된 것이다. 물론 이런 예에서도 믿기 힘든 면이 많다.

파밀라(43세)는 버지니아 주에서 도서관 사서로 일하고 있었다. 그는 심장마비로 죽은 아버지로부터 감동적인 작별인사를 받았다.

아버지가 죽은 뒤 우리는 그의 유해를 켄터키에 있는 붉은 강 협곡으로 가져갔다. 이 협곡은 상록수가 많아 항상 푸르렀다. 우리는 아버지가 좋아했던 노래를 부르면서 그의 유해를 산꼭대기에 뿌렸다.

바로 그때 매들이 협곡 밑에서 위로 올라오는 것이 보였다. 이 매들은 마치 비행기 편대처럼 열을 가지런히 하고 날고 있었다. 이 매들은 삼인조가 되어 하나는 왼쪽으로 또 하나는 오른쪽으로, 마지막 하나는 가운데로 날았는데 실로 장관이었다.

나는 이 협곡을 오랫동안 다녔지만 이전에 이곳에서 이런 매들을 본 적이 없다. 그러면 이 매들은 과연 어디서 온 것일까? 그것은 알 수 없지만 나에게는 이것이 아버지가 보내준 마지막 인사처럼 보였다(pp.220~221).

이 매들은 어떻게 해서 파밀라가 아버지의 유해를 뿌리는 데에 나타나게 되었을까? 그것도 3마리가 동시에 나타나 비행기가 편대 비행하는 것처럼 날았다고 하니 신기할 따름이다. 다른 곳도 아니고 그녀의 아버지의 유해를 뿌리는 그 장소에 그 시간에 나타났으니 이 매를 사후 통신의 상징으로 볼 수 있는 여건은 충분하다.

빌은 이 이야기를 소개하면서 매 이외에도 다른 동물들, 예를 들면 거위, 까마귀, 독수리, 종달새, 올빼미 등등 아주 다양한 동물들이 사후 통신을 하는 데에 등장한다고 전했다. 독자 여러분들의 이해를 돕기 위해 사례를 하나 더 들어보는데 다음의 예는 더 믿을 수 없는 사례이다. 그래서 소개해보는 것이다.

메리는 워싱톤 주에 사는 회계 담당사원이다. 그의 남편인 스튜워트는 48세의 나이에 백혈병으로 죽었는데 사후에 아주 멋진 상징을 사인으로 메리에게 보내주었다.

스튜워트의 꿈은 비행기를 갖는 것이었다. 그가 발병한 뒤 우리는 그에게 비행기를 한 대 사주었다. 그는 5년 간 그 비행기를 타고 다녔는데 그 시간은 그의 일생 중 가장 즐거운 시간이었다. 그는 하늘에서 자유로움을 맛보는 것을 정말로 좋아했다.

그가 죽고 3주 후에 나는 다시 직장에 출근하려고 했는데 그저 두렵기만 했다. 그래서 나는 식탁에 앉아서 계속해서 울기만 했다. 그러던 중 밖을 보니 내가 지금까지 본 것 중에 가장 큰 갈매기가 울타리에 앉아 있는 것이 보였다. 그 갈매기는 흡사 나에게 "넌 할 수 있어"라고 하는 것 같았다.

우리 집은 해안에서 근 550㎞나 떨어져 있기 때문에 집에서 갈매기를 보는 일은 불가능했다. 바닷가에나 있는 갈매기가 이런 내륙에 있을 리 만무하지 않겠는가? 그날 나는 차를 타고 직장으로 향했는데 갈매기는 계속해서 나를 따라왔다. 나는 이 갈매기가 내 영혼을 고양시키고 내게 용기를 북돋아주기 위해 하늘로부터 온 것이라는 것을 확실히 알 수 있었다.

나는 그때 남편이 나와 함께 있고 내게 다음과 같은 소식을 주고 있다는 것을 확실하게 알았다. 즉 자신은 더 이상 아프지 않고 잘 있으며 하늘에서 자유롭게 날고 있다는 것 말이다(p.221).

앞의 예에서는 매가 나온 반면 이번에는 갈매기가 나왔다. 새의 종류만 달라졌을 뿐 고인이 새를 보내 자신들의 소식을 전하는 것은 똑같다. 그런데 사례 자체가 같은 유형이니 드는 의문 역시 똑같다. 여기에 나온 이야기가 사실이라면 도대체 영혼들은 어떤 방법으로 새를 자기 뜻대로 움직이느냐는 것이다. 다시 말해 이런 동물들에게 어떤 에너지를 보내면 그 사람의 뜻대로 움직이는지 궁금하다는 것이다. 이 사례는 더 신기하다. 주인공이 사는 곳은 내륙인데 어떻게 그 먼 바다에만 있는 갈매기를 동원할 수 있었을까? 그리고 그 갈매기는 당사자가 출근하는 동안 내내 그녀의 차를 따라왔다. 이것을 어떻게 설명하면 좋을까?

육신을 갖고 지상에 살고 있는 인간들 가운데 새를 저렇게 마음대로 조정할 수 있는 사람은 거의 없을 것이다. 새는 인간이 있는 곳 근처에는 오지 않기 때문이다. 그런데 영혼은 어떻게 새를 마음대로 움직일 수 있을까? 그 비결이 무엇인지 궁금하다. 사례마다 알 수 없는 것 투성이다.

다음은 물건으로 사후통신이 이루어진 경우이다. 지금까지는 생명이 있는 것을 동원해 사후통신이 이루어졌다면 이번 경우는 무정물인 물건이 상징 사인으로 등장한다.

클로디아는 켄터키 주에 사는 고등학교 교사이다. 그녀는 뜻밖의 사인 하나를 받았는데 그녀에 따르면 그것은 12살 때 자동차 사고로 죽은 딸인 조디로부터 온 것이다.

딸의 첫 번째 기일 2주 전쯤에 나는 신에게 이렇게 간청했다. "하느님, 조디가 내게 사인을 보내게 해주세요. 내가 바라는 것은 단지 딸아이가 자신은 잘 있다고 소식을 전해주었으면 하는 것뿐입니다." 나는 하루 종일 계속 이렇게 간구했지만 아무 일도 일어나지 않았다.

그날 밤 나는 회의가 있어 교회에 가야 했다. 차를 끌고 나가려다가 밑을 보니 길가에 연필이 하나 떨어져 있었다. 그때 무엇인가가 나에게 그것을 주우라고 하는 것 같아 차를 세우고 연필을 주워서 보았다. 그랬더니 연필에는 '나는 괜찮아(okay)'라고 쓰여 있었다.

그 문구를 보는 순간 나는 이것은 분명 조디가 보낸 메시지라는 것을 확신할 수 있었다. 왜냐하면 조디는 생전에 늘 연필로 그림을 그렸는데 연필이 이처럼 나타나면 내가 그것을 보고 자신이 보낸 사인이라고 여길 것이라고 믿었을 것 같기 때문이다. 이렇게 생각하고 나니까 조디와 소통한 것 같아서 나는 며칠 동안 기운이 펄펄 났다(pp.224~225).

이 사례도 믿기 힘든 경우이다. 만일 이것이 사실이라면 어떻게 설명할 수 있을지 잘 모르겠다. 어떻게 조디의 영혼은 'I am okay'라고 쓰여 있는 연필을 가져와서 길가에 놓을 수 있었을까? 그런 연필을 어떻게 찾았으며 어떤 방법으로 그것을 집 앞의 길가까지 가져올 수 있었을까?

우선 그런 문구가 쓰여 있는 연필은 흔하지 않을 텐데 어디서 어떻게 그 연필을 찾았는지 신기하기만 하다. 그런 연필이 있다면 그것은 분명 실내 어딘가에 있었을 것이다. 그런데 연필을 발견한 장소는 길가이다. 그렇다면 조디의 영혼은 실내에 있던 연필을 어떤 방법으로 이 길가까지 가져올 수 있었을까? 또 드는 의문은 자신의 엄마로 하여금 왜 굳이 길가에서 그 연필을 발견하게 했을까 하는 것이다. 어차피 연필을 이동시키는 것이라면 엄마의 책상처럼 발견하기 쉬운 데에 놓는 것이 발견될 확률이 더 높지 않았을까? 이런 등등의 의문이 생겨나지만 이런 것은 모두 의문에 그칠 뿐 정답을 찾기란 매우 어렵다. 따라서 물음표만 남겨 두고 이 장을 떠나려 한다.

다음 장에서 빌은 예외적인 경우를 다루고 있다. 지금까지 우리는 매우 긍정적인 사후통신의 사례만 보았는데 이 장에서는 그렇지 않은 경우를 소개하고 있기 때문이다. 그러니까 사후에 우리가 반드시 천당처럼 좋은 곳에만 가는 것이 아니라는 것이다. 이와 비슷한 이야기는 근사체험을 한 사람의 증언에서도 발견된다. 많이 알려진 것처럼 대부분의 근사체험자들은 사후 세계가 매우 아름답다고 전한다. 지상의 언어로는 설명이 불가능할 정도로 아름답다는 것이 그들의 전언이다. 그런데 어떤 근사체험자들은 그 세계가 아름답기는커녕 끔찍한 곳이라고 주장한다. 어둡고 무섭고 증오와 공포가 가득 찬 곳이라는 것이다. 이와 비슷한 증언이 사후통신을 한 사람에게서도 나오니 그것을 들어 보자.

공포스러운 사후통신과 자살 문제, 그리고 사후에 낮은 단계로 가는 것에 대해

　빌은 이 장에서 위의 제목에서 거론한 3가지 주제, 즉 무서운 사후통신 체험과 자살, 그리고 낮은 단계에 처하는 것 등에 대해 말하고 있다. 이 사례 가운데에는 시사하는 바가 많은 것들이 있어 그것들을 소개해 볼까 한다.

공포 스러운 사후통신

　세상일에는 항상 예외적인 것이 있는 법이다. 대부분의 사후통신 체험이 긍정적이고 밝고 행복하지만 그렇지 않은 경우도 있다. 그렇게 되는 데에는 여러 가지 이유가 있을 터인데 빌은 다음과 같은 이유를 들면서 그런 사례를 소개하고 있다. 사후통신에 대해 사전 지식이 전혀 없는 사람이 갑자기 이런 일을 당하면 당황해서 큰 공포감을 갖게 된다는 것이 그의 견해이다.

　이것은 충분히 가능성이 있는 일이다. 죽은 것으로 알고 있는 사람이 갑자기 자신의 앞에 나타나면 당사자가 놀라는 것은 당연한 일이다. 이런 일을 당한 사람은 사전 지식이 없으면 외려 자신이 미친 것 아닌가 하는 생각을 갖게 된다. 거기다 주위에서 이 체험을 인정해주지 않으면 더 더욱 그렇게 될 것이다. 이런 이야기를 주위의 사람들에게 하면 대부분 '헛것을 보았다'고 하면서 아예 듣는 것 자체를 거부하는 경우가 많다. 한국의 경우에도 이렇게 영이 나타나면 사람들이 '귀신이 나왔다, 유령이 출몰했다'라고 하면서 미신으로 몰고 가기 때문에 사후통신이 긍정적으로 해석되지 않는 경우가 적지 않을 것이다. 그럼 이에 대한 실례를 들어보자.

샤롯테(43세)는 뉴저지 주에 사는 간호사인데 남편인 글렌과 사후통신 체험을 했다. 그런데 체험 유형은 앞에서 본 것과 같은데 샤롯데의 반응은 영 달랐다. 다른 체험자들처럼 평화와 기쁨, 그리고 안정을 체험하기는커녕 그의 체험은 공포로 일관되었기 때문이다.

글렌이 죽은 날 나는 누구와 통화하고 싶어 옆집에 사는 조니에게 전화를 걸었다. 통화를 하는 도중 글렌이 내 바로 앞에 서 있는 것을 발견했다. 그는 돌처럼 견고하게 나타나 그를 뚫고 뒤쪽을 볼 수는 없었다. 그는 생전에 아프던 것과는 달리 완벽하게 건강하게 보였다.

그는 몸을 낮추어 내 무릎 위에 손을 올려놓고 이렇게 말했다. "샤롯테. 나야. 나는 아무렇지도 않아. 고통도 없고 기분도 아주 좋아." 그때 그를 보고 내가 했던 일은 소리 지르는 것뿐이었다. 나는 그 때문에 정신이 다 나갔다. 혼 줄이 빠진 것이다. 내가 소리를 더 지르자 그는 계속해서 "괜찮아, 괜찮아. 나에 대해 전혀 걱정안 해도 돼"라고 말하곤 갑자기 증발해버렸다.

그가 간 뒤 나는 의자에 얼어붙은 것처럼 앉아 있었고 전화를 받고 있었던 조니는 궁금한 나머지 우리 집으로 왔다. 내가 평정을 되찾은 것은 조니와 한참을 이야기한 뒤였다(p.231).

이 사례의 내용은 충분히 이해된다. 그 사람이 죽은 그 날 바로 면전에서 그를 목격했으니 놀랄 수밖에 없는 것이다. 추측컨대 아마 이 주인공은 사후생이나 영혼의 존재 같은 것에 대해서 선지식이 전혀 없었던 것 같다. 대신 그런 것들을 유령이나 귀신과 연관시켜 미신이라고 생각했던 모양이다. 사정이 그러하니까 남편의 영이 나타났을 때 자신이 생각하는 미신과 연관시켜 놀란 나머지 비명만 지른 것 같다.

그런데 이해가 잘 안 되는 점이 있다. 남편인 글렌의 태도가 그렇다. 과연 그는 이런 일이 벌어질지 몰랐느냐는 것이다. 그러니까 자신이 영의 형태로 아내 앞에 나타나면 그녀가 자신을 유령 취급하면서 큰 공포를 느낄지도 모른다는 것을 알지 못했느냐는 것이다. 앞에서 보면 영혼들은 미래에 일어날 일에 대해서 잘 아는 상당히 지혜가 뛰어난 존재인 것 같은데 이 경우에는 남편의 영혼이 아내의 상태를 왜 몰랐는지 이상하다. 글렌에게 조금이라도 배려의 마음이 있었다면 그렇게 갑자기 아내 앞에 나타나는 것을 삼가지 않았을까 한다.

그런데 빌에 따르면 이렇게 처음에는 공포스러운 사후통신 체험을 한 사람도 이 체험에 대해 더 공부하면 대부분 그 공포를 극복하고 긍정적인 쪽으로 선회한다고 한다. 다만 아쉬운 것은 빌이 이런 사례를 소개하지 않고 있다는 것이다. 처음에는 사후통신 체험을 공포 속에서 맞이한 사람이 학습한 후에 그 체험을 재해석해 긍정적으로 바뀐 실례가 있었으면 더 좋았을 것이다.

자살 <small>에 대하여</small>

이 부분에서 빌은 자살이란 고통의 끝도 아니고 문제의 해결도 아니라는 교과서적인 견해에 동의를 표하고 있다. 사실 이러한 견해는 특히 근사체험을 한 사람들이 지지하는 것이기도 하다. 자살을 했다가 근사체험을 하고 다시 살아난 사람들은 이구동성으로 자살이란 절대로 해서는 안 되는 것이라고 주장한다.

그 이유는 간단하다. 자살 역시 살인이니 해서는 안 되는 것이고 그렇게 죽어봐야 힘들었던 마음 상태가 좋아지는 것도 아니니 하지 말라는 것이다. 이 점에 대해서는 다른 책에서 이미 많이 거론했으니 예서 반복할 필요는 없을 것이다.

자살을 하지 말아야 할 그 다음 이유는 지상에 남은 친지들이 겪게 되는 고통 때문이다. 가족 중에 누군가 자살하면 남은 가족들은 상상 이상으로 큰 고통을 겪는다. 이들의 고통을 진지하게 생각한다면 어느 누구도 자살을 쉽게 할 수 없다. 자신의 자살 때문에 자신이 사랑하는 사람들이 큰 고통에 빠진다는 것을 알면서도 자살을 감행할 사람은 거의 없을 것이다. 게다가 이렇게 다른 사람의 마음을 괴롭게 하면 이것 또한 나쁜 카르마를 낳게 된다. 그렇게 되면 그 카르마 때문에 미래에 본인은 아주 안 좋은 상황에 처할 수도 있다. 상황이 이러하니 자살은 이리 봐도 저리 봐도 어느 누구에게도 도움이 되지 않는 악이라 할 수 있다.

이러한 생각을 염두에 두고 이 책에 나오는 사례를 살펴보자. 다음은 자살을 한 사람과 사후통신을 한 예이다.

말린(38세)은 메릴랜드 주에 있는 지방방송국에서 일하는 기술자이다. 그의 남자친구였던 웨스는 충동적으로 자살을 한 뒤 말린의 꿈에 나타났다. 그 꿈에서 웨스는 자신이 부질없는 짓을 해서 매우 부끄럽고 자신이 한 일에 대해 크게 후회했다고 전하고 있다.

웨스가 자살한 지 약 1달이 지나 내 꿈에 나타났는데 그 꿈은 아주 생생했다. 그것은 꿈 같지 않고 진짜 생시 같았다.

꿈에 나타난 그는 황량한 황무지에 있었고 안개에 휩싸여 있었다. 그곳은 아주 어둡고 암울했으며 고독한 곳이었다. 그는 누더기가 된 티셔츠와 반바지를 입고 있었다. 그는 실의에 빠져 있었고 모든 것을 단념한 것 같았다. 그는 전혀 평화스럽게 보이지 않는데 "나는 선고를 받았어"라고 말했다. 내가 "무슨 선고를 받았다는 거야"하고 다시 물으니 그는 "영원히 이런 상태에 있으라는 선고"라고 답했다.

웨스는 가망이 없는 것처럼 보였다. 그가 바라던 평안함을 얻지 못한 것을 보고 나는 엄청난 슬픔과 고통 속에 빠졌다. 그래서 나는 그에게 그를 위해 기도하겠다고 말했다.

깨어나서 보니 자살은 아무 이득이 없는 것이라는 것을 절감했다. 왜냐하면 자살을 해도 여전히 영혼으로서 살아 있기 때문이다. 우리는 우리의 현실에서 결코 탈출할 수 없다. 나는 우리는 끝까지 살아야 하고 모든 일에 책임을 져야 한다는 사실을 확실하게 알았다. 만일 자살을 함으로써 책무를 거부할 수 있다고 생각한다면 그것은 잘못된 생각이다(pp.235~236).

이 사례에 나오는 내용은 앞에서 말한 것처럼 근사체험자들이 말하는 것과 많은 점에서 일치한다. 자살 미수로 근사체험을 한 사람 가운데 일부는 죽었을 때 깜깜한 곳에 혼자 놓이게 되었다고 실토했다. 이것은 보통의 경우와 매우 다르다. 일반적인 체험자들은 영혼 상태가 되면 아주 아름다운 곳에서 먼저 타계한 친지들을 만나 황홀한 체험을 한다고 하는데 자살자는 그렇지 않은 것이다.

이 사례에 나오는 웨스가 바로 이런 상태에 있었던 것으로 보인다. 안개가 자욱한 황량한 곳에 혼자 고독하게 있었으니 말이다. 게다가 옷은 다 떨어진 것을 입고 있었다. 사실 이것은 모두 그의 마음 상태를 표현하고 있는 것이다. 영계에서의 상황은 모두 자신의 마음 상태가 투사되어 생기는 것이라 그렇게 말할 수 있다.

이 공식 아닌 공식을 웨스에게 적용해 보면, 그는 황량한 황무지에 있었다고 했다. 이것이 사실이라면 웨스의 마음 상태가 이러했을 것이다. 이것은 상상하기 그리 어렵지 않다. 자살한 사람의 마음 상태가 얼마나 황폐되어 있겠는가? 그렇지 않았다면 자살이라는 극단적인 선택을 하지 않았을 것이다. 그 다음에 웨스는 안개에 휩싸여 있었다. 이것 역시 웨스의 마음 상태를 반영하는 것일 것이다. 마음이 답답하고 미래가 불확실하니 그런 마음의 상태가 웨스의 주위에 안개를 만든 것 아닌가 하는 생각이다.

그리고 웨스 주위에는 아무도 없었다. 그래서 그는 그곳서 큰 고독감을 느꼈다. 아무도 마중 나오지 않은 것이다. 보통의 근사체험자들은 체외이탈을 하면 반드시 먼저 타계한 가족이나 친지들을 만나게 되는데 자살한 사람들은 이처럼 아무도 마중을 나오지 않는 경우가 있다. 이것도 설명이 가능한 상황이다. 자살한 사람은 자살을 함으로써 스스로를 다른 사람으로부터 격리시켰기 때문에 아무도 나타나지 않은 것이리라. 이것은 자기가 다른 사람을 거부한 것이지 다른 사람들이 그를 거부한 것이 아니다.

영계에서는 모든 것이 자기 책임 하에 움직이기 때문에 누구 탓을 할 수 없다. 그러나 그렇다고 해서 그런 기쁜 나쁜 곳에 영원히 있게 되는 것은 아니다. 본인이 마음을 고쳐먹고 도움을 청하면 다른 영혼이 곧 나타나 얼마든지 도움을 받을 수 있다. 웨스가 입고 있는 옷이 남루하기 그지없었다는 것도 매우 재미있는 설정이었다. 추정컨대 이것 역시 만신창이가 된 그의 마음을 있는 그대로 보여주는 것 아닐까 한다. 영의 세계에서는 옷의 상태까지도 그 영혼이 결정할 수 있다고 한다.

그런데 더 절망적인 것은 웨스가 그런 상태에 영원히 있으라는 선고를 받았다는 것이다. 이 말이 사실이라면 이것은 자살이 얼마나 나쁜가를 보여주는 것일 것이다. 자신의 목숨을 스스로 빼앗고 그럼으로써 수많은 사람들의 가슴에 피멍을 들게 했으니 그런 형벌이 떨어지는 것이리라. 사실 이 형벌도 밖에 있는 어떤 심판관 같은 존재가 주는 게 아니라 자신이 자신에게 부과하는 것일 것이다. 자살은 주위 친지들에게 크나큰 고통을 안겨준다고 했다. 남의 가슴에 못을 박았으면 자신도 그 과보를 받아야 한다. 그래서 웨스가 자신이 종신형을 선고 받았다고 믿고 있는 것 아닌지 모르겠다. 그러나 근사체험자들의 말을 들어보면 꼭 그런 것은 아닌 모양이다. 아무리 자살이라는 큰 죄를 저지른 사람이라도 본인이 회개하는 데에 따라 상황이 달라지기 때문이다.

그런데 자살에는 꼭 부정적인 경우만 있는 것은 아니다. 예를 들어 말기 질환으로 큰 고통에 시달리는 사람이 자살하는 경우는 앞에서 본 웨스처럼 되지는 않는 모양이다. 그러니까 자신은 어차피 몇 달 안에 죽을 터인데 그 기간을 채우면서 엄청난 고통을 겪을 필요가 없다고 생각한 사람이 자살하는 경우는 사정이 많이 다른 것 같다. 빌이 마침 그런 예를 들고 있으니 그것을 보기로 하자.

론다는 네바다 주에 사는 의료기술사이다. 그녀가 21세 때 아버지의 친구인 핸크가 45세로 생을 마감했는데 그 후에 그녀는 그와 사후통신 체험을 했다.

핸크가 죽기 전날 밤 그의 가족과 우리 가족은 같이 모여 있었는데 당시 나는 그곳에 있지 않았다. 그때 그는 그들에게 자신은 지금 말기 질환을 앓고 있다고 처음으로 발설했다. 그 전에는 그 사실을 아무도 몰랐는데 더욱 놀라운 것은 그가 자살을 할 것이라고 선언한 것이다. 그가 이 일을 단행하는 데에는 그다지 많은 시간이 걸리지 않았다. 그 다음 날 바로 자살했기 때문이다.

그가 자살하고 4일이 지난 뒤 꿈에 그가 나타났다. 꿈에 누가 노크를 하길래 문을 열어주었더니 핸크였다. 그는 전혀 아픈 모습이 아니었고 아주 건강하고 모든 것이 정상으로 보였으며 옷도 말끔하게 입고 있었다.

핸크는 행복한 얼굴을 하고 말하길 "나는 고통을 더 이상 견딜 수 없어서 자살을 했단다. 나는 지금 기분이 아주 좋고 너의 가족들도 앞으로 다 잘 될 것이다. 사랑해"라고 했다. 이것이 그를 본 마지막 꿈이었다(p.238).

이렇게 자살한 경우는 예외에 속한다고 할 것이다. 이유는 간단하다. 핸크는 이미 고칠 수 없는 병에 걸려 있기 때문에 지금 죽으나 나중에 죽으나 큰 차이가 없다. 만일 당사자가 임종 준비를 다 마쳤다면 더 더욱이 그런 큰 고통을 감내하며 계속해서 삶을 영위할 필요가 없다. 그래서 그는 아마도 지금 겪고 있는 고통이 별 의미가 없다고 생각한 것이리라.

임종 직전에 느끼는 고통은 생을 존엄하게 마무리하는 데에 큰 방해 요인이 된다. 따라서 임종 직전에는 가능한 한 고통을 줄여야 한다. 이럴 때 물론 진통제 투여가 가장 일반적인 방법이지만 핸크가 취한 방법도 거기에 포함시킬 수 있다. 핸크처럼 임종을 맞이하면 본인은 고통 없이 혹은 경미하게만 고통을 받고 가니 편하게 죽음을 맞이 할 수 있다. 그리고 그렇게 임종을 하면 가족들도 당사자가 죽은 뒤에 심하게 애통해 하지 않을 것이다. 외려 환자가 고통에서 벗어난 것에 대해 안도의 마음을 가질지 모른다. 사정이 이렇다면 핸크 같은 경우에는 자살을 했다고 해서 벌을 받지 않을 것이다. 아니, 정확하게 말하면 핸크는 자살한 다음에 후회하지 않을 것이고 자신에게 불리한 외계도 만들지 않을 것이다.

사후 에 낮은 단계에 처하기

여기서 말하는 낮은 단계란 지옥 같은 곳을 포함해 평화롭지 않은 곳을 뜻한다고 보면 되겠다. 물론 많은 사람들이 사후에 좋은 곳에 가지만 근사체험자들의 증언에 따르면 사후 세계에는 지옥 같은 곳도 있는 모양이다. 그들은 그런 곳을 방문했고 그곳에서 수없이 많은 영혼을 보았다고 전했다. 그런데 이곳이 정말 온갖 고통이 횡행하는 지옥일까? 빌에 따르면 그곳은 그들을 벌을 주는 장소라기보다 영적인 치유와 성장을 꾀하기 위한 장소라고 보는 게 적절하다고 한다. 나도 그의 의견에 동의하는데 여기에 나온 사례를 통해 그 사정을 알아보자.

캐더린(35세)은 펜실베니아에 사는 주부이다. 그녀의 시아버지가 암으로 죽은 뒤 그는 그녀에게 도움을 요청했다.

나는 시아버지인 팝이 죽고 4개월 뒤에 다음과 같은 꿈을 꾸었다. 팝이 꿈에 나타났는데 그의 전체적인 모습은 명확하게 보였지만 그 주위에는 빛이 하나도 없었다. 팝의 주위에는 칠흑 같은 어둠만 있을 뿐이었다. 그는 불안한 모습으로 계속해서 서성거리고 있었다. 그는 심란했고 화가 많이 나 있었다. 그래서 그런지 내가 있는 것도 모르고 뒷짐을 진 채로 계속해서 왔다 갔다 하기만 했다.

보다 못한 내가 "아니 뭐하고 계신 거예요?"하고 물으니 그는 돌아서서 나를 아무 생각 없기 바라만 보았다. 이윽고 그는 "나는 여기가 싫어. 정말 싫어. 나는 내가 해야 할 일은 다 했어. 나는 자식들도 잘 키웠는데 이런 일이 일어나리라고는 전혀 생각하지 못했어"라고 말했다.

나는 시아버지에게 당신을 위해 할 수 있는 일이 없다고 하자, 그는 "아, 네가 있었구나. 나를 위해 기도해다오"라고 말하면서 사라졌는데 그때 그의 모습은 안도하는 느낌이었다. 그는 사라지면서 "잊지 마, 얘야 사람들에게 나를 위해 기도 좀 하라고 해줘"라고 말했다.

나는 깨어나서 곧 남편에게 이 일을 알렸다. 나는 남편에게 시아버지가 생전에 무슨 일을 했길래 저런 상태에 있느냐고 물었다. 남편이 대답하길 아빠가 젊었을 때 자식을 키우면서 불법적인 일을 했다고 한다. 그러나 이 불법적인 일이 어떤 것인가에 대해서는 남편이 더 이상 말해주지 않아 알 수 없었다(p.241).

이 사건이 있은 다음 캐더린과 그 가족들은 시아버지를 위해 기도했다고 한다. 이 사례를 통해 빌은 우리가 이곳에서 하는 기도가 영계에 있는 사람들의 상태를 호전시킬 수 있다고 주장하고 있는데 그 진위여부는 잘 모르겠다. 내 개인적인 추정으로 그것은 가능한 일이라는 생각은 드는데 얼마나 영향을 미칠 수 있는지는 잘 모르겠다.

이 사례에서도 고인은 어둠 속에 갇혀서 불행한 시간을 보내고 있었다. 캐더린의 남편에 따르면 시아버지가 생전에 불법적인 일을 했다고 하는데 과연 어떤 불법을 저질렀길래 저런 상태에 있는지 알 수 없는 노릇이다. 그런데 앞에서 자살한 사람들이 처해 있는 상태와 비슷한 상태에 있는 것으로 볼 때 이 시아버지가 약한 범죄를 저지른 것 같지는 않다. 그녀의 시아버지가 칠흑 같은 어둠에 휩싸여 있고 주위에 아무도 없는 곳에 있다는 것은 당사자가 생전에 그런 마음 상태를 유발할 수 있는 죄를 저질렀다는 것을 말한다. 여기서는 그 범죄가 무엇인지 밝히고 있지 않지만 살인 정도의 수준에 이르는 범죄가 아닐까 한다. 그런데 그런 영혼을 위해 지상에 있는 사람들이 기도를 해준다고 어떤 변화가 있을지는 미지수이다.

부정적인 사후통신에 대해 다루는 장은 이것뿐이다. 그래서 여기서도 많은 예를 소개하지 못했다. 사례가 많지 않기 때문이다. 그러나 확실한 것은 사후 세계의 체험은 이런 부정적인 경우도 적지 않다는 것이다. 그럴 수밖에 없는 것이 이 세상에는 생전에 씻을 수 없는 죄를 지은 사람이 한두 명이 아니기 때문이다. 사후 세계가 말로 표현할 수 없을 정도로 아름답고 평화로운 곳이라고 하지만 큰 죄를 저지른 사람에게까지 그렇게 비춰지지는 않을 것이다. 이유는 간단하다. 그런 사람의 마음은 지옥 상태에 있기 때문에 그가 처하는 외계의 현실은 지옥을 방불할 수밖에 없을 것이다.

다음 장은 사후통신이 지어낸 것이 아니라 실제로 일어난 일이라는 주장에 힘을 실어주는 사례들을 다룬다. 그런 사례들이 대단히 많지만 특히 이 장에서 빌은 당사자가 고인이 죽었다는 것을 알기 전에 그로부터 사후통신을 체험한 사례들을 다루고 있다.

고인이 죽었다는 소식을 듣기 전에 겪은 사후통신

빌이 이 장을 따로 마련한 것은 이 장에 있는 사례들이야말로 사후통신 체험이 진실된 것이라는 것을 확신할 수 있게 해준다고 믿었기 때문이다. 그도 그럴 것이 이 사례에 나오는 사람들은 고인이 죽기 바로 직전에 그들의 방문을 받았기 때문이다. 그래서 나중에 확인해보면 고인이 바로 그 시간에 죽었다는 것을 알게 된다. 이런 예야말로 사후통신이 사실이라는 것을 확인시켜 준다는 것인데 이것은 일리 있는 주장이라 생각된다. 당사자는 고인이 타계했다는 것을 전혀 모르는 상태에서 고인의 방문을 받았기 때문이다.

이런 예는 근사체험자들에게서도 많이 발견된다. 이를 테면 이런 것이다. 어떤 사람이 사고를 크게 당해 거의 죽어가면서 병원에 실려 가고 있었다. 그때 그는 현재 자기와 가까운 어떤 사람(의 영혼)과 같이 있다고 말한다. 그런데 그 어떤 사람은 멀쩡히 살아 있는 사람인지라 옆에 있는 가족들은 그 말을 듣고 어리둥절해 한다. 그 뒤 그는 곧 죽었다. 그런데 나중에 확인해보니 이 사람이 죽기 바로 직전에 그 어떤 사람이 죽은 것으로 판명 났다. 이것은 어떻게 된 것일까? 이것을 해석할 수 있는 방법은 그 어떤 사람이 먼저 죽어 영혼 상태로 되어 그에게로 와서 두 사람이 만난 것이라고 해석할 수 있다. 근사체험자들의 경험이 사실이라는 것을 알리려 할 때 이 사례는 매우 좋은 예로 뽑힌다.

이 장에도 많은 사례가 실려 있지만 그 가운데 주목할 만한 것들을 몇 개만 추려보면 충분할 것 같다.

멀린다는 워싱톤 주에 사는 주부인데 어릴 적 친구인 탐과 전혀 예상하지 못한 만남을 가졌다. 한동안 보지 못했던 탐이 죽으면서 그녀를 방문했기 때문이다.

탐과 나는 같이 자랐다. 우리는 바로 이웃에 살았지만 그가 가톨릭 신부가 된 뒤에는 한 번도 만나지 못했다. 내가 텍사스로 이사 간 뒤에는 그의 가족들과도 연락이 완전히 끊어졌다.

이사가고 10년도 더 된 어느 날 자다 일어나 보니 느닷없이 탐이 내 앞에 나타났다. 그는 침대 끝자락에 해군 제복을 입고 서 있었다. 나는 그의 제복을 보고 이해할 수가 없었다. 왜냐하면 그는 신부가 되었으니 해군 제복을 입고 나올 리가 없었기 때문이다. 그때 그는 "잘 있어. 멀린다. 나는 이제 떠나"라고 말하곤 사라졌다.

남편도 일어났길래 그에게 이 사실을 말했더니 그는 그저 꿈일 것이라고만 말했다. 3일 뒤에 나는 엄마로부터 편지를 받았는데 그 편지에서 엄마는 탐이 전사했다고 알려주었다. 그제야 나는 탐이 해군에서 군목(신부)으로 근무했다는 사실을 알게 되었다(p.244).

이런 예들은 대체로 이렇게 진행된다. 오랫동안 연락이 끊긴 지인(의 영혼)이 어떤 차림을 하고 나타났는데 그 차림에 대해서는 전혀 알 수 없다. 이 사람의 이미지가 갑자기 나타난 것도 이상하지만 더 나아가서 왜 그런 차림을 하고 나타났는지에 대해서는 더 더욱이 알 수 없다. 그런데 나중에 소식을 들어보니 그가 그런 차림을 하고 죽었다는 것이다.

이처럼 당사자가 전혀 알 수 없는 일을 미리 알게 되었으니 이 사람이 겪은 체험은 진실한 것 아니겠냐는 것이 빌의 주장이다. 나는 비록 책을 통해서이지만 이런 사례를 수없이 접해 이것이 진실이라는 것을 추호도 의심하지 않는다. 다른 예를 들어보자.

클레어는 오레곤 주에 살고 있는 공인 회계사이다. 그녀는 친구 휴즈(56세)로부터 뜻하지 않은 방문을 받는다. 휴즈가 비행기 추락 사고로 이 세상을 떠나면서 그녀를 방문한 것이다.

휴즈와 나는 15년 간 같이 일을 해왔다. 그는 지우(知友)로서 내게 매우 특별한 사람이었다. 나는 그날 아침에 일찍 깨어 있는데 그가 갑자기 나타났다. 그는 내 침대 맡에 서 있었는데 소매를 접어 올린 하얀 셔츠를 입고 있었다. 그런데 그는 모든 것을 잃은 사람처럼 아주 슬픈 모습을 하고 있었다.

그는 "미안해, 클레어. 어떻게 할 수가 없었어"라고 하면서 흡사 작별 인사처럼 잘 있으라는 말을 남기고 곧 사라졌다. 나는 침대에 앉아 대관절 이게 무슨 일인가 어리둥절해 하면서 그가 남긴 말뜻을 새기고 있었다.

그때 라디오에서 아침 뉴스가 흘러나왔다. 뉴스를 들어보니 휴즈의 수상비행기가 어제 컬럼비아 강에 빠졌다는 소식이었다. 강에 빠진 그가 물가로 나오려 했는데 성공하지 못하고 죽었다는 소식이었다(p.247).

이 사례는 고인이 타계했다는 소식을 그(의 영혼)로부터 직접 듣는 전형적인 경우이다. 그러나 이 사례는 특이한 점이 있다. 나중에 고인이 죽었다는 소식을 알게 된 경로가 그렇다. 보통은 고인의 타계 소식을 친지로부터 듣게 되는데 이채롭게도 이 사례에서는 라디오 뉴스를 통해서 들었다는 점이 재미있다.

　빌은 이 사례에 또 주목할 만한 점이 있다고 전한다. 그것은 이 사례가 사람이 죽었을 때 그 당사자가 항상 즐겁지만은 않다는 것을 보여주고 있는 점이 그렇단다. 앞에서 본 무수히 많은 사례에서 우리는 사후세계에 도착한 영혼들이 매우 행복해 하는 모습을 많이 목격했다. 그런데 이 사례의 주인공인 휴즈는 그런 모습을 보이지 않았다. 대신 무엇인가를 체념하는 모습을 보여주었다. 전혀 행복한 모습이 아닌 것이다. 휴즈는 왜 이렇게 나타났을까? 이에 대해 빌은 갑자기 죽은 사람들의 경우에 이런 사례가 많다고 전하고 있다. 죽음을 너무 갑자기 당해 경황이 없는 것이다. 이런 사람은 더 나아가 당황해 하고 화를 내는가 하면 슬픈 감정마저 갖게 된다고 한다. 그런 경우에 만일 이 사람이 사후생을 믿지 않는 사람이었다면 그런 부정적인 감정은 더 커질 수 있다고 한다. 휴즈가 바로 이 유형에 속하는 사람이었던 것 같다.

　다음은 그 사람이 죽은 시간에 정확히 사후통신 체험을 한 예이다. 이 사례에서는 고인의 영혼이 나타났을 때 당사자가 그 시간을 적어 놓았기 때문에 나중에 확인하는 일이 가능했다. 후에 보니 고인이 바로 그 시각에 정확하게 타계한 것으로 드러나 이 체험이 사실이라는 것을 명확하게 알 수 있었던 것이다.

도미니크(38세)는 플로리다 주에 사는 내과의사이다. 그는 젊었을 때 과 친구와 함께 의사 시험을 준비하기 위해 시골집에서 공부한 적이 있었다. 그때 그는 할머니로부터 중요한 사후통신 체험을 했다.

당시 나는 친구와 같이 오두막 안에서 공부하고 있었는데 갑자기 아주 강하고 독특한 약품 냄새가 났다. 이 냄새는 장뇌와 알코올 냄새였는데 이 약품은 엄마가 할머니에게 사용하던 것이었다. 이것은 가정식 치료법으로 엄마는 할머니가 상태가 좋지 않을 때 이것을 압박패드처럼 그녀의 이마에 대곤 했다.

그런데 이 오두막 안에는 결단코 알코올이나 장뇌가 없었다. 그렇지 않은가? 산골에 있는 오두막에 이런 물품이 있을 리 없지 않은가? 이때 나는 직감적으로 할머니의 신변에 이상이 있다는 것을 알아차렸다. 나는 내 친구에게 이 물건들의 향이 아주 강한 것으로 보아 할머니가 지금 방금 타계한 것 같다고 말했다. 내 친구는 내 말을 무시했지만 그것에 관계없이 나는 그때의 시각인 오전 10시 10분을 정확하게 적어두었다.

시간을 적고 난 다음에 나는 곧 할머니의 평화로운 임재가 느껴졌고 무엇인가 일이 벌어질 것 같은 느낌을 받았다. 할머니가 내게 전달하려는 전체적인 느낌은 "안녕, 걱정 마, 아무 문제 없어"라는 것 같았다. 할머니는 치매에 걸렸기 때문에 마지막 몇 달 동안은 제 정신이 아니었다. 그러나 그때 나타난 할머니는 치매 걸리기 전의 건강한 모습이었다. 할머니는 내게 안도와 평온 그리고 평화를 주고 떠났다.

그날 집으로 오니 엄마가 할머니 증세가 악화되었다고 하길래 나는 다 알고 있다고 했다. 내가 엄마에게 '할머니는 오늘 아침 10시 10분에 돌아 가셨다'는 것을 알고 있다고 하자 모친은 내 말이 맞는다고 확인해주었다 (pp.250~251).

이 사례는 전형적인 사후통신으로 후각적인 체험이다. 따라서 덧붙일 이야기는 그다지 없다. 대신 이 사례에 대해 빌이 제공하는 시각을 소개하고 싶다. 나름대로 재미있기 때문이다.

빌은 도미니크가 이 일을 통해 서양 의학에서는 가르치지 않는 아주 귀중한 가르침을 받았을 것이라고 추정했다. 이 가르침이란 사람이 죽는다는 것은 육체에만 해당되는 것이고 영혼은 영원히 남는다는 것을 말한다. 서양 의학은 기본적으로 유물론, 즉 세상에는 물질만이 존재하고 영혼 같은 것은 없다는 견해를 지향한다. 그래서 서양 의사들은 많은 경우 인간의 의식이란 뇌라는 물질이 만들어낸 것에 불과하다고 믿는다(이것이 틀린 견해라는 것은 내가 여러 책에서 밝혔다).

도미니크는 이런 체험을 통해 인간의 영혼이란 사후에도 분명히 존재한다는 것을 확실하게 알았을 것이고 따라서 인간은 불멸하다는 것을 깨달았을 것이라는 것이 빌의 소견이었다. 빌이 계속해서 제안한 것도 새겨들을 만하다. 빌은 의사나 간호사 같은 의료진들이 모두 이런 시각을 가졌으면 하는 바람을 피력했다. 유물주의를 버리고 영혼을 인정하라는 것이다. 빌은 만일 의료진들이 갖고 있는 세계관이 이렇게 바뀐다면 의료 체제가 송두리째 바뀔 수 있다는 의견을 피력했다. 이것을 내 나름대로 해석해서 말하면, 지금과 같은 육신중심적인 치료법에서 영을 중시하는 치료법으로 바뀌어야 한다는 것으로 이해된다. 이렇게 되면 많은 변화가 생길 터인데 그 변화 가운데에는 반드시 무의미한 연명치료를 퇴출시키는 것도 포함될 것이다.

사후통신은 사후 수년이 지나도 가능하다!

이번 장에서 빌은 사후에 바로 일어나는 사후통신이 아니라 수년이 지난 다음에 일어난 사후통신에 대해 적고 있다. 고인이 타계한 지 오래되었기 때문에 당사자는 전혀 기대하지 않았는데 갑자기 사후통신을 체험하게 된 사례가 이 장에 많이 소개되어 있다. 이 사례들을 통해서 빌이 하고 싶은 이야기는 다음과 같은 것이다. 즉 고인들은 타계한 뒤에도 항상 사랑과 동정의 마음을 갖고 지상에 있는 가족이나 친구들의 일상을 관찰하고 있다는 것이다.

얼핏 생각하면 고인들은 타계한 직후에나 우리에게 관심을 갖지 시간이 많이 지나면 관심이 적어지거나 아니면 아예 없어질 것이라고 여길 수 있다. 이렇게 추정하는 근거는 그들도 그쪽 생활에 적응하고 나면 지상에 대한 관심이 현저하게 줄어들 것으로 생각되기 때문이다. 빌에 따르면 이런 생각은 잘못된 것이다. 고인(의 영혼)들은 시간에 관계없이 지속적으로 우리를 지켜보고 있기 때문이다. 그러다 어떤 안내나 보호가 필요하면 그들은 지상에 있는 사람과 교통을 시도한다고 한다. 이 장에서는 바로 이런 사례를 다룬다. 이 장에도 많은 사례가 인용되어 있지만 내용들은 앞에서 본 사례들과 그리 다르지 않기 때문에 여기서는 극적인 것만 골라 소개해본다.

돈나는 메인 주의 병원에서 약물의존 상담가로 일하고 있었다. 그러던 중 42세에 알코올 중독으로 죽은 아버지가 5년이 지난 뒤에 그녀에게 나타났다. 나타난 이유는 그가 생전에 돈나에게 저지른 악행을 사과하려는 것이었다.

어느 날 밤에 깨어 있었는데 갑자기 5년 전에 죽은 아빠가 침대 맡에 서 있는 것이 보였다. 그에게서는 빛이 나고 있었고 외관도 수려했다. 그는 반투명 상태였는데 건강이 좋아 보였다. 이윽고 아빠는 "돈나야 정말 미안하다"라고 말하곤 슬픈 어조로 자신이 한 일에 대해 크게 후회하고 있다고 말했다. 그는 그렇게 잠깐 서 있다가 사라졌다.

나는 아빠가 자신이 행한 나쁜 짓, 즉 나를 학대하고 근친상간했던 것에 대해 사과하고 있다는 것을 알았다. 그가 미안하다고 했을 때 나는 그때까지 지니고 있었던 증오와 화가 없어지고 큰 기쁨이 밀려왔다. 나는 몇 년 만에 처음으로 내 내면이 평화로워지는 것을 느낄 수 있었다.

아빠의 사과는 내 삶을 완전히 바꾸어 놓았다. 당시 근친상간이라는 단어는 금기어로 되어 있었기 때문에 사람들은 그런 일이 있어도 말을 하지 않았다. 그래서 나도 아빠에게 근친상간 당했다는 사실을 어느 누구에게도 말하지 않았다. 그러나 아빠의 사과를 받은 뒤부터 나는 근친상간에 대해 말을 하기 시작했고 그럼으로써 치유 과정이 시작되었다.

그러고 나서 20년이 지났고 나는 완전히 다른 사람이 되었다. 지금은 아빠를 사랑과 연민으로 대할 수 있다. 이런 의미에서 나는 근친상간의 생존자라 할 수 있을 것이다!(p.260)

이 예는 아버지가 생전에 딸을 강간한 것 때문에 딸이 크게 고생하자 아버지의 영혼이 나타나 용서를 구하는 과정이 극적이어서 소개해 보았다. 뿐만 아니라 당사자가 그 큰 아픔에서 벗어나게 되었으니 더 극적인 예라 할 수 있다. 이 사례에서 알 수 있는 것처럼 고인의 영혼은 영계에서도 줄곧 가족들을 지켜보고 있다고 한다. 당사자의 아버지는 아마 죽은 직후에 자신이 행한 짓이 얼마나 나쁜지 곧 알아차렸을 것이다. 그러나 아직 영적으로 충분히 성숙되지 않아 딸에게 나타나 용서를 구하지 못했던 것 같다.

그가 진정한 회개를 하고 일을 해결하려는 책임감을 갖게 되는 데에는 5년이라는 세월이 필요했던 모양이다. 그 정도의 세월이 흐른 다음 자신의 진정한 마음을 표현할 수 있다고 믿었을 때 딸에게 나타나 용서를 구한 것이다. 빌은 이 사례를 통해 우리들은 영계에 간 뒤에도 계속해서 영적인 성숙을 도모한다는 것을 알려주고 싶었다고 한다.

이와 더불어 빌은 이런 식의 회개야말로 영혼이 성장하려고 할 때 밟아야 할 첫 번째 단계라고 자신의 의견을 피력했다. 이 의견에 대해서 나도 전적으로 동의한다. 종교적으로 성숙하기 위해 우리가 해야 하는 첫 번째 일은 자신이 행한 일에 대한 회개이다. 회개를 통해 우리의 영혼을 정화시키는 것이다. 우리의 영혼을 순수하게 만드는 데에는 회개만한 것이 없다. 예수가 자신의 가르침을 펴기 시작했을 때 가장 먼저 선포한 것이 다름 아닌 "회개하라"이었던 것도 이런 맥락에서 이해할 수 있을 것이다.

다음의 예도 재미있어 소개해보는데 이것은 가족 관계의 중요성과 기도의 힘에 대한 사례라 할 수 있다. 이 사례는 당사자가 할아버지의 영혼의 도움을 받아 자신의 아기를 살린 예이다.

샤논(29세)은 플로리다 주에 사는 주부이다. 그녀는 할아버지가 심장마비로 죽고 나서 12년 뒤에 그와 사후통신을 해서 큰 도움을 받았다.

내 아들인 브래들리는 미숙아로 태어났다. 그래서 많은 문제가 있었는데 그로 인해 의사들은 브래들리가 살지 못할 것 같다고 말했다. 나는 병원 안에 있는 교회에 가서 제발 내 아들을 살려달라고 주님께 소리 지르며 기도했다. 그때 갑자기 할아버지가 나타나 손을 내 오른쪽 어깨에 놓는 것처럼 느껴졌는데 그와 동시에 그가 피우던 파이프 담배 냄새가 났다. 꼭 그가 내 옆에 앉아 있는 것 같은 그런 느낌이었다.

할아버지는 생전에 달콤한 히코리 나무 향이 나는 아주 독특한 담배를 피웠다. 나는 그 냄새를 그의 집 이외의 다른 장소에서는 맡아보지 못했다. 이렇게 할아버지를 만난 체험 덕에 나는 마음이 아주 차분하게 되었고 브래들리가 할아버지 덕에 살아날 것이라는 믿음이 생겼다. 45분쯤 지났을 때 누군지 모르겠는데 나에게 아들이 있는 곳으로 가라고 권했다 (아마 내면의 소리였던 것 같다-저자 주). 나는 일단 할아버지에게 감사하다는 인사를 했는데 그러자 곧 담배 향이 사라졌다.

아들이 있는 병실로 가서 의사를 만났더니 그는 "믿을 수 없어요. 아기가 고비를 넘겼어요. 맥박이나 혈압 등이 모두 정상이에요"라고 말했는데 그 말에 나는 감정을 주체하지 못하고 울고 말았다. 할아버지가 도운 것이 분명했다.

브래들리는 기적적인 회복을 했다. 비록 청력은 손상됐지만 그는 이제 건강한 5살이 되었다. 그는 증조할아버지를 본 적이 없다. 그러나 2년 전에 할아버지 사진을 보여주었을 때 사진 속의 주인공이 곧 자신의 증조할아버지라는 것을 알아냈다(pp.265~266).

위의 사례는 기도를 통해 고인의 영혼으로부터 도움을 받은 경우를 소개한 것인데 이처럼 기도가 응답받는 경우가 있는 모양이다. 빌의 조사에 따르면 우리가 위기 상황에 처했을 때 고인이 된 친지나 친구들이 메신저로 나타나 위기에 처한 지상의 친지를 돕는 경우가 있다고 한다.

그러나 이것은 추측일 뿐 정확한 것은 알 수 없다. 이 사례의 경우에도 과연 그 할아버지 영혼이 힘을 써서 아기가 살아난 건지 아니면 그 아기가 살아날 운명이었기 때문에 살아난 것인지는 확실히 알 방도가 없다. 할아버지가 살렸다고 해도 그 인과관계가 확실하지 않다. 내 생각에 그 아기는 그때 죽을 카르마가 아니기 때문에 살아난 것 같다. 왜냐하면 그의 할아버지 같은 평범한 영혼이 죽을 사람을 살리는 것과 같은 기적을 행할 수 없다고 생각되기 때문이다. 만일 모든 영혼들이 그런 특수한 능력을 갖고 있다면 세상에 죽을 사람이 하나도 없을 것이다. 그렇지 않겠는가? 조상에게 기도해서 불치의 병을 고칠 수 있다면 죽는 사람이 아무도 없지 않겠는가? 세상에는 이렇게 해서 살아난 사람보다 죽은 사람이 훨씬 더 많다. 이것을 통해 보면 조상들의 영혼은 그다지 힘을 갖고 있지 않은 것 같다.

이 사례에서 재미있는 것은 브래들리가 증조할아버지를 직접 본 적이 없는데 나중에 그를 알아보았다는 것이다. 이에 대해 빌은 증조할아버지가 증손자를 몇 번 방문했기 때문일 것이라고 설명하고 있다. 증조할아버지가 영혼으로 어린 브래들리를 방문했기 때문에 증손자가 알아보았을 것이라는 것이다. 그럴 가능성도 있지만 다른 가능성도 있을 것이다. 즉 두 사람이 영계에 있을 때 서로 만나서 앞으로 어떤 일이 벌어질지에 대해 사전 논의를 했을 수도 있다. 그 경위가 어떻든 두 사람이 이전에 만났다는 것은 확실하다.

그 외에 사후통신이 확실하다는 것을 알려주는 사례들에 대해

빌의 설명은 이 뒤에도 장을 달리 하면서 계속되는데 이제부터는 장을 나누어서 볼 필요가 없겠다. 그 대신 이 많은 사례 가운데 극적이거나 재미있는 것들을 추려 소개하면 좋겠다는 생각이다. 여기에 나오는 예들은 사후통신 체험을 믿을 수밖에 없게끔 만드는 사례들이 대부분이다. 그런데 앞에서 소개한 것과 그다지 다르지 않기 때문에 특별한 제목을 붙이지 않고 그냥 나열해서 보겠다.

고인의 영혼이 위난에 빠진 지상의 가족을 구하는 사례

이제부터 보게 될 사례들은 주로 당사자가 곤란한 상황에 빠졌을 때 고인의 영혼의 도움을 받아 문제를 해결하는 경우이다. 빌은 이런 사례가 사후통신 체험이 사실이라는 것을 증명해준다고 주장하고 있다.

먼저 볼 사례는 귀중품이 있는 곳을 몰라 헤매다가 고인의 영혼으로부터 도움을 받아 찾았다는 내용의 사례이다.

루스는 플로리다 주에 사는 주부인데 64세 때 심장병으로 죽은 엄마로부터 귀중한 정보를 얻게 된다.

엄마가 타계한 뒤 일주일쯤 지났을 때 아빠가 이렇게 말했다. "있자나, 너의 엄마가 5천 불 상당의 저축 증서를 침실 어딘가에 숨겨놓았는데 그 정확한 장소를 알지 못하니 그걸 찾아보자."

우리는 두 시간 동안 침실 안에 있는 서랍장을 비롯해 모든 곳을 찾아보았다. 그러나 결국 찾지 못해 나는 아빠에게 다른 방을 찾아보자고 했다. 바로 그때 섬광처럼 엄마가 빙그레 웃으면서 "어휴 바보들. 증서는 양복 커버에 있는 덧댄 것 속에 있어"라고 말했는데 그 소리는 아주 또렷했다.

나는 곧 양복장으로 가서 양복 커버를 찾아보니 거기에는 덧댄 것이 있었고 그 안에 예금 증서가 있었다. 아빠는 그때 나를 보면서 "루스야 엄마가 분명히 여기에 있었구나"라고 말했다(p.276).

나는 이런 이야기를 접하면 믿을 수 없는 기분이 드는데 그것은 잃어버린 물건을 이렇게 쉽게 찾을 수 있다면 사람들이 잃어버릴 물건이 하나도 없다는 생각이 들기 때문이다. 그렇지 않은가? 만일 이렇게 고인의 도움을 받아 물건을 찾을 수 있다면 찾지 못할 물건이 없지 않겠는가? 그런데 그런 물건들을 찾기보다는 찾지 못하는 경우가 훨씬 많다. 또 물건을 찾더라도 그런 일은 머리를 많이 굴려 온갖 추리를 한 다음에나 가능한 일이기 때문에 영혼의 도움을 받아 찾겠다는 생각은 해본 적이 없다. 그런데 이런 사례가 있으니 신기해서 여기에 소개해보았다.

다음으로 소개할 사례 역시 아주 재미있다. 가족 간에 심각한 문제가 있어 풀지 못하고 있었는데 아버지의 영혼이 묘안을 가르쳐줘 그 문제를 푼 경우이다.

지네트(41세)는 뉴 헴프셔 주에서 장사를 하고 있었다. 그녀는 아버지가 죽고 1년 뒤에 딜레마에 빠졌는데 아버지의 영혼이 나타나 해결책을 제시해주었다.

내 자매인 데비는 마약을 한다. 그녀는 미네소타에 사는데 종종 내게 전화를 걸어 아이들을 먹일 음식이 없다고 하소연했다. 그러면 나는 돈을 보내주곤 했다. 그렇지만 나는 그녀가 그 돈으로 마약을 살 것이라는 것을 알고 있기 때문에 미칠 것 같았다. 어느 날인가 데비가 전화를 해 또 5백 달러를 보내달라고 했다. 나는 주기 싫었지만 어떻게 해야 할지 몰랐다.

나는 화가 나서 침대에 앉아서 울면서 "아빠 나 좀 도와줘요. 어떻게 해야 할지 모르겠어요"라고 말했다. 그러다 잠이 들었는데 꿈에 아빠가 정말로 나타나 내게 빙그레 웃고 있었다. 이때 나는 이건 웃을 일이 아니지 않느냐고 되물었다. 그러자 아빠는 해결책이 있으니 깨어나면 알 수 있을 거라고 말해주곤 나를 오랫동안 안아주었다.

다음 날 아침 나는 정말로 해결책을 찾았다. '데비에게 청구서를 다 보내라고 하고 내가 그것들을 지불해주면 되겠네'라는 생각이 든 것이다. 이게 해결책이었는데 그때 나는 이 묘안은 아빠가 가르쳐준 것이라고 굳게 믿었다. 내 머리로는 결코 이런 것을 생각해내지 못하기 때문이다.

나는 전화로 데비에게 이 말을 전했고 그 말을 들은 데비는 모든 청구서를 내게 보냈다. 물론 나는 그것을 다 지불했다. 그러자 데비는 내게 엄청 화를 냈고 더 이상 돈을 달라고 하지 않았다(pp.281~282).

이게 무슨 상황인지 독자들은 이해가 잘 되지 않을 것 같다. 나도 처음에는 지네트가 무엇을 말하려고 하는지 알 수 없었다. 그러나 몇 번 더 생각해보니 어느 정도 이해가 되었다. 그것을 추정해보면, 데비가 보낸 청구서에는 약에 관한 것이 대부분이었을 것이다. 지네트는 그것을 다 돈으로 지불하자 그것을 안 데비는 자존심에 큰 상처를 받았을 것이다. 자신이 거짓말한 것이 들통 났기 때문이다. 자식들 음식 사준다고 해놓고 약만 샀다는 것이 그 청구서 때문에 다 밝혀졌으니 말이다. 그래서 데비는 자존심이 뭉개졌을 것이고 화가 많이 났을 것이다. 이 일 이후로 데비는 더 이상 지네트에게 전화를 하지 않았고 그것으로 문제가 다 풀렸다.

다음의 예도 재미있다. 본인이 모르는 보험 증서를 고인이 친구를 통해 알려주었기 때문이다.

키티(65세)는 알라바마에 사는 주부인데 그녀의 친구인 르랜드가 사고로 죽은 뒤에 나타나 그녀에게 작은 부탁을 했다.

르랜드는 우리 친구인데 우리는 그에게서 집을 샀다. 그는 우체부였는데 우편 트럭에 치여 죽고 말았다. 그가 죽은 다음 날 나는 신기한 일을 겪었다. 그가 내 침실에 나타난 것이다. 그리곤 자신의 처인 프란시스에게 그녀가 모르는 보험증서가 있다는 것을 이야기해달라고 부탁했다. 그러면서 그 증서는 침실에 있는 옷장의 맨 위 서랍에 있으니 그렇게 프란시스에게 말해 달라고 했다. 그리곤 그는 곧 사라졌다.

그때 남편인 클리프가 방안으로 들어왔길래 일어난 일에 대해 말해주었더니 그는 프란시스에게 전화를 걸어 알려주자고 했다. 그 제안에 나는 만일 내가 그렇게 하면 프란시스가 나보고 미쳤다고 할 것이라고 내 의견을 전했다.

내 생각에 동의한 클리프는 프란시스가 아닌 르랜드의 형인 리드에게 이 사실을 알려주었다. 그랬더니 정말로 르랜드가 말한 곳에 그 보험증서가 있었다. 그렇지만 클리프는 그 사실을 어떻게 알게 되었는지에 대해서는 말하지 않았다. 리드는 클리프에게 전화를 걸어 고맙다는 말을 전했는데 그때에도 우리는 이 정보를 어떻게 알게 되었는지에 대해서는 말하지 않았다. 그들이 이해하지 못할 수 있기 때문이었다(p.283).

이 사례의 주인공들은 매우 현명한 사람들이라 할 수 있다. 사후통신을 했다는 사실이 받아들여지지 않을 것이라는 것을 예상하고 부탁받은 정보를 고인의 부인이 아닌 형에게 알리는 우회적인 방법을 썼으니 말이다. 그런데 공연한 노파심이 생긴다. 그 사실을 알려주었을 때 상대방이 오해할 수 있다는 생각이 들기 때문이다. 왜냐하면 그렇게 은밀한 곳에 증서 같은 것이 숨겨 있다는 것을 아는 것은 무언가 당사자끼리 내통을 해서 아는 것 아닌가 하는 의심을 받을 수 있기 때문이다. 따라서 오해를 없애기 위해서는 사실을 사실 대로 밝히는 것이 좋지 않았나 하는 생각을 해본다.

이런 사례를 보면 이해가 안 되는 것이 또 있다. 이 책에는 이처럼 고인의 영혼이 나타나 지상에 있는 사람들에게 큰 도움을 주는 일이 비일비재한데 왜 우리 주위에서는 이런 일이 일어나지 않느냐는 것이다. 이에 대해 빌은 우리도 모르는 사이에 이런 도움을 받았기 때문에 모르는 것일 뿐 이런 일은 얼마든지 일어날 수 있다고 말하고 있다. 우리가 모르는 사이에 고인의 영혼이 우리 주위 사람들에게 귀중한 정보를 알려주어 우리에게 전달하는 경우가 있다는 것이다. 일리가 있는 의견이니 한 번 지나온 날을 되짚어보아야겠다는 생각이 든다.

다음의 예는 고인의 도움을 받아 사고를 모면한 경우이다.

월마는 캔사스 주에서 소매점을 하면서 살았는데 심장마비로 죽은 그녀의 아버지와 한 달 만에 사후통신을 하게 되어 큰 도움을 받았다.

이전에 남편이 다리가 부러지는 바람에 집안의 모든 허드렛일을 내가 한 적이 있었다. 어느 날 저녁에 밥을 먹고 식품을 사러 바쁘게 마을로 갔다. 혼자 차를 몰고 갔는데 운전하면서 마음에는 오만가지 가지 일이 떠올랐다. 차가 언덕 밑에 도착했을 때 갑자기 아버지 목소리가 들려왔다. "월마! 여기서 빨리 틀어"라고 말이다. 소리가 종소리처럼 아주 명확하게 들려 흡사 아빠가 내 옆에 앉아 있는 것 같았다.

나는 아버지 말을 따라 차를 돌렸고 남쪽, 동쪽, 북쪽으로 각각 1마일 씩 돌아갔다. 길을 빙 돌아서 간 것이다. 그렇게 하기는 했지만 나는 속으로 "아니 바쁜데 내가 뭘 하고 있는 거야? 3마일이나 돌아왔네"라고 되뇌면서 내 행동은 말이 안 된다고 생각했다.

일을 보고 돌아오다 이웃집 여자를 만났는데 그녀의 차에 문제가 있는 것 같았다. 그래서 차를 세우고 그녀에게 자초지종을 물으니 그녀는 이렇게 대답했다. "당신이 아까 차를 돌리는 것을 보고 나는 안심했어요. 그 앞에 있는 다리가 무너졌지 뭐예요"라는 것이었다.

무슨 일인지 알아보니 정말로 다리가 무너진 것이었다. 이 다리는 두 그루의 미루나무에 걸려 있었는데 지지해주는 판자가 없어 붕괴한 것이다. 그런데 내가 언덕 위에 올라가기 전까지는 그 무너진 다리를 볼 수 없었다. 아빠가 차를 돌리라고 했던 것은 다리까지 400미터 밖에 남지 않은 지점이었다. 그때 내가 거의 시속 100㎞로 달리고 있었으니 그대로 갔으면 파손된 다리 밑으로 떨어져서 죽었을지도 모른다(p.292).

이 예에 대해서도 여러 가지 의구심이 들지만 이 문제는 많이 거론했으니 다시 언급할 필요성을 느끼지 못한다. 그렇지만 한 가지 의문이 드는 것은 막을 수 없다. 무슨 의문일까? 이런 경우를 보면 당사자는 그가 처한 상황이 매우 급박해서 경황이 없을 것이다. 그런데 그런 상태에서 뜬금없이 고인이 나타나 어떤 명령을 하면 과연 그것을 따르게 될까 하는 의문이 그것이다. 그렇지 않겠는가? 자신은 경황이 없는데 갑자기 죽은 고인이 나타나 이상한 지시를 하면 그것을 순순히 따를 수 있겠느냐는 것이다.

이 경우가 바로 이런 예에 속한다고 하겠다. 당사자가 차를 바쁘게 몰고 있는데 아빠 영혼이 갑자기 나타나 아무 설명 없이 차를 돌리라고 했으니 말이다. 한참 전에 죽은 아버지가 나타난 것도 받아들이기 힘든 일인데 느닷없이 아무 설명 없이 지시까지 내리니 더 수용하기 힘들지 않을까 하는 생각이다. 지시를 내릴 때에도 그 이유를 차근차근 설명해 주면 그 지시를 따르겠지만 아무 배경 설명 없이 이상한 명령을 내렸으니 수용하기 쉽지 않았을 것이다.

영혼이 이렇게 할 수밖에 없는 것에 대해서는 앞에서 이미 약간의 설명을 했다. 영혼에게도 그럴 만한 사정이 있을 게다. 예를 들어 사고가 너무 임박해 설명할 수 있는 시간이 충분하지 않아 짧게 이야기했을 수 있다. 아니면 영혼 상태에서는 길게 말하는 것이 힘들어 그럴 수 있겠다는 생각도 든다.

그런데 이렇게 고인의 도움을 받아 목숨을 구하는 것은 지상에서만 있는 일이 아닌 모양이다. 이번에는 특이하게 비행하다 목숨을 구한 경우이다.

엘라는 버지니아에 사는 음악 교사이다. 그녀는 3년 전에 낙하산 사고로 죽은 남편(당시 29세), 러스티 덕에 위험한 상황에서 목숨을 구할 수 있었다. 비행기를 타고 가다 비상 착륙을 해야 했는데 공항을 찾지 못해 난감해 하고 있었다. 그때 남편의 영혼이 나타나 공항을 찾게 해주었다.

나는 개인용 비행기를 타고 내 아기와 함께 노스케롤라니아의 콜럼버스로 가고 있었다. 그런데 엔진에 문제가 생겨 5분 내로 착륙해야 했는데 공항을 찾을 수가 없었다. 날씨가 너무 추워 엔진이 제대로 작동하지 않은 것이다.

나는 고작 150m 상공에 있었고 간신히 비행을 하고 있었다. 그때 러스티의 영혼이 나타나 나를 잡고 이렇게 말하는 것처럼 느껴졌다. "오른쪽 좌석 너머로 봐. 이쪽으로 와서 창문을 내다보라고." 말이다. 그 말은 들은 나는 '알았어, 알았어'하면서 날개를 유지하면서 오른쪽 좌석으로 기어갔다.

그곳에서 밖을 보았지만 아무것도 보이지 않았다. 그러자 러스티가 소리를 지르면서 "아니 당신 뒤, 뒤를 보란 말이야'라고 했다. 그 말을 듣고 비행기 꼬리 밑쪽을 보니 간신히 공항 하나가 보였다. 이 공항은 내가 못 보고 지나친 것이었다.

나는 무사히 활주로에 착륙하고 비행기를 제자리에 가져다 놓을 수 있었다. 그러나 밖으로 나오자 내 무릎은 나를 더 이상 지탱하지 못해 나는 쓰러지고 말았다(p.295).

이 사례는 비행기 사고로 죽을 뻔했다가 살아난 사람의 경우라 포함시켜 보았다. 사실 150m 상공으로 비행하게 되면 지상에 있는 작은 공항을 발견하기가 어려울 것이다. 그래서 당사자는 작은 공항이 있었음에도 불구하고 지나친 것이리라. 이런 일이 사실이라면 우리는 이렇게 추론할 수 있을 것이다. 일단 남편의 영혼은 계속해서 아내를 지켜보고 있었을 것이라고 추정할 수 있다. 그렇게 관망하다가 아내가 위기의 상황에 부닥치니까 황급하게 알려준 것일 것이다. 그런데 이런 일이 왜 이 이야기의 주인공인 엘라에게만 일어났는지는 설명하기 힘든 사안이다.

자살을 적극 말리는 사례들에 대해

다음 사례들은 자살 방지에 대한 것이다. 사는 게 너무 힘들어지면 우리는 자동적으로 자살을 생각하게 된다. 그럴 때 사후통신을 하게 되면 고인의 영혼들은 하나 같이 절대로 자살하지 말라고 부탁한다. 그런가 하면 우리가 사랑하던 사람의 죽음을 맞이했을 때에도 자살을 생각할 수 있다. 슬픔이나 상실감이 너무나 큰 나머지 자살을 생각하는 것이다.

이렇게 생각하는 데에는 다음과 같은 짐작이 깔려 있을 것이다. 즉 자살하면 자신의 고통이 끝날 것이라는 것과 더 나아가서 만일 영혼의 세계가 있다면 죽은 가족을 다시 만날 수 있을 것이라는 생각 말이다. 이런 경우에도 고인들의 태도는 확고하다. 자살은 문제를 해결할 수 있는 좋은 방법이 아니라는 것이다. 그리고 그런 힘든 상황은 반드시 지나갈 것이고 삶이란 포기해서는 안 되는 가치가 있는 것이라고 힘주어 말한다. 이 같은 상황을 알 수 있는 몇몇 사례를 소개해보자.

말시(30세)는 워싱턴 주에 사는 가게 점원이다. 그녀는 18세 때 5년 전에 자살로 죽은 아빠로부터 아주 사랑스러운 위로를 받았다. 그 덕에 그녀는 자살하고 싶은 생각을 접었다.

나는 당시 정서적으로 아주 힘든 시간을 보내고 있었다. 너무 우울했는데 아마 아빠도 자살을 하기 전에 나와 같았을 것이라는 생각이 들었다. 나는 너무 외로워 아빠와 같이 있고 싶었다. 자살을 적극적으로 생각한 것이다.

어느 날 마룻바닥에 앉아서 주체하지 못하고 울고 있었는데 누가 나를 안아주는 느낌을 받았다. 물론 방에는 아무도 없었다. 그때 바닥에 동전 떨어지는 소리가 들렸다. 그 동전을 집어 보니 거기에는 주기도문이 쓰여 있었다.

나는 웃으면서 "고마워요 아빠"라고 말했다. 사실 그 동전은 아빠가 죽기 전에 내가 그의 주머니에 넣어 준 것이었다. 내가 항상 아빠를 생각한다는 것을 보여주기 위해 그 동전을 넣은 것이다. 그런데 이번에 아빠가 그 동전을 내게 돌려준 것이다. 내 생각에 아빠는 자신이 여전히 살아 있고 내가 혼자가 아니라는 것을 보여주기 위해 동전을 내게 보낸 것 같았다(p.309).

딸시는 이때 10대이었기 때문에 우울을 견디지 못하고 아빠의 전철을 밟을 확률이 컸을 것이다. 가족 내에 자살한 사람이 있으면 그 배우자나 자식들이 자살할 가능성이 높아진다는 것은 많은 연구 결과가 알려주고 있다. 특히 판단력이 떨어지는 아이들이 그런 행동을 취할 우려가 클 것이다. 이번 사례는 이런 일이 생길 뻔한 것을 아빠가 자식과 사후통신을 함으로써 막은 것이다.

앞에서 본 여러 사례와 같이 이 사례 역시 이해할 수 있는 면과 이해하기 힘든 면이 있다. 당사자의 아빠가 나타나 안아주는 등의 사후통신은 얼마든지 이해할 수 있다. 그에 비해 동전의 출현은 이해하기 힘들다. 도대체 이 동전은 어디서 온 것일까? 난 데 없이 나타났으니 말이다. 게다가 이 동전은 당사자가 아빠가 생존해 있을 때 그에게 준 것이다. 그게 도대체 어디에 있다가 갑자기 나타난 것일까? 동전이 여기에 나타난 것은 분명히 이 동전이 어디로부터인가 이동했기 때문이다. 그렇다면 아빠의 영혼은 도대체 어떻게 이 동전을 운반했을까? 빌이 분류한 범주로 보자면 이 사례는 12번 째 유형인, 물질로 사후통신 하는 사례라 할 수 있는데 이런 사례들은 다시 보아도 기이하기 짝이 없다. 믿어야 할지 믿지 말아야 할지 가늠이 서지 않는다.

다음의 경우는 가족 환경이 더 안 좋은 사례이다. 마약을 한 사람이 있는가 하면 자살을 한 사람도 있어 집안 분위기가 아주 엉망이다. 이런 환경에서 사는 자식들은 정상의 가정보다 자살할 확률이 훨씬 높다. 그러나 이 사례의 주인공은 자살로 죽은 자신의 엄마와 사후통신을 하고 자살의 위험에서 벗어나게 된다.

샐리(33세)는 캘리포니아 주에 사는 간호사이다. 그녀의 삶은 그녀의 엄마가 죽은 지 15개월 후에 극적으로 바뀌었다.

나는 18세부터 우울증으로 치료를 받았다. 만성적 우울증과 알코올 중독은 우리 집 여자들에게 보편적인 것이었다. 알코올 중독자였던 언니 페기는 16세부터 우울증 치료를 받는데 21세 때 약 과다복용으로 죽었다. 알코올 중독에서 회복 중에 있었던 엄마 역시 평생을 극도의 우울증에 빠져 있었는데 결국 50세에 자살했다.

남자 친구와 헤어진 후 나는 너무 힘들어 살기가 싫었다. 그래서 죽기로 작정하고 어느 날 술을 엄청 마셨고 자기 전에 가족들에게 이별 문자도 남겼다. 다음 날 아침 깨기 바로 직전에 엄마에게서 전화 받는 꿈을 꾸었다. 엄마는 "샐리야, 하지마! 하지마!"라고 외치면서 내게 무엇인가 간구하는 듯 했다. 내가 들은 것은 딱 이것뿐인데 이 간단한 말이 갖는 힘은 아주 강력했다.

나는 이 체험을 내 삶을 바꾸는 데에 이용했다. 나는 일어나서 곧 알코올 중독 치료 센터에 등록했다. 이제 1년쯤 지났는데 지금 나는 삶에 긍정적인 태도를 갖고 있다(pp.311~312).

이 가족은 구성원들이 알코올 중독 아니면 우울증, 게다가 자살까지 부정적인 것은 다 갖추고 있는 것처럼 보인다. 그런 가운데에서 주인공은 엄마와 관계되는 사후통신 체험을 하면서 인생의 진로가 바뀌게 된다. 우울증이나 알코올 중독 같은 것은 원래 극복하기 대단히 힘든 것이다. 그런데 사후통신 체험을 한 뒤에 이 병들을 극복할 수 있는 계기를 갖게 되었으니 이 체험의 힘이 얼마나 강한지 알 수 있지 않을까 싶다. 이 사례를 빌이 분류한 범주에 넣으면 꿈에서 고인으로부터 전화를 받았으니 11번 째 유형에 속한다고 하겠다.

이 사례가 사실이라고 가정하고 의문을 제시해 보자. 우선 드는 의문은 꿈이면 고인이 직접 나타나서 메시지를 전달해도 되는데 왜 전화로 말씀을 전했는지 잘 모르겠다는 것이다. 그렇지 않은가? 꿈에서는 고인이 얼마든지 직접 나타날 수 있을 텐데 왜 굳이 전화를 썼는지 궁금하다는 것이다. 그리고 그녀의 엄마가 전한 말이 아주 짧은 것도 이해가 잘 안 된다. 길게 할 수 없었던 이유라도 있었던 것일까? 그러나 그 짧은 메시지가 효과가 강력했으니 문제될 것은 없겠다.

다음은 결혼 생활에 맞은 위기 때문에 자살을 감행하려는 어떤 여성이 사후통신을 체험하면서 자살 의도를 접은 사례이다. 이 여성은 남편의 외도 때문에 자살을 막 감행하려는 찰나 타계한 친지의 영혼이 나타나 자살을 막는다.

캐더린(43세)은 플로리다 주에 사는 보석가공사이다. 그녀는 자살하려 했으나 이모할머니인 밀드레드의 영혼이 나타나 그녀를 강하게 질책하면서 자살을 막았다.

나는 당시 런던에 있었고 24살의 대학생이었다. 결혼한 지 2년 되었을 때 나는 남편이 바람피우고 있다는 사실을 알았다. 그 때문에 나는 엄청난 충격을 받았다. 그때 나는 공부를 계속할 생각을 하고 있었는데 상황이 완전히 꼬여버렸다.

나는 자살할 생각에 지하철역에 갔는데 인생이 살 가치가 없는 것처럼 느껴졌다. 그래서 들어오는 열차에 몸을 던지면 아주 쉽게 인생을 마감할 수 있을 것 같았다. 그런 생각을 갖고 나는 점점 승강장 가로 가까이 가고 있었고 뛰어내릴 준비를 하고 있었다.

그때 갑자기 누가 내 왼쪽 어깨를 가볍게 두들기면서 이렇게 말하는 것이었다. "네 엄마와 아이들을 생각해봐" 그 목소리는 아주 근엄했고 날카로웠다. 그러자 내 앞에 이모할머니인 밀드레드의 얼굴이 섬광처럼 나타났다. 그녀는 이마를 찌푸리면서 나를 야단치는 것 같았다.

곧 낡은 기차가 터널을 통해 들어왔다. 나는 그때 "아이쿠 나 좀 봐! 내가 무슨 짓을 하려는 거야? 이 얼마나 어리석은 짓이야?"라고 하면서 자신을 마구 질책했다. 나는 곧 역을 나와 버스를 타고 집으로 갔다. 나는 나의 어리석음 때문에 할 말을 잃을 지경이었다. 당시 엄마는 큰 수술을 받았는데 그때 내가 죽었다면 엄마는 말할 수 없이 큰 충격을 받았을 것이다. 나는 자살을 생각한 것 자체가 부끄러웠다. 그 뒤로 나는 다시는 자살을 생각하지 않았다(p.315).

결혼 생활 중에 이런 일을 겪으면 자신의 처지가 참담해 무모하게 자살을 생각할 수 있을 것이다. 그럴 경우 너무 좌절한 나머지 내가 자살을 하면 주위의 가족들이 얼마나 큰 피해와 상처를 받을지에 대해 전혀 고려하지 않을 수 있다. 자살을 함으로써 고통에서 벗어나려는 생각에만 함몰되어 다른 사람을 생각하지 못하는 것이다. 이 사례에서는 고인이 나타나 당사자를 환기시켜줌으로써 자살이라는 어리석은 짓을 막을 수 있었다. 그러나 이렇게 고인이 나타나는 경우는 매우 드물다. 따라서 이 같이 자살하고 싶은 생각이 들 때에는 반드시 전문가와 상의해야 한다. 그래야 무모한 행동을 방지할 수 있다(그런데 그 전문가는 어디에서 찾을까?).

이 사례에서 또 특이한 것은 나타난 영혼이 이모할머니라는 것이다. 이모할머니는 친족 간에 아주 가까운 관계를 유지하는 한국에서도 가까운 친척이라 할 수 없다. 그런데 친족 간에 별로 왕래를 하지 않는 미국에서 당사자가 자초한 큰 위험에 빠지자 이모할머니의 영혼이 나타난 것은 신기하다. 아마 당사자는 이모할머니와 특수한 관계가 있었던 듯하다.

다음은 자식과 사별을 하고 자살을 생각한 사람의 경우이다. 우리가 사별을 말할 때 가장 대표적인 것으로 대체로 3가지 사별을 말한다. 부모와의 사별, 배우자와의 사별, 자식과의 사별이 그것이다. 이 가운데 가장 아픈 사별은 자식과의 사별이다. 그 이유는 간단하다. 자식은 자신의 분신이기 때문이다. 따라서 자식이 죽은 것은 내가 죽은 것과 같다. 그런 까닭에 자식이 죽었을 때에는 내가 죽은 것처럼 생각되어 슬픔을 주체하지 못하고 자살을 감행할 수 있다. 부모나 배우자가 죽었을 때에는 자살하는 사람이 그다지 많지 않지만 자식을 잃었을 때에는 경우가 많이 다른 것이다. 다음 사례는 그런 예는 아니고 일찍 죽은 아들과의 사후통신 체험으로 자살을 접은 사례이다.

케이트는 뉴욕 주에 사는 주부인데 19살 때 백혈병으로 죽은 아들, 대릴과 간접적인 사후통신 체험을 한 덕에 자살하려는 마음을 접게 된다.

아들이 죽은 뒤 나는 극도의 우울증에 빠져 사는 것이 아주 힘들어졌다. 그래서 자살할 생각으로 알약을 코끼리도 죽일 정도로 많이 모았다. 그러는 한편 나는 어떤 종교도 갖고 있지 않았지만 대릴이 살아 있다는 징표를 달라고 수없이 간구했다.

어느 날 낮잠에서 깬 남편이 말하길 꿈에서 대릴을 만났다는 것이다. 그래서 둘이서 어떻게 했느냐고 물으니까 남편은 별로 특별한 일을 한 것은 아니고 그냥 껴안기만 했다고 대답했다. 다시 궁금해서 대릴이 진짜 아무 말도 안 했느냐고 물어보니까 남편이 그제야 "맞아! 대릴은 우리의 삶이란 살 만한 가치가 있는 것이라고 말했어"라고 말해주었다.

나는 그때 크게 감동했다. 드디어 대릴이 소식을 전한 것이라고 생각했기 때문이다. 나는 너무도 행복했다. 이것은 분명 그가 잘 있다는 사인(sign)이었다. 나는 그때부터 이 지상의 삶 너머에 무엇인가 있다는 희망을 갖게 되었다. 이런 확신을 얻은 다음 나는 내가 갖고 있던 약들을 모두 변기에 넣고 물을 내렸다(p.320).

이 사례를 소개한 것은 사후통신이 다른 사람을 통해서도 가능하다는 것을 보여주기 위함이었다. 물론 아무하고나 통한다는 것은 아니고 남편처럼 아주 가까운 사이에만 그 체험의 공유가 가능할 것이다. 그런데 드는 의문은 대릴은 왜 엄마에게 직접 나타나지 않고 아빠에게 나타났느냐는 것이다. 엄마에게 나타났다면 직접 엄마를 구할 수 있을 텐데 굳이 아빠를 선택했는지 알 수 없다. 여기에도 분명 사정이 있겠지만 지금 우리가 갖고 있는 정보로는 그 이유를 알 수 없다.

두 사람이 같은 사후통신 체험을 하다!

다음은 사후 통신을 당사자 혼자만 한 것이 아니고 두 사람 이상이 한 사례이다. 두 사람 이상이 같은 것을 보았으니 이럴 경우 사후통신의 신빙성이 훨씬 더 높아진다. 한 사람이 영혼을 보았다고 하면 환상이라고 하기 쉽지만 두 사람이 같은 현상을 보았다고 하면 객관성이 높아지는 것이다. 이 가운데 가장 극적인 사례 하나만 소개해본다.

벤자민(21세)은 아이오와 주에 있는 출판사에서 일하고 있었다. 그는 그의 모친이 죽고 수일 뒤에 아내인 몰리(20세)와 같은 사후통신 체험을 했다. 그녀와 같이 있을 때 체험을 한 것이다.

먼저 몰리의 말을 들어보자.

시어머니 장례식 날 밤에 우리는 어머니의 집에 가서 그 가족들과 같이 있었다. 시간이 꽤 흘러 집에 가려고 차에 탔는데 갑자기 시어머니의 모습이 보였다. 그녀가 현관에서 손을 흔들며 작별 인사를 하고 있었던 것이다. 그녀는 살아 있을 때와 똑 같은 모습이었다. 그리고 평화롭고 건강하게 보였을 뿐만 아니라 더 젊게 보였다. 분명히 그녀였다. 그녀의 영혼이 나타난 것이다.

과거에 그녀의 집을 방문하면 그녀는 꼭 이런 식으로 우리에게 작별 인사를 했다. 나는 남편을 보고 "혹시 당신도...?"하고 물으니까 그는 느닷없이 큰 울음을 터트렸다. 그때 나는 우리가 같은 것을 보았다는 것을 알아차릴 수 있었다. 단지 벤은 말을 하지 않았던 것이다. 그러는 사이 시어머니는 사라졌다.

내가 이 광경을 보게 된 것은 벤으로 하여금 그가 본 것이 결코 환상이 아니라는 것을 확신시켜주기 위함인 것 같았다(pp.338~339).

다음은 벤의 말이다. 그는 일차 체험자라 훨씬 더 자세하게 묘사하고 있다.

엄마의 장례식 날 우리 부부는 엄마의 집에서 사촌 부부를 만났다. 시간이 꽤 늦어 집에 가려고 차에 탄 다음 열쇠를 꽂았다. 그리곤 앞을 바라보았다. 그때 나는 약 10m 앞에 있는 현관에 서 있는 엄마를 보았다. 엄마는 생전에 우리가 귀가할 때 잘 가는지 보기 위해 항상 그 출입구에 서서 우리를 자상하게 바라보곤 했다.

안쪽 문이 열려 있어서 집으로부터 나오는 빛이 엄마의 뒤쪽을 비추고 있었고 현관에 있는 빛은 엄마를 앞에서 비추고 있었다. 그녀는 아주 건강하고 다부지게 보였다. 엄마는 손을 흔들며 작별 인사를 했는데 우리에게 '걱정하지 마라'는 메시지를 전하려는 것 같았다.

그때 나는 몸이 마비되었고 그 상태에서 육체적으로 엄청난 체험을 했다. 머리부터 발끝까지 파도가 밀려와 뚫고 지나간 것 같았다. 당시에는 흡사 영원처럼 느껴졌는데 사실은 아주 짧은 순간이었다. 나는 무슨 말이라도 하고 싶었지만 말이 나오지 않았다.

　　그때 몰리가 "벤, 지금 방금 어머니를 봤어"라고 했다. 나도 고개를 끄덕였고 동시에 마구 울기 시작했다. 나는 엄마의 장례식 때에도 울지 않았는데 전 생애 동안 이렇게 목 놓아 운 것은 이번이 처음이었다(pp.339~340).

　이 사례에서 중요한 것은 벤자민이 사후통신 체험을 함으로써 슬픔의 빗장을 열고 억눌려 있던 울음을 터트릴 수 있었다는 것이다. 뿐만 아니라 몰리도 같은 것을 봄으로써 벤자민의 체험이 진실된 것이라는 확신을 주었다. 그 덕에 벤자민은 스스로를 무장해제하고 오열함으로써 마음껏 자신의 감정을 표현한 것이리라. 만일 벤자민이 혼자서 이런 체험을 했다면 환상이라고 치부하고 이 귀한 체험을 살리지 못했을 것이라는 것이 빌의 의견이다.

　이 사례에서 그 다음으로 특이한 것은 벤이 엄마의 영혼을 만난 직후에 어떤 기운이 그의 몸을 관통했다고 믿었다는 것이다. 그리고 몰리의 말을 듣고 울음을 터뜨렸다는 것도 그렇다. 왜 그런 시점에 울음을 터뜨렸는지, 또 그 울음의 의미가 무엇인지는 알 수 없다. 아울러 그의 몸을 뚫고 지나간 힘이 무엇인지도 궁금하다.

이 힘과 울음은 어떤 관계가 있을 것 같은데 잘 모르겠다. 그러나 막연하게 추측해보면, 그의 몸을 관통한 그 힘은 엄마가 속해 있는 세계에서 온 어떤 에너지일 것이다. 그리고 그것은 일정한 정화 효과가 있었을 것이다. 그 힘을 통해 몸이 정화된 벤은 감정에 충실해져 크게 울게 되었고 그 울음은 엄청난 카타르시스 효과를 가져온 것 아닐까 하는 생각이다.

앞의 예에서 보면 사후통신 체험이 종종 체험자의 삶을 바꾸어 놓는 것을 알 수 있는데 이런 것이 가능한 것은 당사자가 그 체험에서 큰 에너지를 느끼기 때문일 것이다. 그런 힘이 개입하지 않고서는 당사자가 단번에 변화될 수 없다. 빌은 그런 힘에 대해서는 언급하고 있지 않은데 이 사례에서는 체험자의 입을 통해 간접적으로 그런 힘의 실재에 대해 밝히고 있다. 앞으로 이런 힘의 실체에 대해서 더 많은 연구가 필요할 것이다.

이제 거의 끝에 다다랐다. 사례를 다룬 마지막 장에서 빌은 이 사후통신 사례들 가운데 최고인 것들을 추렸다고 했다. 그래서 이 이야기를 읽으면 읽는 사람에게도 치유 효과가 생길 것이라고 장담했다. 이 장에 나온 사례들을 보면 다른 사례들과 다르기는 한 것 같은데 그렇다고 치유 효과까지 있는지는 잘 모르겠다. 하여튼 여기서도 중요한 사례만 골라 소개하기로 하는데 꽤 극적인 면이 있다.

발레리는 매사추세츠 주에 사는 회사원이다. 그녀의 외아들인 존은 18세 때 죽었는데 그녀가 그의 무덤에 간 날 나타나 뜻밖의 요구를 한다. 발레리에게 전혀 모르는 사람을 도우라고 부탁한 것이다. 이 같은 경우는 여기서 처음 보았기 때문에 소개해본다.

나는 존이 무덤에 있다고 생각하지는 않지만 그래도 계속해서 그의 묘지에 갔다. 이 시간은 나를 돌아보는 기회가 되어서 좋았다. 나는 이 묘지에 오면 누구와도 말을 나누지 않았다. 내가 했던 일은 그저 존의 무덤 앞에 꽃을 갖다 놓고 오는 것이었다. 보통 나는 그곳에서 그를 생각하다 오는데 이번에는 존이 내게 말을 하는 것 같았다.

그날 그가 갑자기 나타나 "엄마! 다른 사람이 엄마를 필요로 해요'라고 말했다. 그리고 동시에 무언가가 나를 존의 무덤에서 밀어내는 것 같았다. 존은 계속해서 내게 "엄마! 여기 있지 말아, 엄마를 필요로 하는 사람이 따로 있어"라고 말했다. 존의 이 메시지는 텔레파시로 전달되었는데 나는 이것에 따라 인도되었다.

나는 존의 무덤을 떠나 다른 무덤가에서 무릎을 꿇고 있는 사람에게 갔다. 거기서 나는 존의 인도를 받아 이렇게 말했다 "실례합니다만, 당신이 여기에 꽃을 심어 놓은 것을 보니 특별한 누군가가 여기에 있는 모양이군요." 그러자 그 남성은 돌아서서 자기 아들이 여기 묻혀 있다고 했다. 그리곤 내게 누구냐고 물었다. 나는 "괴롭혀 드려 미안합니다. 나는 예쁜 꽃을 보고 그저 인사를 하고 싶었을 뿐이었습니다. 죄송합니다"라고 말했다.

나는 여전히 존이 내 옆에 있는 것을 느낄 수 있었는데 이번에는 존 옆에 다른 영혼이 있는 것이 보였다. 이 영혼이 누구인지는 이 남자가 죽은 자기 아들 이야기를 할 때까지 몰랐다. 그는 말하길 "내 아들인 토로이가 여기 묻혀 있지요. 토로이는 피살되었어요. 그 애는 근육위축증이 있어 목발을 짚고 다녔습니다. 그러나 아주 똑똑했고 지적인 아이였죠."

그는 아들의 죽음 때문에 자신이 얼마나 화가 많이 나있고 얼마나 많은 고통을 당했는지 이야기해주었다. 또 그는 아들을 죽인 사람들에 대해서도 이야기했는데 아들이 죽을 때 같이 있어주지 못한 것에 대해서도 아주 속상해 했다. 그러다 그는 나를 잡고 울기 시작했다.

그때 존이 내게 이렇게 말했다. "엄마 보고 이곳에 오라고 한 건 이 아저씨 때문이에요. 이 아저씨에게 이렇게 말해줘요. 토로이를 죽인 사람들이 토로이 목을 조일 때 트로이는 벌써 몸을 떠났어요. 그래서 아무 고통도 못 느꼈어요."

그의 말은 계속됐다. "엄마, 정작 괴로운 사람은 지상에 살아 있는 사람들이에요. 이 사람들이 고통스럽지 나와 트로이는 지금 아무 문제없어요. 토로이는 외려 자신을 죽인 사람들을 불쌍하게 생각하고 있어요."

나는 존이 한 말을 그대로 그 남자에게 해주었다. 그러자 그는 어떻게 이런 사실을 아느냐고 물었고 나는 죽은 아들이 말해주어서 그렇다고 답했다. 그리고 나서 내가 그 남자에게 사후생은 존재한다고 말하니 그는 격앙되어서 나를 안고 키스까지 했다.

이렇게 보니 누군가가 나를 필요로 한다는 존의 말은 맞았다. 나는 존의 도움을 받아 아들과 사별해서 힘든 어떤 아빠를 도운 것이 아주 기뻤다(pp.351~352).

이런 사례는 빌의 책에 거의 나오지 않는 아주 희한한 예이다. 사후통신을 한 사람이 전혀 모르는 사람에게 도움을 베푸는 사례라는 점에서 그렇다는 것이다. 이 사례의 설정은 좀 특이하다. 존은 묘지에서 전혀 모르는 영혼인 트로이를 만났고 그 덕에 발레리 역시 생면부지인 트로이 부친을 그곳에서 만났으니 말이다.

상황이 이렇게 된 것을 추정해보면 이런 구성이 가능할 듯하다. 발레리와 트로이의 아빠가 묘지에 갔을 때 그들의 아들 영혼들도 그곳에 나타났을 것이다. 비록 자신들이 묘지에 거하지는 않지만 각자의 부친과 모친이 왔으니 가지 않을 수 없었을 것이다. 그렇게 두 영혼이 여기서 만났는데 마침 토로이의 아버지가 도움이 필요한 것으로 보였다. 그는 아들을 잃은 슬픔이 너무도 커 위로가 필요했던 것이다.

그런데 이유는 모르겠지만 토로이는 자신이 직접 아빠에게 나타나 '나는 괜찮다'라는 말을 하기보다 존에게 그 일을 부탁했다. 그래서 존이 자신의 엄마에게 토로이의 메시지를 전달하고 다시 그의 엄마는 트로이 아빠에게 영계 소식을 전하는 다소 복잡한 과정을 거쳤다.

지금 본 바와 같이 이 사례는 특이하다. 어떤 특정한 곳에서 전혀 모르는 두 영혼이 만난 것도 그렇고 그 영혼들이 전한 메시지로 지상에 있는 사람들이 치유를 받게 되는 점이 특이하다. 가장 도움을 많이 받은 사람은 물론 트로이의 아버지이다. 토로이가 고통 없이 죽었을 뿐만 아니라 영계에서 영혼으로 생존해 있다는 사실은 트로이의 아버지를 큰 슬픔에서 구했을 것이다. 또 그렇게 되면 토로이 역시 영계에서 평온을 찾을 수 있을 것이다. 지상에 있는 아빠가 괴로워하면 자신도 편하지 않을 터인데 아빠가 슬픔에서 벗어났으니 그 역시 편하게 되었을 것이다. 게다가 이런 선행을 한 존이나 존의 엄마 역시 자신들이 행한 선행에 힘입어 영혼이 크게 고양됐을 것이다. 이 사례는 여러 모로 곱씹을 것이 많은데 이런 사례들을 읽는 것만으로도 치유의 효과가 있을 것이라는 빌의 말은 허언만은 아닌 것 같다.

다음은 재미있으면서도 훈훈한 사례라 포함시켜 보았다.

아델은 TV 방속국 피디이다. 그녀는 백혈병으로 죽은 아들 제레미로부터 어머니날에 아주 뜻 깊은 선물을 받았다.

제레미는 어머니날 다음 날 죽었다. 3주가 지난 어느 날 잠에서 깨기 전에 나는 뜻밖에 제레미의 방문을 받았다. 그가 나타나 "엄마는 내 돈 가지고 뭘 할 거예요?"하고 내게 물었다. 내가 "무슨 돈?"라고 하자 그는 "엄마가 나를 위해 저축해 놓은 돈말이예요"라고 답했다.

당시 나는 제리미의 계좌에 대해서는 완전히 잊고 있었고 그가 통장을 어디에 두었는지도 모르고 있었다. 나는 그에게 '내가 그 계좌를 가지고 무엇을 하면 좋겠니' 하고 물어보았다. 그러자 제리미는 다이아몬드 도매상을 하는 내 친구 말콤에게 가보라고 했다. 나는 다시 "그래? 근데 그 계좌에 얼마가 있던 간에 부족할 거 같은데..."라고 말하니 그는 "충분해요. 그저 말콤에게 가보세요. 그러면 내가 말하는 바를 알게 될 것이에요. 그리고 내 생각이 날 거예요"라고 말하고 사라졌다.

그 뒤 나는 바로 깨어났는데 미친 짓이라고 생각했지만 제레미의 통장을 찾기 위해 온 집안을 뒤졌다. 그러나 어디서고 그의 통장을 찾을 수 없었다. 며칠이 지나고 나는 말콤의 보석 도매상이 있는 건물에 가게 되었다. 간 김에 나는 그의 가게에 들러서 구경을 했는데 그때 다이아몬드가 박혀 있는 예쁜 나비 목걸이를 발견했다. 그것을 보자 제레미가 '가서 보면 알 거예요. 내 생각이 날 거예요'라고 한 말이 생각났다.

내 가슴은 뛰기 시작하고 흥분됐다. 그 목걸이가 얼마냐고 물으니 말콤은 200불이라고 답했다. 나는 다시 돌아오겠다고 하고 그 가게를 나왔다. 사무실에 돌아왔을 때에도 내 가슴은 뛰고 있었다. 은행에 전화를 걸어 '내 아들 통장을 찾을 수 없는데 거기 돈이 얼마나 있는지 알고 싶다'고 하니 직원이 몇 분 뒤에 200불 47센트가 있다고 알려줬다.

일이 끝난 뒤 나는 다시 말콤의 가게에 가서 제레미의 돈으로 그 목걸이를 샀다. 나는 그 뒤로 어디를 가든 항상 그 목걸이를 하고 다녔다. 나는 그것을 만지면서 사람들에게 늘 "우리 아들이 어머니 날 선물로 이것을 주었어요"라고 말하곤 했다(pp.367~368).

이 이야기는 참으로 훈훈하다. 그러나 그렇다고 의문이 없는 것은 아니다. 가장 먼저 드는 의문은 이 이야기가 꿈에서 진행되었지만 어떻게 이렇게 대화를 자유롭게 했는가에 대한 것이다. 마치 생시에 하는 대화와 같다. 그리고 제레미가 나타난 것에 대해 그의 엄마는 그다지 신기해 하지 않는 것도 이상하다. 죽은 아들이 나타났는데 놀라지도 않고 이상하게 생각하지도 않으니 이해가 안 된다. 이런 경우에 사람들은 보통, '네가 진짜 제레미니? 어디에 있었니? 잘 있었니?' 등과 질문을 먼저 할 텐데 이 사례에서는 갑자기 나타난 아들이 다짜고짜 '내 돈 가지고 무엇을 할 거냐'라고 묻고 그 질문을 중심으로 대화가 이어져 이상하다는 것이다.

그 다음 의문은 이 이야기가 사실이라고 전제하고 던지고 싶은 질문이다. 영혼이 갖고 있는 예지력에 관한 것인데 도대체 영혼은 미래에 대해 얼마나 알고 있느냐는 것이다. 질문을 조금 더 구체적으로 하면, 제레미는 어떻게 자신의 엄마가 어떤 목걸이에 반할 줄 알았으며 그 목걸이 가격이 자신의 통장에 있는 금액과 같다는 것을 어떻게 알았을까? 이런 예지력은 신기하기 짝이 없다. 그렇지 않은가? 아델이 그 나비 목걸이에 관심을 가질 것이라는 것을 제레미가 어찌 알았을까? 사정이 이렇다면 흡사 영혼은 전지전능한 존재처럼 보인다. 그러나 그 영혼들은 지상에 있을 때에는 아주 평범한 영혼들이었다. 지상에서는 어떤 초능력도 없는 평범한 영혼이었다는 것이다. 그랬던 사람들이 죽어서 영혼이 되면 어떻게 이런 초능력을 발휘할 수 있는 것인지 알 수 없다.

이제 마지막 사례를 보겠는데 이번 예도 극적일 뿐만 아니라 영혼이 두 명 나온 것이 특이해 포함시켜 보았다.

글렌은 우편배달부인데 21세에 살해당한 아들 론과 아들보다 16년 전에 죽은 처 헬렌을 사후통신으로 만나면서 영적인 전환점을 맞이한다.

아들 론이 죽은 것은 월요일 밤이었는데 나는 그 다음 날 아침이 되어서야 그 사실을 알았다. 그 다음 날 나는 그의 시신을 확인하러 가야만 했다. 이 일은 아마 내 삶에서 가장 어려운 일이었을 것이다. 시체안치소의 거치대에 놓여 있던 그의 시신의 모습은 그 뒤에도 줄곧 나를 따라다녔다. 론을 생각할 때 마다 그때 본 시신의 추하고 더러운 모습이 떠올랐다.

3일이 지나고 목요일 새벽 4시 경에 자다가 일어났는데 갑자기 론이 내 앞에 나타났다. 그의 뒤에는 강력한 빛이 있는 것 같았지만 나는 그를 명확하게 볼 수 있었다. 그는 실재하는 것처럼 견고하게 보였다. 그는 내게 미소를 지었는데 그의 치아는 아름답게 배열되어 있었고 백색으로 빛나고 있었다. 살해당했을 때 그의 치아는 다 빠져 있었고 색도 변색되었는데도 말이다.

그러자 그는 엄마(헬렌)를 데려왔다. 16년 전에 그녀를 땅에 묻었을 때 나는 내 마음에도 묻고 그녀에 대한 기억을 다 잊어버렸다. 나는 당시 신이나 사후생, 천당 같은 것을 믿지 않다. 내게는 이생밖에 없었다. 그런데 그들이 나타난 것이다. 론과 헬렌은 손을 잡고 있었는데 그녀는 건강

했고 머리털도 온전했다. 그녀는 생전에 암치료를 받으면서 화학요법과 방사선 치료를 받느라고 머리털이 죄다 사라졌는데도 말이다. 그녀는 우리가 결혼했던 그때의 모습이었다.

내가 "헬렌, 미안해. 다 잊고 있었어..."라고 하자 그녀는 "글렌, 다 이해해"라고 답했다. 그리고 그녀는 사라졌고 나는 흐느끼기 시작했다. 우는 나를 본 론은 내게 다시 웃음을 보여주었다. 그때 나는 론이 천당에 있거나 천당으로 가고 있는 중이라는 것을 알았다. 나는 나의 내면이 불꽃으로 채워지는 것을 느꼈고 흡사 내가 터질 것만 같았다. 기분이 너무 좋았다.

나는 그때 문득 신이나 예수, 성령, 성인 등 그때까지 배워왔던 것들이 모두 사실이라는 것을 알게 되었다. 론은 "여기에는 증오도 없고 성냄도 없어요. 아빠"라고 반복해서 말했다. 그는 자신이 누구도 미워하지 않고 어느 누구에게도 화를 내지 않는다고 말하는 것 같았다. 그가 풍기는 뉘앙스는 내게 그렇게 살지 말라는 것 같았다. 론은 편안한 표정으로 "나에 대해 걱정하지 말아요. 나는 행복해요"라고 말했는데 내가 죽으면 다시 만날 수 있느냐고 물으니까 론은 이 세계에서는 자신이 아직 신참이라 잘 모르겠다고 답했다.

그때 지금의 처인 린다가 잠에서 깨면서 내 팔을 잡아당기는 바람에 이 체험은 끝났다. 나는 행복에 도취되었고 평화로웠다. 한 달쯤 지난 뒤에 나는 갑자기 이게 악마가 한 짓 아닌가 하는 의문이 들었다. 그러나 곧 나를 치면서 "이 바보야! 악마가 이런 일을 하면 내가 악마를 등지게 될 텐데 그가 이런 일을 할 리가 있나?"하고 자탄했다. 나는 외려 내가 악마의 손에 약 40년 동안 사로잡혀 있던 것 같았다. 그 뒤로 나는 신은 악마보다 훨씬 강한 존재라는 것을 믿게 되었다.

사실 론이 살해당하고 나서 나는 살인범을 죽이려고 했다. 그러나 이제는 그럴 의도가 없다. 나는 외려 그 사람을 불쌍하게 생각한다. 왜냐하면 그 친구는 자신이 살인범이라는 생각을 매분 마다 하고 살아야 하기 때문이다.

나는 론이 천당에 엄마와 함께 있다는 것을 알고 얼마나 좋았는지 모른다. 그 이후로 내 인생은 완전히 바뀌었다. 나는 신이 존재하고 천당이 있으며 신이 모든 것을 창조했다는 사실을 믿게 되었으니 말이다(pp.372~373).

이 사례는 당사자의 삶이 극적으로 바뀌고 두 명의 영혼이 나오는 특이한 경우라 포함시켜 보았다. 그런데 이 사례의 주인공이 갖게 되는 세계관은 지극히 기독교적인 것이고 수준이 그리 높은 것도 아니다. 이 사례에서 당사자는 기독교에서 말하는 것을 전혀 믿지 않다가 사후통신 체험을 하면서 다 받아들였다고 전하고 있다. 그런데 내 생각에 이 사례를 마지막에 포함시킨 데에는 저자인 빌의 의도가 많이 담겨 있는 것 같다.

나중에 결론에서 다시 말하겠지만 이 책은 기독교적인 세계관에 많이 기울어져 있다. 그러나 그것이 틀렸다는 것은 아니고 다만 그렇게 한 종교에 편향되어 있으면 시각이 협소하게 된다는 것을 말하고 싶다.

그 예가 바로 글렌이 갖고 있는 악마에 대한 시각이다. 글렌은 악마를 신과 대등하게 보면서 신이 더 세다고 주장하는데 이것은 수준 낮은 악마관이다. 빌이 이 사례를 맨 마지막에 놓고 매우 길게 인용한 것은 기독교에 대한 호교론적인 태도가 영향을 많이 미친 것 같다.

이런 한계가 있음에도 불구하고 이 사례를 소개하는 것은 아들을 살인으로 잃은 아버지의 큰 고뇌가 담겨 있기 때문이다. 글렌은 너무나 화가 난 나머지 살인범을 죽이려고 하지 않았는가? 그러나 론을 사후통신으로 만나면서 그런 감정이 덧없다는 것을 알고 더 없이 행복한 삶을 살게 된다. 그의 마음이 사람을 갉아먹고 파멸시키는 증오에서 사랑으로 바뀌었으니 글렌은 얼마나 훌륭한 체험을 한 것인가? 그 살인범을 용서한 것은 아니지만 그에 대한 증오를 거두었으니 실로 좋은 일인 것이다.

이 사례에서 재미있었던 것은, 글렌이 론에게 나중에 자신이 죽은 다음에 서로 만날 수 있느냐고 묻자 론이 자기는 이 세계에서는 신입이라 잘 모른다고 한 것이다. 그런데 다른 많은 사례를 보면 이미 답이 나왔지 않은가? 다른 사례들을 보면 우리들은 죽은 다음에 다시 만난다고 하는 것이 보편적인 견해였다. 그런데 론은 솔직하게 잘 모르겠다고 하니 재미있었다.

이제 이 책의 결론만이 남았다. "사랑은 영원한 것"이라는 제목으로 결론을 맺으면서 빌은 마지막으로 사후통신 하는 법에 대해서 가르쳐 주고 있고 사후 세계에 대해서도 간략한 묘사를 하고 있다.

사후통신을 정리하며: "사랑은 영원한 것"

마지막 장에서 빌은 사람들이 사후통신과 관련해 궁금해 할 법한 문제들을 다루고 있다. 그 중에 가장 먼저 답한 의문은 "(이 책을 보면 사후통신을 한 사람이 많은데) 왜 내게는 그런 일이 일어나지 않는가"이다. 이 점은 나도 앞에서 수차례 거론한 바 있다. 이 책을 보면 흡사 모든 사람들이 사후통신을 한 것처럼 보인다. 그럴 수밖에 없는 것이 그런 예만 모아 놓았기 때문이다. 그러나 객관적으로 보면 사후통신을 한 사람보다는 하지 않은 사람이 훨씬 많을 것이다. 이런 현실을 어떻게 설명할 수 있을까?

이에 대해 빌은 답하길, 사후통신 같은 초자연적인 일에 개방되어 있고 수용적인 태도를 가진 사람들이 이 체험을 할 확률이 높다고 한다. 그리고 그런 일이 생겼을 때 들어주고 수용하는 분위기를 가진 가정에서 이런 일이 많이 보고되고 있다는 것이다. 이와 함께 빌은 사후통신을 방해하는 요인도 열거하고 있다. 그 요인으로 사별로 생긴 슬픔이나 고뇌, 화 등이 오래 지속되는 것을 들 수 있는데 이런 경우 사후통신이 잘 일어나지 않는다고 한다. 마음 상태가 부정적이면 사후통신이 잘 안 된다는 것이리라.

그런데 이보다는 빌이 그 다음에 주장한 것이 더 설득력이 있는 것 같다. 즉 사실은 고인들이 사후통신을 시도하지 않은 것이 아니라 끊임없이 소식을 보냈다는 것이다. 그런데 그것을 우리가 알아채지 못했기 때문에 고인들이 통신을 하지 않았다고 생각한다는 것이다. 이 점에 대해서는 나도 동의한다. 이런 데에 관심 없는 대부분의 우리들은 무심하기 때문에 고인들이 보내주는 사인을 읽어내지 못하는 경우가 많을 것이다. 이들이 보여주는 사인들은 대부분 섬세하기 때문에 읽어내는 것이 쉽지 않을 수 있다. 우리들 대부분은 세심하지 않을 뿐만 아니라 주변 환경에 별 관심 없이 투박하게 살고 있기 때문에 그런 작은 움직임을 놓칠 수 있을 것이다.

그 다음으로 빌은 사후통신을 원하는 사람들을 위해 통신을 할 수 있는 몇 가지 방법을 소개하고 있는데 이것은 본문에서 대부분 다룬 것들이다. 빌에 따르면 사후통신을 할 수 있는 가장 쉽고 빠른 방법은 고인들에게 사인을 보내달라고 직접 요구하거나 기도하는 것이다. 이 사인에는 나비나 무지개 등 다양한 것들이 포함되어 있다고 본문에서 밝혔다. 그러나 이렇게 요구해도 안 되는 경우가 있다. 그럴 때에는 어떻게 하면 좋을까?

그 다음 방법은 고인들에게 우리의 꿈에 나타나 달라고 부탁하는 것이다. 아마 이 방법이 가장 많이 통용되는 방법이 아닐까 하는데 그것은 꿈에서 돌아가신 어머니나 아버지를 만났다는 사람을 주위에서 쉽게 볼 수 있기 때문이다. 그런데 여기서도 주의해야 할 점이 있다. 꿈에서 돌아가신 분을 보았다고 해서 그게 다 그 분이 나타난 경우가 아니라는 것이다. 본인이 만들어낸 허상에 불과한 경우도 있기 때문이다. 고인이 꿈에 나타났을 때 그가 진짜 사후통신을 하러 나타난 것인지 아닌지를 알 수 있는 방법이 있다. 그것은 그 꿈이 얼마나 생생한가를 보는 것이다. 꿈이 아주 생생해서 흡사 생시와 같이 느껴지고 잠을 깬 다음에도 잊히지 않는다면 그것은 사후통신일 가능성이 높다.

　다음 방법으로 빌은 우리에게 명상을 하라고 권하는데 이것도 좋은 방법으로 생각된다. 깊은 명상을 하면 우리의 뇌파는 잠자는 상태처럼 그 파동이 느려진다. 각성 상태에서는 뇌파가 빨리 움직여 고인의 영혼이 그것을 뚫고 비집고 들어오는 일이 쉽지 않다. 그러나 명상을 해서 정신을 집중하면 뇌파가 천천히 움직이기 때문에 고인의 영혼이 그 주파수에 맞추는 일이 쉬워지는 모양이다. 주파수를 맞춘다는 것은 양자의 파동이 공명되는 것을 뜻한다. 그 때문에 양자 사이에 텔레파시가 가능해지고 이미지가 가시화 된다. 다시 말해 주파수가 맞으면 고인의 영혼이 지니고 있는 생각이 우리의 마음에 투영될 수 있다는 것이다. 반대로 주파수가 맞지 않으면 어떤 짓을 해도 소통할 수 없다.

　그 다음에 빌은 죽음 자체에 대해 다시 한 번 서술하는데 여기에 재미있는 부분이 있어 그것을 소개했으면 한다. 앞에서 계속해서 주장한 것처럼 죽음이란 육신을 떠나는 행위에 불과하다. 여기서 빌은 다음과 같은 재미있는 표현을 한다. **"나(라는 존재)는 영혼을 갖고 있는 육신이 아니라 육신을 갖고 있는 영혼이다."** 말장난 같은 이 말은 상당히 깊은 의미를 갖고 있다. 사람들은 흔히들 육신에 영혼이 깃든다고 생각해 육신을 먼저 생각하지만 이것은 사실이 아니라는 것이다. 그보다는 나는 원래 영혼이었는데 지상에 살기 위해 육신을 갖게 된 것이라고 보는 것이 맞는다는 것이다. 이렇게 보면 사람은 죽지 않는 것이고 우리가 죽을 때 소멸되는 것은 단지 육체뿐인 것이 된다. 이 점에 대해서도 나는 십분 동의한다.

그런 의미에서 빌은 이 육신을 '지상의 옷(earth suit)'이라고 부른다. 이 옷은 영혼인 우리가 물질계인 이 지상에서 살려고 할 때 반드시 필요한 것이다. 지상은 견고한 물질로 이루어져 있기 때문에 우리도 견고한 육신이 필요하다. 이것을 다음과 같은 비유를 통해 말하면 이해하기가 쉬울 것이다. 우리의 육신은 우주비행사들의 우주복에 비유할 수 있다. 우리가 우주선을 타고 대기권 밖으로 나갔을 때 우주선 밖에 나가 활동하려면 우주복을 입지 않으면 안 된다. 우주복이 우리의 몸을 보호해주는 역할을 해주기 때문이다. 우리의 육신이 꼭 그 같다는 것이다. 우리가 지상에서 살 때 우리를 보호하는 역할을 한다는 것이다. 이러한 관점에서 다음과 같은 퀴블러 로스의 말은 시사하는 바가 크다. 로스에 따르면 "죽음이란 봄이 되어 육중한 코트가 더 이상 필요하지 않을 때 그것을 벗는 것과 같다.... 우리의 육신은 영원한 나를 에워싸고 있는 껍질에 불과하다"는 것이다.

마지막으로 빌은 사후 세계에 대해 근사체험자가 보고한 것을 인용해 이렇게 묘사하고 있다. 이 설명도 귀동냥할 것이 있어 잠시 소개할까 한다. 근사체험자에 따르면 사후 세계는 수를 헤아릴 수 없이 많은 수준 혹은 등급의 세계로 구성되어 있다. 그러나 이 세계가 많다고 하지만 크게 세 그룹으로 나눌 수 있다고 한다. 이 세 그룹은 각각, 사랑과 빛이 가득 찬 가장 높고 밝은 천상의 영역과 중간 정도의 어두운 등급, 그리고 가장 낮은 단계, 즉 아무 빛도 없고 사랑이나 감정적인 따뜻함이 없는 영역을 말한다. 그러나 이 사이에는 무수히 많은 등급의 세계가 있다. 우리들은 이 지상의 삶을 마치면 자신의 영적인 수준과 맞는 곳으로 자동적으로 가게 되어 있다. 그리고 그곳에서 만나게 되는 외계는 모두 우리의 의식이 만들어낸다고 빌은 적고 있는데 이런 유의 정보는 내가 이전 책(『죽음의 미래』나 『한국 사자의 서』 등)에서 서술했던 것과 정확히 일치한다.

빌이 맨 마지막에 제시하는 것은 사후통신에 대한 믿음이 보편화 된다면 세상이 바뀔 수 있다는 것이다. 우리가 모두 자신이 영원한 영적인 존재이고 영적인 깨달음을 위해 세상이라는 학교를 다니고 있다는 것을 안다면, 또 이 기간이 잠시라는 것을 안다면 자신이나 타인, 그리고 이 지구 환경에 대한 생각이 바뀌지 않겠느냐는 것이다. 그의 결론은 이런 지식이 일반적으로 받아들여진다면 사람들은 모든 인류를, 또 이 지구라는 행성을 지금보다 훨씬 더 존중하며 받들 것이라는 것이다.

나도 이 의견에 십분 동의한다. 대부분의 사람들은 사후 세계가 있는지 없는지 잘 모르고 살고 있다. 그런데 만일 사후 세계가 위에서 말한 모습으로 존재한다면 이 세상에서의 삶을 다시 한 번 생각해 볼 것이다. 그냥 한 번만 생각하는 것이 아니라 아주 깊게 생각할 것이다. 그리고 나는 이번 생을 어떻게 살아야 하는가에 대해 진지하게 생각할 것이다. 이 세상에서 무엇이 중요한지에 대해 다시 생각할 것이고, 그것이 밝혀지면 지금의 삶을 어떻게 바꾸어야 하는지에 대해 심사숙고할 것이라는 것이다. 그런 기회가 이 책을 읽는 여러분에게도 올 것을 기대하면서 일단 이 책에 대한 총체적인 리뷰를 마친다.

책을 마치면서

지금까지 우리는 빌이 서술한 내용을 중심으로 보았는데 그것을 정리하는 의미에서 지금부터는 이 책의 저자인 나의 시각에서 그의 주장을 살펴보는 것으로 이 책을 끝마치려고 한다. 빌은 이 책에서 사례를 중심으로 내용을 전개했기 때문에 그 사례들을 진실로 받아들인다면 그다지 논쟁될 만한 거리가 없다. 그러나 그런 가운데에서도 몇 가지 드는 의문이 있어 그것에 대해 적어보고자 한다.

사후

세계는 과연 아름답기만 할까? 빌의 설명을 보면 사후 세계는 대체로 아주 아름다운 곳으로 그려져 있다. 물론 간혹 사후 세계는 아름답지만은 않다는 예외적인 경우에 대해서도 소개했다. 그렇지만 그런 경우보다는 그 세계가 인간의 말로는 설명할 수 없는 아름다움이 가득 찬 곳이라는 설명이 훨씬 더 많았다. 만일 그것이 사실이라면 우리는 다음과 같은 질문을 던질 수 있다. 즉 지상에서 착하게 살고 선행을 많이 한 사람이 죽어서 가는 곳도 아름답고 온 생애 동안 나쁜 일만 하다가 죽은 사람이 가는 곳도 아름답다면 그게 말이 되겠느냐는 것이다. 사람을 죽인 사람도 좋은 세계로 가고 다른 사람을 평생 괴롭힌 사람도 좋은 세계로 간다는 게 합당한 이야기이겠냐는 것이다.

그리고 빌의 설명을 보면 자살을 했거나 마약을 하고 또 알코올 중독

이 된 사람들도 죽은 다음에 나타나서 자신들은 잘 있다고 말하는 경우가 많다. 만일 이것이 사실이라면 그런 부정적인 일을 하지 않고 올바르게 산 사람들은 무엇이라는 말인가? 이 질문을 다시 한다면 이렇게 표현할 수 있을 것이다. 좋은 일을 한 사람이 죽어서 좋은 곳에 가는 것은 당연하지만 나쁜 일을 해도 좋은 곳에 간다면 도대체 우리가 착하게 살 필요가 있느냐는 것이다. 이렇게 되면 윤리의 근본이 흔들리지 않을까?

그런데 빌은 마지막 결론에서 사후 세계에 나타나는 외부 세계는 당사자의 마음 상태가 투사되어 만들어진다고 했다. 이것은 이 분야를 연구한 사람들이 모두 동의하는 바이다. 이것이 사실이라면 사후 세계는 좋은 곳만 있는 것이 절대로 아니다. 예를 들어 사람 죽이기를 밥 먹듯이 한 북한의 김정은이 같은 치가 죽으면 그런 치들은 자신의 포악하고 공포에 질린 마음 상태가 그대로 투사되어 아주 나쁜 세계를 만들어 낼 것이다. 그저 만들어내는 데에 그치지 않고 거기에 스스로 갇힐 것이다. 갇혀서 자신이 만들어낸 갖가지 부정적인 이미지로 인해 엄청난 고통을 받을 것이다. 김정은이 정도는 아니더라도 이 지상에는 나쁜 인간들이 많다. 그런 인간들은 사후 세계로 가면 스스로 극악한 세계를 만들어 놓고 그 안에서 끝을 알 수 없는 고통 속에 빠질 것이다. 그래야 앞뒤가 맞는다.

그런데 빌이 소개한 사례에는 이런 예가 거의 나오지 않았다. 그런 예들은 예외적인 경우라고 하면서 아주 약간만 다루었을 뿐이다. 그런데 이 책에 나온 사례들을 보면 왜 이렇게 좋은 사례들만 나올 수밖에 없는지 그 사정을 대강은 짐작할 수 있다. 빌이 다룬 사례를 보면 살인을 당한 사람들 이야기는 많지만 살인을 한 사람에 대한 사례는 없다. 그럴 수밖에 없는 것이 사후통신은 죽은 사람만이 하는 것이니 살인 당한 사람에게만 해당되기 때문이다. 그렇지 않겠는가? 살인을 자행한 사람은 아직 살아 있으니 그에게는 사후통신이고 무엇이고 나올 것이 없다. 반면 살인을 당한 사람들은 그다지 잘못이 없는 경우가 많을 것이다. 그렇다면 그 사람들이 겪는 사후 세계는 나쁘지 않을 것이라는 추론이 가능하다. 만일 살인자가 사후통신을 한다면 그것은 완전히 다른 경우가 될 것이다. 추측컨대 그들은 아주 좋지 않은 상황에 처할 확률이 높다. 사람을 죽였을 때 가졌던 부정적인 감정이 그대로 투사되니 그럴 때 만들어진 외부 환경은 좋은 것이 될 수 없지 않겠는가?

우주의 근본 원리가 사랑이라고?

어떻든 이 책에 나온 사례를 통해 보면 빌은 현실을 매우 긍정적으로 파악하고 있는 것을 알 수 있다. 그의 긍정적인 사고는 이 우주가 사랑이라고 주장하는 데에서도 발견된다. 빌은 자신이 이 주제를 연구하면서 가장 많이 들었던 생각은 이 우주의 근본은 사랑이라는 생각이었다고 자신의 견해를 밝혔다. 그래서 그런지 몰라도 이 책의 사례에 나온 사람들은 사후 세계만 가면 모든 것을 용서하고 무조건 다른 사람들을 사랑한다고 고백했다. 심지어는 자신을 죽이거나 크게 괴롭힌 사람까지도 용서하는 모습을 보인 사례가 있었다. 이런 것을 근거로 빌은 이 우주가 사랑으로 이루어졌다고 주장하는 것이리라.

그런데 과연 그럴까? 과연 이 우주가 사랑으로 이루어졌을까? 그것이 사실이라면 이 세상, 즉 증오와 화, 적개심, 공포 등과 같은 부정적인 감정이나 살인이나 약 중독 같은 여러 가지 악으로 점철된 이 세상을 어떻게 설명할 수 있을까? 사랑이 충만한 영혼들이 사는 세상이 어떻게 이 모양이 될 수 있느냐는 것이다. 빌은 이에 대해 어떻게 설명할지 궁금하다. 의문은 계속된다.

빌의 설명을 따르면, 사람들이 지상에서 살 때와 사후 세계로 가서 영혼으로 살 때에 그 모습이 너무 다르게 나타난다. 어떻게 다르다는 것일까? 이 지상에서 살 때에는 온갖 욕심과 화, 어리석음에 절어 살다가 사후 세계로 가면 무슨 보살이라도 된 듯 사랑과 용서의 화신으로 바뀌니 다르다는 것이다. 달라도 너무 다르다. 그런데 이것이 과연 사실일까? 정말로 지상에서 생각 없이 살고 어리석은 짓만 하던 사람이 사후 세계에 가면 현자가 될까? 나는 이런 생각에 동의하지 않는다. 그 사람은 항상 그 사람이다. 사람은 바뀌지 않는다. 그 사람의 영적 수준은 여기에 있든 영계에 있든 바뀔 게 없다는 것이다.

대부분의 우리 같은 보통 사람들은 여기에 있든 저쪽에 있든 어리석은 상태에서 벗어날 수 없다. 우리는 살면서 얼마나 바보 같은 짓을 많이 하는가? 그래서 사후에도 우리는 여전히 바보 같은 존재로 남는다. 물론 몸을 벗고 사후 세계로 가면 조금 눈이 밝아지는 것 같기는 하다. 그렇다고 해서 우리가 어리석음에서 완전히 벗어나는 것은 아니다. 그래야 이 세계가 엉망인 게 설명이 된다. 그런 사람들이 득실거리니 이 세계가 아비규환 세상이 된 것이다. 그런 관점에서 보면 섣불리 우주의 근본이 사랑이라고 하는 것은 문제가 있는 발언으로 보인다.

　그러면 이 우주의 근본은 과연 어떤 것일까? 이 질문에 대한 명확한 답을 할 수 있는 것은 아니다. 이것은 깨달은 현자나 대답할 수 있는 것이기 때문이다. 그러나 이 우주가 사랑으로 이루어졌다고 하기 보다는 '카르마'라는 원리가 작동되고 있다고 하는 게 더 나은 설명이 아닐까 한다. 이 카르마는 사랑이니 증오이니 하는 감정과는 관계가 없고 다만 인간의 영적인 성장을 위해 그들의 삶이 균형을 잡을 수 있게 도와주고 있는 법칙일 뿐이다. 카르마에 대한 설명은 매우 번잡한 것이라 여기서 필설로 다 할 수 없다. 관심이 있는 독자들은 필자의 다른 책(『죽음의 미래』 등)을 참조하기 바란다.

빌은 왜 환생에 대해서는 아무 언급도 하지 않았을까?

빌이 이렇게 우주의 근본을 사랑이라고 규정한 것은 아무래도 서양인들의 세계관의 축을 이루는 기독교로부터 영향 받은 것 같다. 기독교에서는 항상 신은 사랑이라고 주장하고 있으니 말이다. 그런 관점에서 그의 설명을 보면 그는 기독교에서 한 발자국도 나가지 않았다는 것을 알 수 있다. 기독교의 영향이 강하게 보이는 것은 이것 말고 또 있다. 그의 사후 세계관이 그것이다. 그가 설하는 사후 세계관은 우리 인간은 죽어서 영혼으로 영원히 산다는 기독교의 그것과 같다. 그러나 만일 그가 사후통신을 제대로 했다면 인간의 환생에 대한 이야기가 나오지 않을 수 없다. 영혼의 세계에 사는 사람들이 인간은 환생한다는 이야기를 하지 않을 리가 없기 때문이다. 그렇게 생각할 수 있는 근거는 무엇일까? 그것은 사후통신이 아니라 근사체험자들의 증언에서 발견된다.

　근사체험을 깊게 한 사람들은 누구나 인간은 윤회한다는 것을 인정한다. 이것은 너무도 명백한 사실이기 때문이다. 그런데 빌은 이에 대해서는 한 마디도 하지 않고 모든 영혼은 그저 사후 세계에 영원히 사는 것처럼 주장하고 있다. 그러나 추측컨대 분명 사후통신을 한 사람 가운데에는 환생에 대해 말한 사람이 있었을 것이다. 왜냐하면 우리가 사후 세계에서 행한다고 하는 라이프 리뷰, 즉 전생(들) 읽기를 하다 보면 인간이 환생한다는 믿음은 자동적으로 갖게 되기 때문이다. 그런데 빌은 왜 환생에 대해서는 한 마디도 하지 않았을까? 이에 대해서는 잘 알 수 없지만 굳이 추측해보면 빌이 기독교적인 세계관을 버리기 싫은 나머지 그리 한 것 아닐까 하는 생각이다. 이 같은 추정은 내가 다른 책에서 많이 인용한 개신교의 대표적인 성자인 스베덴보리에게도 적용된다. 스베덴보리는 영혼들이 사는 세계에 그렇게 자주 다녔으면서도 환생이라는 개념에 대해서는 한 마디도 하지 않았다. 그 역시 기독교적인 세계관에서 벗어나는 일이 힘들었기 때문에 그렇게 한 것 아닐까 하는 생각이다.

　이렇듯 서양인들은 기독교적인 세계관을 벗어나기가 힘든 것처럼 보인다. 기독교적인 인간관은 기본적으로 영육이원론이다. 인간은 두 가지 요소, 즉 육신과 영혼으로 이루어져 있는데 인간이 죽으면 육신은 없어지고 영혼은 신의 나라로 가서 영원히 산다는 것이 그들의 내세관이다. 그런데 이런 기독교적인 믿음은 불충분하다. 어떤 면이 불충분한 것일까? 지금 우리의 육체에 깃들여 있는 영혼이 어디서 왔는지에 대한 설명이 없는 것이 그렇다. 기독교는 사람이 죽으면 그 영혼이 어디로 가는지에 대해서만 설명하지 그 영혼이 처음에 어디서 어떻게 있다가 오는지에 대해서는 언급이 없다. 이번 생에 인간으로 태어나려면 영혼이 어디선가 와서 육체에 깃들어야 하지 않겠는가?

그런데 이 문제에 대해서 기독교 내에서는 묻는 사람도 없고 설명해 주는 사람도 없다. 그들은 이런 문제에 대해서는 아무 관심이 없는 것처럼 보인다. 이러한 그들의 태도가 이해되지 않는 것은 아니다. 불교나 힌두교에서 말하는 것처럼 이번 생의 육신에 깃들 예정인 영혼이 영계에 있다가 육체와 합해진다고 하면 이것은 윤회를 인정하는 것이다. 영혼이 지상에 환생했으니 말이다. 그러니 윤회를 부정하는 그들로서는 이런 주장을 할 수 없을 것이다. 이런 관점에서 보면 그들의 설명은 반쪽 설명에 불과하다는 것을 알 수 있다. 그런데도 그들은 자신들의 설명이 불충분하다는 것을 발설하지 않는다. 그들이 이런 사실을 알면서 이야기를 하지 않는 것인지 아니면 아예 몰라서 하지 않는 것인지 그것은 잘 모르겠다.

우리는 그동안 사후통신을 못한 것일까? 아니면 했는데도 모르는 것일까? – 사후 세계와 지상의 물질계가 교통하기 힘든 이유에 대해 또 언급하고 싶은 사안은 빌이 마지막에 밝힌 것이다. 이에 대해서는 앞에서 간간히 설명했다. 빌이 제시한 사례들을 보면 사후통신을 한 사람이 많은 것 같은데 왜 대부분의 우리는 사후통신 체험을 하지 못했을까? 이에 대해 나는 앞에서 설명하기를 고인들은 계속 사후통신을 시도했지만 정작 지상에 있는 우리가 그것을 알아차리지 못했기 때문이라고 했다. 그래서 우리들은 자신이 사후통신 체험을 하지 않았다고 생각한다고 말이다. 나 역시 빌의 책을 보면서 왜 나에게는 사후통신이 없을까 하는 의문을 계속해서 던졌다. 그런데 이 원고를 쓰면서 지난 삶을 회고해보니 나도 사후통신 체험을 하지 않은 것이 아니라는 것을 확신할 수 있었다. 이 체험에 대해서는 앞의 서문에서 이미 밝혔으니 다시 말할 필요는 없겠다.

그때에는 그것을 사후통신이라 생각하지 않았는데 이 책의 원고를 쓰면서 보니 그것은 사후통신 체험이었다. 그렇게 생각하는 이유는 물질계에서는 도저히 일어날 수 없는 일이 일어났기 때문이다. 그런데 돌아보면 사후통신이 일어나기 위해서는 일정한 조건이 있는 것 같았다. 그것이 꼭 필요한 조건인지 아닌지는 확실하게 알 수 없지만 대체로 이와 비슷한 상황이 만들어져야 사후통신이 일어나는 것 같았다. 그 조건이란, 사후통신이 이루어지려면 당사자가 처한 이 지상의 상황이 아주 절박해야 한다는 것이다. 다시 말해 지상에서 우리가 겪는 문제가 아주 절박하고 화급할 때에만 이런 일이 벌어진다는 것이다. 그렇지 않고 당사자가 겪은 일이 별 일이 아닌 경우에는 이런 일이 일어나지 않는 것으로 보인다. 사정이 이렇게 된 데에는 어떤 이유가 있지 않을까 한다.

여기서 그 이유를 확실하게 댈 수 있는 것은 아니지만 추정은 가능할 것이다. 먼저 드는 생각은 사후 세계에 있는 영혼들은 지상의 일에 간섭하지 않는 것이 기본 법칙이라 여간해서는 사후통신을 하지 않는 것 아닐까 하는 생각이다. 그렇지 않겠는가? 지상계와 영계는 엄연히 다른 세계이다. 등급이나 수준이 다른 세계라는 것이다. 사정이 그러하니 간섭하는 것은 바람직하지 않은 일일 수 있다. 그러나 간섭하지 않는다고 해서 관심이 없는 것은 아니다. 빌의 책을 통해 알 수 있는 것처럼 사후세계에 있는 영혼들은 지상에 있는 가족이나 지인들을 꾸준하게 관찰하고 있는 것으로 알려져 있다. 그래서 지상에서 일어나는 모든 상황을 알고 있다고 했다. 그렇지만 고인이 지상에서 살 때처럼 모든 일에 사사건건 간섭하는 것은 아니다.

　고인의 영혼이 지상의 일에 잘 간섭하지 않는 그 다음 이유는 이 두 세계가 워낙 다른 세계인지라 간섭하는 일이 힘들기 때문일 것이다. 간섭하는 일이 왜 힘들까? 그 답은 꽤 명료하다. 영계는 에너지의 세계이고 지상계는 물질계이기 때문이다. 에너지 세계에 사는 영혼들은 물질계에 있는 우리들과 교통하는 일이 그리 쉽지 않을 것이다. 이것을 어떻게 이해하면 쉽게 파악할 수 있을까? 영혼의 세계는 순수한 에너지의 세계이기 때문에 파동의 속도가 빠르다. 그에 비해 우리가 처한 물질계는 물질로 이루어져 있어 파동의 속도가 느리다. 영혼이 물질계와 소통하려면 자신이 지니고 있는 파동의 속도를 느리게 해야 하는데 이것은 쉬운 일이 아니다. 그래서 아주 화급한 일이 생기기 전에는 영혼들이 이 물질계에 간섭하지 않는, 아니 간섭하지 못하는 것이 아닐까 하는 생각이다.

이 사정을 제대로 안다면 이 영혼들이 주는 메시지가 대부분의 경우에 매우 간결한 이유를 설명할 수 있다. 앞에서 계속 보았지만 이 영혼들이 우리에게 전하는 메시지는 앞뒤 설명 없이 그냥 '(무엇을) 하라'고만 말하는 경우가 많았다. 예를 들어 '빨리 창문을 닫아라'라고만 하지 왜 닫아야 하는지에 대해서는 구체적인 설명을 하지 않는다. 설명이 이렇게 간략할 수밖에 없는 이유는 앞에서 말한 것처럼 아마도 영의 상태에서는 물질계의 존재들과 소통하는 것이 매우 어렵기 때문 아닐까 한다. 사정이 그렇기 때문에 보통 때는 사후통신을 할 엄두를 내지 못하다가 지상에 있는 사람이 너무나 힘들어 하거나 위험에 빠지면 이 영혼들이 큰 힘을 내어 지상과 교통하는 것으로 추정된다.

나의 경우를 되돌아보며 – 사후통신으로 보이는 몇 가지 사례에 대해

이것은 내 자신의 경우를 돌이켜 보고 내린 결론이다. 나는 새벽에 산을 혼자 가기 때문에 산 속에서 혼자 있는 경우가 많다. 그래서 농담 반 진담 반으로 혼자 산에 있을 때 내 주위에 있을 수 있는 영혼들에게 한 번 어떤 식으로든 당신들의 모습을 '나투라'고, 즉 나타나라고 요청한다. 특히 누구에게나 있다고 하는 수호령이나, 영계에서 같이 있었다고 믿어지는 영혼들에 대해 한 번쯤 나타나보라고 청하는 것이다. 그런데 그들은 그런 나의 청을 일절 들어주지 않았다. 나도 그럴 것이라고 짐작은 했는데 그 이유를 추정해 보면, 이들은 내가 한 것처럼 단순한 호기심으로 부탁하는 것에는 응답하지 않는 것 같았다.

그러던 어느 날 드디어 나는 그들이 보낸 것으로 생각되는 어떤 사인을 받아보았다. 그들이 직접 나타난 것은 아니고 어떤 사인을 보낸 것이다. 그런데 이것이 그들이 보낸 사인이라는 것을 어떻게 알았을까? 그때 일어난 일은 물질계에서는 도저히 일어날 수 없는 일이었기 때문이다. 그 전모는 이렇다. 십수년 전 나는 집안 일로 엄청나게 괴로워하고 있었다. 그때 그 문제는 도저히 해결할 수 없는 일처럼 보였다. 그런데 만일 이 일이 해결되지 않으면 가족이 다 불행해질 판이었다. 그런 상황에 있었기 때문에 산에 갔을 때 하도 괴로워서 혼자서 소리를 마구 질렀다. 도대체 어떻게 해야 이 문제를 해결할 수 있느냐고 말이다. 새벽이었는데 전날 괴로운 나머지 술을 많이 마셔서 술이 아직 덜 깬 상태였다.

그렇게 사람이 없는 데에서 소리를 지르고 약 3~4분 쯤 숲길을 따라 걸었는데 이상한 광경이 내 앞에 펼쳐졌다. 즉 길에 떨어져 있던 작은 나뭇가지 하나가 갑자기 뒤집어졌던 것이다. 그러니까 혼자서 한 바퀴 돈 것이다. 나는 깜짝 놀라 바람도 없고 다른 사물이 충격을 준 것도 아닌데 왜 이 가지가 한 바퀴 돌았을까 하고 한참을 의아해 했다. 그것은 물질계에서는 절대로 있을 수 없는 일이었다. 외부 영향이 아무것도 없는데 나뭇가지가 한 바퀴 도는 일은 있을 수 없지 않은가? 나는 아직도 그 장소를 정확히 기억하고 있다. 그래서 매일 산에 갈 때 마다 그곳을 보면서 내 기억을 상기시킨다.

산을 내려오면서 가만히 생각해보니 이는 나와 관계된 영혼들이 영계에서 어떤 소식을 준 것 아닌가 하는 느낌이 들었다. 그리고 나뭇가지가 한 바퀴 돈 것은 모든 것이 한 바퀴 돌면 제 자리로 돌아가니 걱정하지 말라는 것 아닌가 하는 해석을 해보았다. 내가 너무 괴로워 하니까 나와 가까운 영혼들이 그런 식으로 내게 사인을 보낸 것으로 추정해본 것이다. 그래서 나는 그때 알았다. 이 영혼들은 보통의 경우에는 잘 응하지 않는다는 사실을 말이다. 영혼들이 그리 쉽게 이 물질계와 소통하는 것이 아니라는 것을 안 것이다. 하기야 두 세계가 엄연히 다른데 영혼들이 이 둔중한 물질계에 자꾸 나타날 수는 없을 것이다(물론 이것은 나의 해석이다).

나는 이 이외에도 사후통신(혹은 영계통신)으로 간주할 만한 체험을 두 번 정도 더 했다. 이 체험은 우연으로 보아도 문제될 것은 없지만 그렇게 말하기에는 조금 기이한 면이 있어 사후통신이 아닐까 하는 생각을 해본다. 그 체험의 내용은 이런 것이다. 시내 어떤 음식점 앞 노상에서 제자들과 고기를 구워 먹고 있는데 갑자기 웬 새 한 마리가 날아가다가 내 앞에 있는 제자의 치마에 똥을 갈기고 갔다. 그것은 참으로 어이없는 일이었다. 내가 다른 사람과 그렇게 많이 다니고 그들과 함께 여러 가지 일을 했지만 새가 내 일행의 치마에 똥을 갈긴 것은 그때가 처음이었다. 그 제자 왈, 그 치마는 그냥 치마가 아니라 그날 아주 오랜 만에 입고 나온 꽤 비싼 것이란다. 그런데 왜 하필이면 이런 치마를 입고 나온 날 새가 똥을 싸느냐면서 아주 이상해 했다. 그런데 이 체험을 한 장소도 웃기지 않는가? 새가 많은 산 속이 아니라 시내 한복판이었으니 말이다. 그래서 더 기이하다는 것인데 우연으로 볼 소지가 없는 것은 아니니 해석에 조심해야겠다는 생각은 든다.

그 다음에는 또 새벽 남산에서 있었던 일인데 그날 나는 혼자서 무슨 재미있는 일을 생각하면서 키득거리며 내려오고 있었다. 그때 갑자기 큰 거미 한 마리가 내 어깨에 떨어졌다. 그 거미를 보고 깜짝 놀랐는데 가만히 생각해보니 이런 일은 처음 있는 일이었다. 나는 이 남산을 10년 이상 매일 새벽에 가고 있는데 동물이 내게 떨어진 적은 그때가 처음이었다. 그리고 그 다음에도 그런 일은 없었다. 게다가 그 거미는 내가 그때까지 산에서 거의 보지 못한 큰 거미였다. 그런 거미가 도대체 어쩌다 내 어깨에 떨어진 것인지 이해가 되지 않았다.

거미들은 매우 노련하기 때문에 그렇게 쉽게 떨어지지 않는다. 그렇게 아무 데서나 실수로 떨어진다면 그런 거미들은 벌써 멸종되고 말았을 것이다. 적에게 쉽게 노출되기 때문이다. 그런데 그런 거미가 내가 지나가는데 어깨에 떨어졌다는 것이 이해되지 않았다. 앞의 경우처럼 앉아 있는데 무엇인가가 떨어진 것이 아니라 걸어가고 있는데 정확하게 어깨에 떨어졌으니 더 일어날 수 없는 일이 일어난 것이다. 이 사건의 발생에 대해 혼자 칠칠치 못한 추정을 해보면, 내가 혼자서 키득거리니까 영계에 있는 영혼들이 장난친 것 아닌가 하는 생각을 해본다. 그러나 이런 것들은 모두 추정이고 앞의 사건처럼 우연의 일치로 돌려도 아무 상관없다.

사후 통신 공부는 시작에 불과한 것!

마지막으로 언급하고 싶은 사안이 있다. 이 책을 다 읽고 난 사람들 가운데에는 자신이 영적인 인간으로 바뀐 것처럼 느끼는 사람이 있을지도 모르겠다. 그리고 어떤 경지에 들어간 것 같은 느낌을 받을 수도 있다. 그런 느낌을 받는다면 그것은 자신의 삶을 다시 한 번 생각한다는 의미에서 대단히 좋은 것이라 할 수 있다. 그런데 잊어서는 안 될 것이, 이 사후생, 혹은 사후통신에 대한 것은 영적인 공부를 하거나 영적인 것을 추구할 때 초보적인 단계에 불과하다는 것이다. 전체적인 입장에서 볼 때 그렇다는 것이다. 이 주제(사후 세계)에 대한 공부가 나름의 의미가 있지만 그 깊이를 알 수 없는 인간의 영 혹은 정신을 연구하는 입장에서 보면 이것은 초보 단계에 불과하다. 그러면 전체적인 입장에서 볼 때 이런 공부는 구체적으로 어느 정도의 수준에 속할까?

이 책에서 본 바와 같이 이 입장은 대체로 다음과 같이 요약될 수 있다. 즉 사람은 영과 육으로 되어 있는데 사람이 죽으면 육은 소멸되고 영은 하늘나라로 가서 행복한 삶을 산다는 것이 그것이다. 이 단계를 전체 영적 공부 단계에서 자리매김을 한다면 초등학교 고학년 정도의 수준이라고 할까? 그래서 초보적인 단계라고 한 것이다. 이제 초등학교를 졸업하는 정도의 수준에 이른 것이다. 이 영적 공부를 완성하려면 엄청난 과정을 거쳐야 한다. 우리는 이 과정을 마치기 위해 상급학교를 계속해서 진학해야 하는데 갈 길이 매우 멀다.

초등학교를 졸업하면 우리 앞에는 상위 교육기관이 즐비하게 있다. 밟아야 할 과정이 지난(至難)한 것이다. 우리는 이 과정에 따라 중고등 과정을 거쳐 대학으로 가야 하고 그곳에서 오랜 시간 공부를 해 박사학위까지 받아야 한다. 거기까지 도달해야 영적인 공부의 전환점에 도달한 것이라 할 수 있다. 이것은 세간에 있는 학교에서 이렇게 공부해야 한다는 것이 아니고 이런 단계나 수준을 밟아야 한다는 상징적인 것을 의미한다. 다시 말해 이렇게 박사학위까지 받아야 영이나 의식에 대해 조금 안다고 할 수 있다는 것이다. 이 공부의 여정은 이렇게 장구하다. 그런데 세간에는 초등학교 수준밖에 이르지 못한 사람이 자신이 대단히 많이 알고 있고 상당히 진보된 영혼인 것으로 착각하고 있는 경우가 많다. 나는 그런 사람들을 적지 않게 보았는데 그런 사람들은 대부분 오만하기 때문에 다른 사람의 말을 받아들이지 않는다. 자기만의 높은 (거짓)성을 쌓고 그 안에서 자기만 잘났다고 하고 있는 것이다.

그런데 앞에서 말한 것처럼 박사학위를 딴 들 그것이 끝이 아니다. 그것은 다만 일정한 수준에 와 있다는 것을 나타낼 뿐이지 끝이 아닌 것이다. 그렇다면 이 공부의 끝은 어디일까? 내가 거기까지 다다르지 못했으니 섣불리 말할 수 있는 것은 아니지만 추정해볼 수는 있겠다. 영적인 추구 끝에 이 우주에는 나를 포함해 어떤 것도 존재하지 않는다거나 전체(우주)의식만 존재한다는 것을 온 몸으로 깨달았다면 이것은 대체로 종착점에 다다랐다고 할 수 있을 것이다. 이것은 앎의 경지가 아니고 전체적인 깨달음이라 어떤 사람이 이 경지에 도달했는지 아닌지를 아는 일은 결코 쉬운 일이 아니다. 그것을 알 수 있는 사람은 그 경지에 이미 도달한 사람뿐인데 문제는 이 이미 도달했다고 하는 사람이 진짜 그 경지에 도달했는지 알 수 없다는 데에 있다. 아직 도달하지 않은 우리들은 그 경지에 도달했다는 사람의 수준을 알 수 없기 때문이다. 그래서 이 분야에 대한 공부는 종내에는 미궁이나 모순에 빠질 수 있다. 사정이 이렇게 때문에 이 공부는 끝을 알 수 없다고 한 것이다.

이런 거시적인 시각에서 보면 사후 세계에 대한 공부가 얼마나 초보적인 단계인지 알 수 있다. 이 단계를 초보적인 단계라고 하는 것을 조금 더 구체적으로 설명한다면 어떤 설명이 가능할까? 이 사후 세계에 대한 공부가 초보적인 수준에 있다고 생각할 수 있는 근거는 이 단계에서는 여전히 자아에 대한 강한 집착이 있기 때문이다. 왜 집착이라고 하는 것일까? 나는 자아가 있고 그 자아는 육체가 죽은 뒤에 영혼의 형태로 남아 천당에 가서 신이 베푸는 사랑 속에서 영원히 산다고 하니 그렇다는 것이다. 이것은 지독한 자아 집착이 아닐 수 없다. 끝까지 그 자아라는 것을 놓지 않는 것이다.

이런 믿음에는 그 자아라는 것이 사실은 텅 빈, 혹은 쓸데없는 것으로 가득 찬, 아니면 탐욕이나 집착만 남아 있는 에너지 덩어리라는 개념이 들어갈 자리가 없다. 자아를 이렇게 보는 데에는 근거가 있다. 자아는 자아의식이 있고 이 의식은 생각을 하기 때문이다. 생각이란 기본적으로 자신과 자신이 아닌 것을 구분하고 끝없이 확장하려 하는데 그러는 과정에서 내 자아는 다른 자아와 끊임없이 격돌하게 된다. 따라서 인간이 생각의 존재로서 남아 있는 한은 어떤 평화도 없고 깨달음도 있을 수 없다. 자아가 생각을 계속하는 한 그것은 앞에서 말한 부정적인 것만 산출하게 된다. 이 문제는 극도로 복잡한 문제라 여기서 다 발설할 수는 없다. 여기서는 다만 이 공부가 이렇게 지난하다는 것만 밝히기로 하자.

이 같은 것을 말하는 이유는 사후 세계에 대한 공부가 초보적인 단계라는 것을 인지하자는 것이다. 다시 말해 전체적인 맥락을 알고 이 사후 세계나 통신에 대해 공부를 하자는 것이다. 만일 이 공부만 하면 지금 하는 공부가 어떤 위치에 있는지 모를 수 있다. 콘텍스트 없이 텍스트만 공부하면 그렇게 된다는 것이다. 텍스트보다 상위에 존재하는 전체 맥락을 알아야 지금 공부하는 것을 확실하게 이해할 수 있고 또 더 나아가서 그릇된 길로 빠지지 않을 수 있다. 이 영적인 공부의 길은 대단히 먼 길을 가는 것이다. 이 책에서 본 것처럼 사후 세계에 대한 공부로 이 여정을 시작하는 것은 대단히 의미 있는 일이라 하겠다.

이제 우리는 이 여정의 첫발을 내딛었다. 이 첫발이 중요한 것이다. 왜냐하면 앞으로 우리는 이 첫발이 향한 쪽으로 갈 것이기 때문이다. 사후 세계에 대한 공부는 정확한 방향을 제시할 것이다. 그 길로 가기로 마음먹었으면 그 방향으로 가기만 하면 된다. 아무리 멀어도 계속해서 가면 끝이 나타날 것이다.